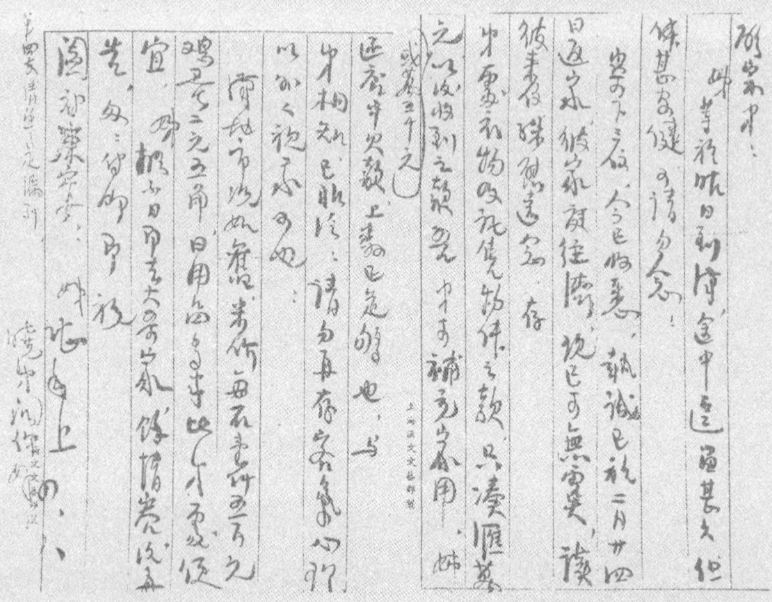

朱枫传

［新版］

冯亦同 著

生活·讀書·新知三联书店

图书在版编目（CIP）数据

朱枫传：新版／冯亦同著．—2 版．—北京：生活 · 读书 · 新知三联书店，2022.6
ISBN 978－7－108－07322－8

Ⅰ．①朱…　Ⅱ．①冯…　Ⅲ．①朱枫－传记　Ⅳ．① K825.42

中国版本图书馆 CIP 数据核字（2021）第 253430 号

责任编辑　卫　纯
装帧设计　蔡立国
责任校对　曹秋月
责任印制　张雅丽
出版发行　生活 · 讀書 · 新知　三联书店
（北京市东城区美术馆东街 22 号 100010）
网　　址　www.sdxjpc.com
经　　销　新华书店
印　　刷　鸿博昊天科技有限公司
版　　次　2022 年 6 月北京第 2 版
2022 年 6 月北京第 1 次印刷
开　　本　635 毫米 × 965 毫米　1/16　印张 20.5
字　　数　246 千字　图 99 幅
印　　数　0,001－5,000 册
定　　价　68.00 元
（印装查询：01064002715；邮购查询：01084010542）

目 录

引　子

渐行渐远的历史，有时会因为某种机缘的作用，将它曾被人长期遗忘或故意掩盖的真实细节——如惊鸿一瞥“显影”于岁月的深潭——给同样偶然路过的后来者，以眼球的撞击和心灵的震颤，继而掀起情感、思索与行动的波澜……

对我来说，阅读2000年12月山东画报社出版的“老照片”丛书第16辑上署名秦风的文章《战争后的战争》，就是这样的“机缘”。因为，那篇文章是我见到的第一份来自海峡彼岸有关20世纪50年代中共地下党人被国民党当局残酷镇压的文图资料，尽管它报道的是五十年前发生在宝岛的政治事件，事件中的主角多已不在人世，但作为关心这段历史、渴望了解事件经过和人物命运的一名文学工作者，我还是为它所披露的事实所深深吸引和感动了。

1950年6月10日午后4时，在台北马场町刑场上响起的枪声中，倒下了四名政治犯的身躯。他们是同一案件中的四名受难者：原国民党“国防部”参谋次长吴石中将、原国民党“联勤总部第四兵站”总监陈宝仓中将、原国民党“东南长官公署总务处”交际科长聂曦；四人中唯一的女性叫朱谌之，中共华东局派往台湾同吴石和中共台湾省工委联络的情报人员。秦风先生的文章在叙述50年代国民党政府为巩固其在台湾的统治而大肆搜捕共产党人和异己分子、施行“白色恐怖”血腥镇压的诸多史实中，特别交代了这桩当年曾轰动一时的“吴石、朱谌之中共间谍案”的来龙去脉，还引用了“原来在‘国防部保密局’负责抓人的谷正文少将”于20世纪90年代向社会公开的“绝密资料”——“国防部”历年侦破“匪叛乱案”汇编。主办“吴石案”的“保密局”在“对本案之综合检讨”项下，有这样一段关于中共女特派员朱谌之的议论：

> 朱匪于被捕瞬间吞金企图自杀，证明其对应付事变，早作准备；匪干（指朱谌之。——引者注）此种维护重要工作，不惜牺牲个人生命之纪律与精神，诚有可取法之处……

以捕杀共产党人为己任的国民党“保密局”，在完成了杀人任务之后，竟对他们视为死敌的对手“不惜牺牲个人生命之纪律与精神”表示钦佩，而且将此种“纪律与精神，诚有可取法之处”写进了“内部工作总结”，用以指导今后的“斗争”和对部属的“训导”，可见这位临危不惧、慷慨就义的女共产党人在生死关头的英勇表现，让杀害她的刽子手们也不得不叹服。

“老照片”在发表秦风文章的同时，还刊登了两幅与上述案件有关的历史图片，其中之一是“1950年6月10日，聂曦被押下刑车”的特写镜头，另一幅是同一时间“吴石案”中四位“主犯”吴石、朱谌之、陈宝仓、聂曦在法庭栏杆前和军警包围下，聆听死刑判决时摄下的。这后一幅照片，特别引起我的注意，因为我第一次如此清晰地“目击”了早已消逝的历史画面，第一次看到了身陷囹圄的朱谌之烈士留在人世间的最后形影——

这是一位端庄、颀长、纤柔的江南女子，穿一件碎花旗袍，外罩深色毛衣，眉目清秀的面庞上，刚刚梳理过的短发有几缕散落在耳际。此时此刻的她，已然经历了深入虎穴、刺探军情的极度艰险，也挨过了落入虎口以死相拼的巨大危难；在“保密局黑狱”（借李敖著《白色恐怖述奇》之《蒋介石黑狱亲历记》中的用语）关押审讯的四个月中，更经受了常人难以想象的种种考验，早将生死置之度外，正面临着不共戴天的敌人的最后判决。

但见她：两拳相握，迎面挺身，紧靠在四周漆黑、阴森可怖的国民党军事法庭的围栏前，神情自若，态度从容，目光镇定地注视着前方，与身后站满了头戴钢盔、全副武装、杀气腾腾的军警队列形成了鲜明又极不和谐的对照……

恐怕当年拍照片的人也不会想到，他摄下的这个瞬间，如此真切地吻合了“‘保密局’综合检讨”中的那段耐人寻味的文字，为这位临刑前的女共产党员“不惜牺牲个人生命之纪律与精神”，做了一份形象化的佐证。

我知道朱枫烈士的名字，是在90年代中期，我从南京出版的《世纪风采》杂志上读到她的感人事迹。这位出生于浙江镇海一个富商家庭、毕业于20年代名校宁波女师的知识女性和寡居少妇，是在抗日救亡运动中走上革命道路的。以“入股”新知书店、援助李友邦创建台湾抗日义勇队少年团为起点，爱国热情的迸发、对自由和理想的追求以及在艰苦环境中的锻炼，使她逐步成长为中国共产党领导的文化、经济和秘密工作战线上的忠诚战士与优秀党员。1949年11月27日，朱枫奉命自香港赴台从事情报联络工作，1950年2月18日，在出色地完成任务之后，离台返回大陆途中不幸被捕，最后喋血台北刑场。她牺牲的时候，还不到四十五周岁，短促而又烙满时代印痕的一生行状，至今鲜为人知，因为秘密工作的需要和海峡两岸的长期阻隔，有关她

1950年6月10日，朱枫（左二）、吴石（左一）、陈宝仓（右二）、聂曦（右一）在国民党的军事法庭上

的一切始终“尘封”在岁月的档案里，只有零散的片段浮现在知情者的记忆和亲友们的思念中……

不久，我有幸结识了烈士之子朱明，后来又认识了烈士的女儿朱晓枫，原来他们都和我生活在同一个城市。从他们那里，我不仅得到了许多有关朱枫烈士生平的宝贵资料和重要线索，更强烈地感受到了烈士遗属纪念、追思先人的深挚情怀和期盼能有一部传记作品真实记录烈士事迹的愿望。然而身为写作人的我，迟迟没有接受这份沉甸甸的嘱托，光阴飞逝中不少熟悉朱枫、同她共过事的故交和亲友又在悄悄地离去。因此当新千年伊始，“老照片”上独家发表的秦风文章和据称是原国民党相关部门的存档照片映入我眼帘时，蛰伏在我脑海深处的写作冲动，被来自海峡对岸的这一线“鸿影”牵引着、牵引着，按捺不住地喷发出来……

——不能让时光之流带走这位名叫朱枫的巾帼英雄的云水襟怀与松柏品格，不能让她走过的那条曲折艰辛、追求进步和光明，又充满了真情与挚爱的人生之路，永远地沉默和湮晦在“忘川”之中！

——她是怎样从一个富贵人家的千金小姐和深闺少妇，“毁家纾难”，投身于时代的烽火的？又是怎样在中华民族的生死存亡之秋，接受中国共产党人的教育与引导，成长为一名忠心赤胆、百折不挠的革命战士，为中国人民的解放事业和祖国统一大业，义无反顾地贡献出了自己的生命的呢？

——何谓“真实的爱”？何谓“伟大的感情”？1949年10月25日，身在香港、长期同家人天各一方、切盼北上与骨肉团聚的朱枫，经历了激烈的思想斗争以后，决定接受党组织交代的重要任务，准备离港赴台，在寄赠给爱人朱晓光的一张照片背面，题词留念，临别抒怀：

她已深深体验着：

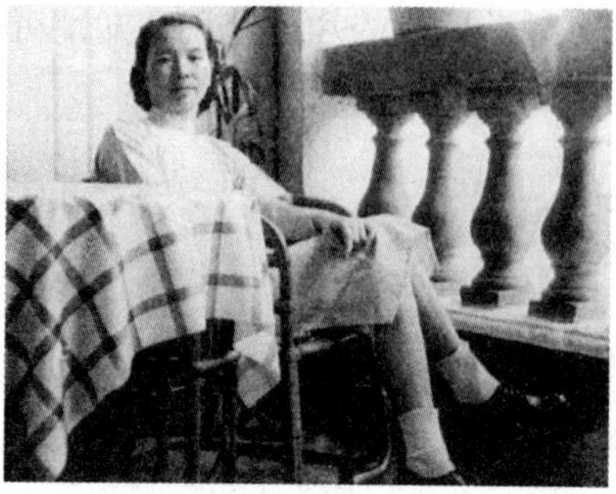

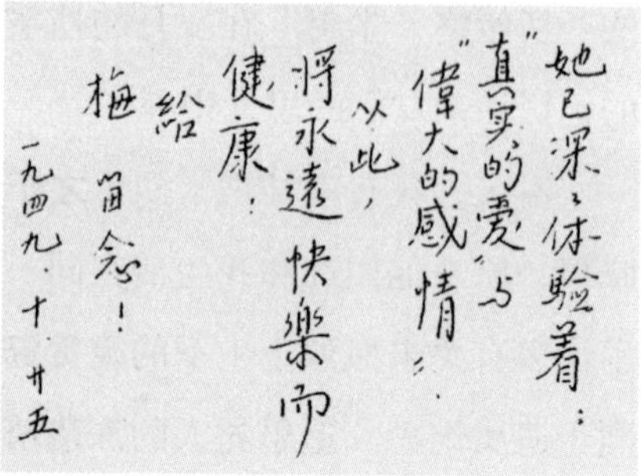

1949年朱枫离港赴台前所摄照片和题赠爱人朱晓光的诗句

“真实的爱”与

“伟大的感情”，

　　从此，

将永远快乐而健康！

　给

梅　留念

　　　　　　一九四九．十．廿五

同样是一张五十多年前的老照片，一直由她称为“梅郎”的爱人朱晓光珍藏。照片上的朱枫身穿浅色短袖旗袍，面颊丰腴，眼含笑意，安详地坐在一张铺着方格台布的茶几旁——留影的这一瞬，距离她被捕牺牲、血染台北刑场的日子，只有七八个月时间，影中人写在照片背面上的那几行娟秀又挺劲的钢笔字迹，却成了生离死别的最后遗言、天人相隔的伤心见证！

我没能见到烈士遗物的收藏者、已故离休干部朱晓光老人，却在他位于北京朝阳门附近的故居客厅里，从其后代手中接过了夹在旧相册里的这张老照片。照片背面那一行行饱含着珍贵信息和深刻内涵的情感表白，经过了半个世纪的时光淘洗和人间的沧桑巨变，依然醒目清晰，甚至更加鲜明、生动了！真像是从遥远年代里跋山涉水而来、摘取自南国风雨中的一枚永不褪色的红叶，在它那如火、如血、如花、如诗的缕缕叶脉间，依然镌刻着峥嵘岁月里的人生故事，交织着烽火征途上的牵挂和思念，诉说着风云儿女的艰辛与悲欢，直到映照着的伊人捧着一颗丹心含笑远去，投入海天怀抱，将满腔忠贞的热血倾注进了时空的汪洋和喷薄的晨曦……

她的毕生追求，她的超越了庸常儿女情态的公而忘私和舍生取义，都可以视作她对自己临危受命时这段肺腑之言的诠释与注解——她留在人世间的，不就是一份以平凡的岁月和非凡的勇气，升华与印证这种“真实的爱”和“伟大的感情”的红色答卷?！她以鲜血和生命写下的，不就是一位深明大义不让须眉的东方女性，在大时代的熔炉里赴汤蹈火、百炼成钢的人间传奇?！

追寻她的足迹，记录她的生平，传扬她的精神，是一项困难而有意义的工作。随着能够回忆和谈论烈士事迹的知情者越来越少，这项工作更迫在眉睫了。

于是，经过了许许多多的曲折和努力，便有了这部打开在读者面前的以朱枫为主人公的长篇传记。

第一章　憩园翠竹

不平静的月湖

"逸仙！陈逸仙！你躲在这里用功啊……人家到处找你！"

坐在师竹楼前一棵沙朴树下读书的女孩子，听到有人叫自己，连忙合上手中的《饮冰室文集》，抬起头。

女孩十七八岁，一张可爱的瓜子脸，鼻梁上架一副20世纪20年代很流行的细边圆框眼镜，薄薄的镜片挡不住她那双大眼睛里流露出来的纯真和热情，望着匆匆跑来的同伴，有些惊讶地问道：

"朱贻荫！找我有事吗？"

名叫朱贻荫的女生，个子高高的，人很清瘦。一向文静的她，此刻却显得有点慌张，气喘吁吁地走到读书女孩的身旁，一面夺过那本梁启超先生的名著，一面提高了嗓门：

"事可大呢，北佬兵要打到宁波来，学堂决定提前放假，我伲念不成书啦！"

…………

这是民国十三年（1924年）初夏的一个午后。太阳热辣辣地照在位于宁波城西南的月湖竹洲上，波光粼粼，水汽蒸腾，从湖面吹来的风毫无凉意，慵懒地拨弄着露出墙头的丛丛竹梢。逶迤的院墙内，便是浙东名校——人称“竹洲女师”的宁波女子师范学堂。正当午休时分，若在平时，校园内除了树上的鸟鸣与蝉噪，难得有一丝响动，此刻却人声吵嚷，全然失去了往常的宁静。

师竹楼的台阶上，图书馆的走廊边，从后操场到校门口，聚满了各个年级的学生。剪着清一色女学生头的半大不小的姑娘们，指指点点、叽叽喳喳地议论着；黑裙子和蓝布衫的倩影，层层叠叠，将校门口的布告栏围得水泄不通。

原来，这些天，关于“江浙战争即将爆发”，“齐燮元要联合孙传芳，攻打卢永祥”，“北佬兵”如何不守军纪、奸淫妇女、掳掠财物的各种传言，已经闹得宁波城里人心惶惶，沪、宁、杭各地的报纸上火药味也越来越浓……所有这些本应与“两耳不闻窗外事，一心只读圣贤书”的莘莘学子无关，只是在悄悄传播的坏消息，都因为眼前的一则公告得到了“证实”，在这个四面环水的“女儿国”掀起了轩然大波——素以“治校谨严”闻名宁波学界的女师校长施竹晨迫于时局动荡、社会与家长的压力，做出了“为保护全体女生的安全、免受兵祸滋扰，本学堂提前放假，明日起全体同学离校”的决定。

署有施校长大名的学堂公告，便张贴在校门口的布告栏里。

“贻荫姐，你说，这些害人的军阀，为什么总是打来打去，老百姓哪一天才能过上安稳日子呢？”

一向关心时事的陈逸仙，同比她大两岁的朱贻荫一起从看布告的人群里挤出来，按捺不住心头的激动，边走边问身旁的好友。

“我哪里知道啊！”了解陈逸仙喜好读书看报的朱贻荫，将那本《饮冰室文集》交还到她的手里，好像那就是“答案”似的：“你问问梁启超这位维新派大儒吧！”

陈逸仙接过书本，眼镜后面闪动的目光却游移起来，仿佛自言自

历尽沧桑的沙朴树，至今还在竹洲的校园内（今为宁波二中）

学生时代的朱贻荫（朱枫原名）

语，又像在回答朱贻荫刚才说的话：

“我爱读梁先生的文章，喜欢他的爱国热忱、救世情怀和汪洋恣肆的文笔，但最近越来越感到，他那套温和的改良药方解决不了眼下中国的问题，中国社会病得太重了！”

朱贻荫望着这位年龄比自己小，思考社会政治问题却比自己要深得多的同班同学，不知说什么才好，脑子里却由“陈逸仙”这三个字，想到了另外一个响当当的名字——推翻了清朝皇帝、建立了中华民国的孙中山，不也叫“孙逸仙”吗？一个平时从未想过的怪念头，几乎同时闪过她的脑际：

“好个‘陈逸仙’！你可是个天生的革命党啊——”

不过，朱贻荫没有把这话说出口，也许这位从小县城里走出来的、没有见过多少世面的富家女，觉得开这样的玩笑有失温柔贤淑的体统吧。

其实，对陈逸仙来说，这句话根本谈不上什么“冒犯”。

宁波城里长大的陈逸仙，出生在一个日趋破落的封建大家庭里。她的父亲陈宝善是个不第秀才，二十三岁那年就得病亡故，留下孀妻和一对孪生女。原本就不宽裕的家境，此时变得更加窘迫了。

所幸陈逸仙的母亲，是一个知书识礼、非常重视子女教育又富有反叛精神的旧时代女性。她原名袁玉英，也是大户人家的千金小姐，父亲中过举，后来经商发了财，却是个极为专横的封建家长，为娶妾生儿子，竟逼得发妻上吊自杀。因此，袁玉英自小就痛恨这个狠毒的父亲，一直在祖父身边攻读诗书，自十七岁嫁到陈家以后，就再也没有回过娘家，将自己的名字也改了，从夫姓，单名一个“馥”字。

年轻守寡的陈馥，含辛茹苦地拉扯着膝下的双胞胎女儿。陈逸仙打从记事起，母亲就常在油灯下一边做针线活儿，一边给她和姐姐讲义和团、红灯照的故事，讲英法联军打到中国来，火烧圆明园的穷凶极恶，讲康梁变法，谭嗣同血染菜市口的大义凛然……听得小姐妹们瞪圆了大眼睛，小拳头攥得紧紧的。尤其是讲到小姐妹俩出生那年（1907年）牺牲在绍兴古轩亭口的“鉴湖女侠”秋瑾的故事，小逸仙会听得特别专注入神。在她还没有认识几个方块字的时候，就已经知道这位排满反帝的女革命家的名字，也熟悉书报图画上见到的那个身着汉装、腰佩短剑的飒爽英姿的女侠了。秋瑾殉难时所吟诵的那句“秋风秋雨愁煞人”的绝命诗，也同唐诗宋词里许多脍炙人口的名句一样，成了填充她幼小心灵的精神食粮，激发和培养着她积极进取的个性和“匡时救世”的爱国热情。

天黑以后，群情纷扰的竹洲校园，才渐渐平静下来。

回到三年级住校生的寝室内，陈逸仙和朱贻荫各自坐在床铺前整

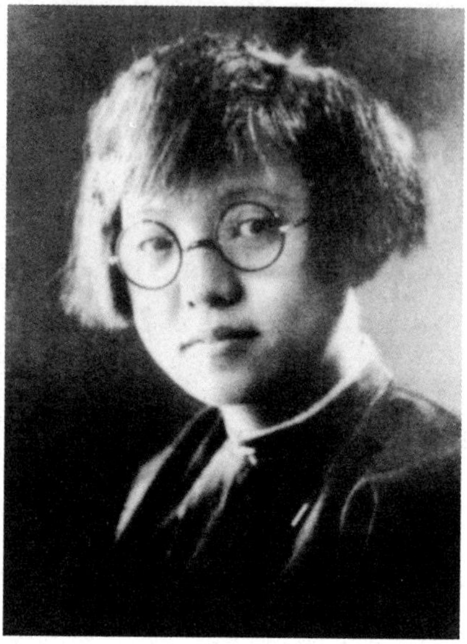

学生时代的陈逸仙（陈修良）

理东西，准备明日离校。想到同窗好友就要分手，未来的日子还不知道会发生什么难以预料的事，两人心里都有些惴惴不安。

朱贻荫想得更实际些。她的家在宁波东北六十里外的镇海，镇海是个小县城，又偏于海天一隅，比起宁波府城这样的繁华都会来，自然离“兵刀水火”的威胁要远，相对安全一些。听说城里的许多人家害怕万一打起仗来，女孩子被“北佬兵”糟蹋，纷纷到乡下去避难了，家在宁波的陈逸仙该到哪里去“跑反”呢？善良敦厚、乐于助人的朱贻荫想到自家在镇海也算得上是个大宅门，房屋多，环境也不错，自己又深得父亲宠爱，将同窗好友带回来小住，家里人也会欢迎的吧？想到这里，她诚心诚意地向陈逸仙发出了邀请。

陈逸仙呢，她还沉浸在对“女师放假”和“军阀混战，民不聊生”的因果思索里。自从辛亥革命推翻清廷建立民国以来，十几个年头过去了，“民国”“民国”，何曾有过真正的“民众之国”！连民国缔造者中山先生本人也被“窃国大盗”袁世凯逼得辞去了临时大总统的职务。

袁世凯的皇帝梦是破灭了，但大大小小的“袁世凯”还在，他们四方割据，争斗不休，走马灯似的变换着帅旗，不变的只有搜刮地皮、鱼肉百姓、丧权辱国……“先烈之血”浇开的“自由之花”早已被他们糟蹋得不成样子！逸仙恨自己是个女儿身，兵祸来了，只有“逃难”的份儿，要是个须眉男儿，此刻真该投笔从戎，到广州孙中山先生领导的行营中去，做一个讨伐祸国殃民反动军阀的革命军战士！

“身不得，男儿列。心却比，男儿烈……”陈逸仙默念起她早已熟记的秋瑾的《满江红》词，激情难抑，睡意全无，小小年纪第一次尝到了失眠的滋味。夜深了，辗转反侧中，她索性披衣下床，轻手轻脚地走到月色朦胧的窗前。

凉风习习，万籁俱寂，隐约能听到不远处传来的月湖的呼吸。抬头望天，夜幕低垂，高挂在墙头竹梢上的一弯新月，仿佛也皱紧了眉尖似的，恰如她胸中被不平静的潮水勾起的那个难解的心结。

梓荫山下

陈逸仙没有接受朱贻荫的邀请。朱贻荫回到镇海后，又写了封信给她，劝她还是离开宁波到自己家来过暑假，她俩可以一起看书、切磋学业，“同窗消夏，快何如之！”也许是这句话感动了好友，没过几天，陈逸仙果真坐车赶到紧靠东海边的这座小县城里来了，按着贻荫信封上的地址，很容易地找到了鼓楼东街上的朱家大院。

这是一座名副其实的深宅大院，檐椽星罗，户牖棋布。穿过曲折的走廊，绕过一方方天井，从最后一进中堂的西首往里拐，便看到了一个豁然开朗的园子。园门为圆弧形，门楣上方的石额，镌刻着“憩园”二字。园内别有洞天，假山、水池、亭台，掩映在扶疏的花木丛中；通幽的曲径尽头，矗起一幢粉墙黛瓦、红漆雕栏的两层小楼。

梓荫山下的憩园（朱枫故居，现为朱枫烈士纪念楼所在）

朱枫早年居住过的小楼（原貌）

朱贻荫的闺房，就在这幢雅致、清静的小红楼上。整齐的家具，明亮的窗扉，窗下摇曳着一片葱茏滴翠的湘妃竹。透过那斑斑的竹丛，能够望见后院墙外露出一角的青山，秀美得真像稼轩词中所形容的“玉簪螺髻”，仿佛是淘气的邻家小姑娘躲在那里闪着俏影儿，偷窥这小红楼上的粉妆闺阁呢……

“你是住在‘潇湘馆’里呀，朱家四小姐——”仍然是女学生打扮的陈逸仙，望着朱贻荫在家穿的一身香云纱夏装，牵着她的手开起了玩笑，“转得我头晕眼花，成了初进大观园的刘姥姥啊！”

“逸仙，你能来真是太好了！”朱贻荫热情地欢迎同窗好友。家人早已在楼下书房隔壁的空厢房，给陈逸仙安排了下榻之所。她俩一起下楼走到书房里，望着书架上摆满的各色图书，虽以古籍为多，新式书刊很少，陈逸仙还是喜出望外。在这兵荒马乱的年月，能有这样一个安静的读书环境，又是跟贻荫姐在一起，实在是太难得了。

“欢迎，欢迎！”一个洪亮又亲切的镇海口音，飘进屋里，“桂凤，这是你的宁波同学陈小姐吧？”

“朱伯父好！”陈逸仙没等朱贻荫介绍，就向跨进书房门的“憩园”主人行礼了。

朱贻荫的父亲朱云水，是镇海、舟山一带渔业界的名人，据说祖上也做过官，不知从哪一代才开始“下海”经商。在海上闯荡几十年，管船队、开渔行，赚了万贯家财的朱云水，娶了好几房太太，膝下儿女成行，单女儿就有六个，全都起了个带“凤”字的小名：从珠凤、宝凤、秀凤，到桂凤、雪凤、金凤。六只“凤”中，朱贻荫老四，秋天生的，所以称“桂凤”，亲友邻里们也叫她“四阿姐”。

这憩园，是朱云水六十寿庆那年新修的园子。取此园名，寓意着这位曾经沧海的实业家隐逸退休之志，也是他晚年的自号。年逾花甲的憩园老人，以收藏金石字画为乐，也常常来书房走动。桂凤在众姐妹中书读得最多、最好，人又娴静聪慧，因此备受父亲的喜爱和器重，陈逸仙自然也成了朱府上的贵客。

第二天一早，朱贻荫就陪同陈逸仙，去朱家大院毗邻的梓荫山麓看风景。

梓荫山不高，比起城外的镇海第一名山——招宝山以及在甬江入海口与之相对峙的金鸡山来，这座只有几丈高的小丘很不起眼，就像两道屏风背后摆放的一张矮几。但由于它的位置在城内，自北宋以来，又先后建起了孔庙、屏山堂、迎秀亭、文昌祠、蛟川书院，因此，梓荫山麓钟灵毓秀，人文荟萃，也是历代儒学教官的衙署所在。朱熹、全祖望等名家大儒都曾来此讲学授业，吟咏它的诗词歌赋更不在少数。山名“梓荫”，即源于《周书·梓材篇》，取“梓材荫泽，荫庇学子，源远流长”之意，不同凡响地赞誉着这块乔木森森、芳草如茵、古建筑群错落有致的方寸之地。

然而，吸引陈逸仙的，既不是它的亭台楼阁，也不是骚人墨客的踪迹，而是萦绕和凝聚在花木砖石间的历史烟云和民族正气。素有“浙东门户，海天雄镇”之称的镇海，自古就是海防重镇，逶迤在江边海头、屏障古城的每一座青山上，都有炮台、碉堡、城防等军事设施，大小不下几十处，历尽数百年来镇海军民保家卫国，抗倭、抗英、抗法的风风雨雨。而坐落在城内梓荫山麓的学宫、书院，则成了当年文臣武将们商议军机、联络四方和过往驻留之所，同样见证了这些反侵略斗争的英勇史实——咫尺之地，也铭记着许多英雄的姓名和他们可歌可泣的故事。

“啊，‘流芳’！好漂亮的颜鲁公体……这是谁题的字啊？”

从梓荫山西麓孔庙大殿里走出来，经过大成门前的甬道旁，陈逸仙望见泮池东边的空地上有一块年深月久的大理石碑，漆黑的碑面镌刻着两个鲜红的大字，笔触饱满遒劲，如石榴花似的映照周围的绿丛。一向喜爱书法艺术的她，戴着眼镜凑近石碑瞧了个仔细，但见那碑文下面的款章模糊不清，便回过头来问朱贻荫。

“这是明代卢镗的‘流芳碑’。”朱贻荫从甬道边上走过来，向她解释道，“卢镗是嘉靖年间守御镇海的都督，同名将戚继光、俞大猷一起抗击从海上来犯的倭寇。当时他已年近七旬，还带兵杀敌，招宝山上的威远城就是他主持修建的。他将这两个大字刻写在文庙的泮池旁，也是为了激励部下，鼓舞士气。”

陈逸仙“哦”了一声，点点头，同朱贻荫转身向泮池走去。狭长的泮池上横跨着三座古朴的石桥。她俩从东头的一座桥上走过，望着桥下清清的池水，朱贻荫对陈逸仙说：

“你知道吗？同林则徐一起抗英的两江总督裕谦，在镇海陷落后就是在这里投水尽节的！”

陈逸仙的目光在眼镜后面闪动着，仿佛要从那清澈的池水里看出个究竟来似的。

纪念明代抗倭英雄卢镗的流芳碑，
离憩园很近

刚才在梓荫山北麓的蛟川书院旧址前经过，她就听贻荫说起鸦片战争期间，林则徐从广州调来浙东协办沿海防务，曾在此住过。当时，这位虎门销烟的英雄、威震敌胆的一代名臣，已受到投降派的排挤，被革去了两广总督的职务，来到镇海后，连个正式的职务都没有，但林则徐毕竟是林则徐："苟利国家生死以，岂因祸福避趋之！"他忍辱负重，毫不计较个人得失，天天从栖身的蛟川书院出发，去观察山情海势，查看各处炮台，向驻军将领们传授御敌方略，还用自己带来的《炮书》指导筹建不久的镇海炮局精研铸炮技术……然而，昏庸的道光皇帝为了进一步推行乞和投降的政策，竟在这节骨眼上下达了继续"查办"林则徐的谕旨：革除四品卿衔，立即送离镇海，遣戍新疆伊犁。

圣旨到达镇海的那一天，正在积极备战的两江总督，同样是主战派的钦差大臣裕谦也惊呆了。他是林则徐的好友，一直在支持林则徐的工作，而且已经奏请朝廷给林则徐委派实职，以便让他更好地发挥作用，料想不到等来的竟是“晴天霹雳”！裕谦清楚地意识到这样的打击对镇海防务会产生怎样的影响，因此，他满怀同情又忧心忡忡地来到蛟川书院跟林则徐话别，带领手下的文武官员，将林则徐和赶来随行的林则徐之子一直送到南门外的码头边，依依不舍地望着这位举国敬仰的谪臣迁客登船远去……

林则徐离开三个月后，虎视浙东已久的英国舰队重新挑起战端，裕谦领导镇海军民全力抵抗，同拥有坚船利炮和上万兵力的强大入侵者展开了一场极为惨烈、名留青史的“定海、镇海保卫战”。经过六个昼夜的浴血搏斗，定海失守，英军气焰嚣张地直扑镇海城下。裕谦率四千将士在关帝庙前泣血盟誓“城存与存，城亡与亡”，并亲自指挥战斗。终因敌我双方力量悬殊，加之浙江提督余步云临阵脱逃，战局难支，单招宝山、金鸡山两处前沿，就有千余名将士阵亡，旌旗破碎、硝烟弥漫，一座孤城陷入腥风血雨之中。

当裕谦和最后一批守军在敌人密集的炮火下撤至梓荫山麓的孔庙前，这位蒙古镶黄旗贵胄、清朝开国功臣后裔、进士出身的朝廷重臣，知道城将不保、自己践诺的时刻已到，便将怀中用黄巾包裹着的授印和一封遗书交代给左右，从容镇定地整顿装束，遥对着镇海城西北的京阙方向行完跪拜礼，毅然纵身跳进了大成门前的泮池……

“裕谦——他死了吗？”听得入神的陈逸仙，望着波光粼粼的泮池忍不住发问。

“没有。他被亲兵救了上来，微息尚存，因镇海城已破，他在被部属们送往余姚的途中，又趁人不备，吞金而亡。”

这是1841年10月10日（道光二十一年农历八月廿六日）发生在古城镇海的悲壮一幕。中英鸦片战争期间，裕谦为清朝封疆大吏中唯一亲临战场以身殉国者，清政府追封其谥号“靖节”。裕谦投水尽节的同时，镇海县丞李向阳自缢殉职，在此之前，驻守定海的三位总兵葛云飞、王锡朋、郑国鸿已全部牺牲。为纪念他们和阵亡将士，招宝山下建起昭宗词，每年的农历八月廿六日这一天，镇海官民都要在那里举行公祭。

“上小学的时候，老师带我们去过昭宗祠，那时还供奉着‘靖节公’的牌位，不知现在有没有了。”朱贻荫讲完泮池边发生的往事，又若有所思地补充了一句。

“梓材荫泽，荫庇学子，源远流长——”陈逸仙掏出手绢擦眼镜上的水汽，随口背诵起这个梓荫山出典的名句，禁不住感叹道：“贻荫姐，想不到你的家门前，就有这样的忠肝烈胆，真是一块千古流芳之地！”

眼前低矮缓平的梓荫山，在盛夏浓荫和蓝天白云的映衬下，仿佛也高大了许多。

陈逸仙在朱家大院住了一个多月。除了跟朱贻荫出游、踏访镇海名胜，更多的时间还是在憩园的那座小红楼里，两人一起做功课，翻阅书房里那些陈年八辈的古旧书籍和风行一时的林译西洋小说。她们也常在一起临帖练字，醉心书法的陈逸仙发现朱贻荫不仅字写得清秀，还能画画、绣花，做女红，更是一把好手。她们还在一起弹琴、唱歌，背诵唐诗、宋词，也读从上海、杭州等地输入的郭沫若、郁达夫一路新兴作家的白话诗文……对文学的共同喜爱和年轻人的理想追求，常常将她俩关心、探讨的话题，从手中的书本和眼前的时事，引向广阔的社会与人生。在那一个个悠长的夏日里，憩园的山石池水、小红楼上的婆娑竹影，不知听到了两位同窗多少促膝谈心的话语。

许多年后，九秩高龄的老革命家、资深共产党人陈修良（当年的女师学生陈逸仙）在一篇缅怀朱枫烈士的文章[1]中回忆起这段学生时代的难忘时光：

……憩园内竹篱假山，小桥流水，风景如画，环境极为幽雅。园后有书房三间，是朱枫父亲读书、会客的地方。她家藏书颇多，字画满墙，我们这一个来月多数在书房里读书论文，过得极为惬意。但我发现那时她（指朱枫，即朱贻荫。——引者注）还是个多愁善感的人，深宅大院，平日里独处闺中，没有人可以谈心，而镇海毕竟比宁波更闭塞，“五四”的影响比起宁波来还要小一些。

我的家庭情况与朱枫不同，母亲是个杀出封建大家庭的“叛逆者”。她过去崇敬鉴湖女侠秋瑾（也巧，我出生和秋瑾牺牲同年），常向儿时的我叙述秋瑾一生英烈。后来母亲又称颂孙中山，竟以孙中山的号“逸仙”作为我的名字。因此，那时我就把自己的理想告诉了她——我想做个革命家。我不知道自己的话对她是否有影响，但其时我根本没有想到这位多愁善感的名门闺秀，后来会成为自己的战友，而以轰动台湾的悲壮捐躯结束其革命者的一生。

正如这位相知甚深的老同学所言，生活在“潇湘馆”般优裕环境里的朱贻荫，内心也像“潇湘仙子”一样“多愁善感”。因为朱家虽以商贾为业，但骨子里仍是一个封建色彩相当浓厚的旧式家庭，妻妾成群的一家之长朱云水，平素高高在上，跟子女接触很少，重男轻女

[1] 陈修良：《她牺牲在台湾——忆朱枫烈士》（1997年作）。作此文时，陈已年届九旬，次年病故。

的思想也很严重。他之所以视贻荫为掌上明珠，能够让她外出读书，除了贻荫本人的争气，很大程度上还是夫人的缘故。贻荫的生母、朱云水的二太太陈氏，是本地报关行老板的独生女儿，嫁到朱家来的时候妆奁颇为丰厚，报关行老板死后又留下了一笔不菲的遗产，全归到陈氏同她所生的两个女儿宝凤和桂凤的名下，因此，她们娘儿仨在朱家大院的地位才与众不同。然而，两年前陈氏病故，从竹洲女师回家奔丧的朱贻荫哭得特别伤心，她觉得脚下的花砖地和身后的高院墙都崩塌了：失去了慈爱的母亲，同胞姐姐宝凤也已经出嫁，从此以后在这个偌大的门庭里，她连一个说知心话的亲人都没有了，原本就内向的性格，又增添了一份林黛玉式的孤单与凄清。

不过，小红楼上的朱家四阿姐，并不像大观园里的林妹妹那样爱使小性子和恃才傲物，恰恰相反，她柔弱又宽厚，持重又谦和。由于她在女师同学中年龄稍长一点，人缘也好，进校不久就同活泼开朗的“作文状元”陈逸仙一起被推选为班长。她俩性格上的反差，变成了工作中的互补，志趣相投更使她们成为无话不谈的好友。即使在“女大当嫁”这样的敏感问题上，朱贻荫也向陈逸仙坦露心曲：母亲在世时，就为她们两姐妹的终身大事操心了。比自己大两岁的宝凤所嫁的是母亲去普陀进香时认识的一户农家，两位笃信佛教的老太太在朝香路上结成了儿女亲家。爱女心切的陈氏还相当迷信，曾请一位号称“半仙”的算命瞎子给自己的小女儿推算婚嫁，那瞎“半仙”掐着贻荫的生辰八字磨叽了半天，才吞吞吐吐地说：

“老人家，这话不好说啊……”

“但说无妨——”陈氏夫人嘴上这么说，心却提起来，“我家桂凤有什么大碍吗？”

“没有，没有。府上的这位千金呀，就是命相有些‘冲’，不宜嫁年龄相仿的童男子，那是要相克的。”瞎“半仙”说到这里又停下来。

“那该怎么办呀？一辈子不嫁人哪？”老太太急着问。

“找个年纪大一点的如意郎君，做填房，平安就是福啊！”

瞎“半仙”说完就走了，老太太却从此结下了一块心病。

没过多久，朱云水的这位陈氏夫人，就带着未能亲自将二女儿送出门的遗憾过世了。算命先生关于桂风未来婚姻的荒谬预言，却没有随她而去，而是留在了朱家大院里，成了压在憩园老人心头的一个负担，一个终究要兑现的期待。当然，这样的“瞎话”在那个闭塞、蒙昧的年代里，对当事人也产生了不小的影响，它像游魂似的徘徊在小红楼的四周，如同一片挥之不去的阴霾，暗淡了贻荫姑娘对于未来生活的憧憬。

“五卅”学潮中

江浙战事平息以后，时局稍许稳定，宁波女子师范学堂才开学上课，朱贻荫和陈逸仙也回到了月湖竹洲上。

校园生活仍像过去那样刻板、单调和死气沉沉，课堂上照样宣讲“尊孔读经”“三从四德”的那套旧礼教；校门口的告示栏里，也依旧张贴着禁止学生外出、交友、看“禁书”、参加社会活动的条条“校规”。学校的后花园本是个环境幽美、课余休憩的好去处，却竖着“女生止步”的隔离牌子，只因为那边挨着男教师的宿舍。为束缚姑娘们爱美的天性，校方甚至不许女学生穿红袜子、花鞋子……在以校长施竹晨为首的一群封建腐儒和官僚士绅的把持下，这座创建于民国元年的著名女校，实际上成了宁波学界守旧势力禁锢年轻学子和进步思想的顽固堡垒。

转眼间到了民国十四年（1925年）的春天，国内政治形势的波澜骤起，也给这死水一潭的女师校园，带来了生机勃发的变化。

竹洲上的女师校园（今为宁波二中）

这年3月12日，积极筹划北伐革命、为国事奔走的孙中山先生，不幸病逝于北京。噩耗传出，举国哀恸。正当第一次国共合作时期，在国共两党的联合推动下，各界爱国群众沉痛追悼孙中山逝世的集会游行，变成了一次继承和发扬中山先生的革命遗志、将反帝反封建斗争推向新高潮的政治示威，走在前面、表现得最活跃的是青年学生。

那时，宁波的启明女中、四中等几所风气比较开明的学校，已经有了中共党团组织的活动，陈逸仙的孪生姐姐陈逸僧，便是启明女中的进步学生和共青团员，在她的带动和影响下，逸仙也开始阅读《中国青年》《向导》《共产主义ABC》等革命书刊，思想上也从对军阀统治和社会黑暗的强烈不满，转化为改造中国社会、寻找革命出路的迫切要求。因此，当宁波各界爱国人士集会追悼孙中山先生逝世的消息传到月湖竹洲岛上的女师校园时，陈逸仙便带领着女同学们迅速行动起来，她们连夜准备好黑纱、白花，写有纪念内容和革命口号的横幅标语。为了不让校方发现和制止，第二天一早，陈逸仙、朱贻荫和参加追悼会的十几个同学没有走学校的正门，而是从竖着“女生止步”的木牌、通向后花园那边的一个小门偷偷溜了出去。她们像一群冲出樊笼的小鸟，第一次参加社会活动，感受到了自由的阳光和新鲜的空气，心情自然是兴奋的。而对于学校里的封建卫道士们来说，这是一次明目张胆的“触犯校规”，当然是不允许的，但由于孙中山先生的崇高威望和当时的社会舆论，校方没敢训斥和处罚这批同学，陈逸仙这个活跃分子和带头人的名声，也由此在女师师生中迅速传播开来。

两个多月后的5月30日，以日本资本家枪杀工人代表顾正红事件为导火线，上海数万名工人、学生和市民在南京路上举行示威游行，遭到英租界巡警和北洋军阀政府的残酷镇压，死十余人，伤无数，逮捕一百多人，发生了震惊中外的“五卅惨案”。爱国青年的鲜血洒在自己的土地上，帝国主义的铁蹄在国人头上耀武扬威，是可忍，孰不可忍！长期积压在人们心中的愤怒，终于像火山似的喷发出来。一场规模空前的群众性抗议风潮，从十里洋场的上海滩迅速扩展到全中国各地：工人罢工、学生罢课、商人罢市，“打倒列强”“打倒军阀”的怒吼声，响彻了万里神州。

宁波是最早受帝国主义欺凌的“五口通商”口岸之一，富有反帝爱国传统的宁波人民自“五卅运动”发生之日起，就投入了这场声势浩大的斗争。由早期共产党人张秋人、裘怀古、沙文威等所领导的宁波学生联合会，自始至终地站在这场斗争的前沿。6月2日这一天，陈逸仙作为女师同学公推的学生自治会长，出席宁波学联的会议。张秋人以全国学联代表的身份，向大家报告了上海“五卅惨案”的经过，并痛陈中华民族的危机和青年学生的救国重任，他慷慨激昂的讲话极大地感染了每一个与会者。会上各校代表就学联工作进行了民主分工，还通过了一份紧急倡议书，号召全市同学积极行动起来，立即开展罢课、游行、抵制洋货、反对奴化教育等抗议活动，声援上海同胞，唤起广大民众，向军阀政府和列强显示“我四亿五千万同胞抵御外侮、夺回主权之决心”。

陈逸仙回到学校，就将学联的决议向几个学生骨干做了传达，并很快召集全校同学到礼堂开会。会上，义愤填膺的陈逸仙说到上海南京路上我爱国学生、工人死于帝国主义枪口的时候，泪水模糊了双眼，讲台下的女同学们也听得一片哽咽，甚至有失声痛哭的。群情激奋中，大家一致同意响应学联的号召，立即罢课和上街游行示威。当陈逸仙和几个学生代表，向女师校长施竹晨宣布这一决定时，这个宁波学界的老顽固气得吹胡子瞪眼，手指着这群平时见了师长头都不敢抬的女孩子，恶狠狠地说：

“好好好，我现在管不了你们，总有管得了你们的时候！”

竹洲沸腾了。女师同学在陈逸仙的带领下，刷标语，印传单，她和朱贻荫的一笔好字，这时都派上了用场。她们手执写有“打倒帝国主义”“打倒军阀”“取消不平等条约”的小旗，排着整齐的队伍，喊着口号，昂首挺胸地跨出了校门。无可奈何的施竹晨和他的几个亲信爪牙，从师竹楼办公室的窗口冷冷地盯着这群敢于“造反”的叛逆者。教职员工中也有同情和支持学生爱国行动的，则向她们投以热情和赞许的目光。

各校的游行队伍在市中心的小教场集中后，随即去英国领事馆门口示威、递交抗议书，只见铁门紧闭，几个平素耀武扬威的洋人都不见了踪影。守门的中国仆役告诉学生们，他们也已经罢工，不再给洋人干活，弄得洋人连饭都吃不成，偷偷地溜走了。为了进一步发动群众，学生们又三五成群地组织小分队，在街头发表演说，散发传单，深入里弄向父老乡亲们做宣传，募集捐款，支持上海的罢工工人。这些剪着学生头、身穿“爱国布”的大姑娘破天荒地抛头露面、走街串巷地大声疾呼，轰动了整个宁波城。人们议论纷纷，有赞成支持、传为新闻与佳话的，也有守旧者冷嘲热讽：“成何体统，看她们今后还嫁不嫁人！”

不久，广州又发生英法军警在租界上枪杀多名示威者的“沙基惨案”，人民群众的反帝爱国情绪更加高涨。宁波学联发出对英日帝国主义实行“经济绝交”和长期罢课的号召，各界组织了“经济绝交委员会”，学联还派出查禁小组到各大商店查禁英日货。斗争的深入发展必然会触动社会各阶层的利益，曾经扮演革命角色的国民党右派（国家主义派分子）首先分离出来。他们明地里打着“反帝”的旗帜，暗地里却同外商和本地的大资本家相勾结，向他们通风报信，对抗学生们查抄洋货的爱国行动，还散布“罢课是自杀”“读书就是救国”，诬蔑爱国学生是“赤化分子”“过激派”，甚至煽动受他们影响和控制的部分学校代表退出学联，造成了统一战线内部的分化和破裂，给军阀政府和顽固派势力镇压学生运动提供了口实和可乘之机。

陈逸仙不仅是女师学生的带头人，还在宁波学联担任了起草决议、函电等文稿的秘书工作，她在《宁波学生联合会周刊》上发表的《救时刍议》以犀利的笔锋、饱满的爱国热情，成为“五卅”学潮中传诵一时的政论名文，人们很难想象，此文出自一位十八岁姑娘之手。正因为如此，这个活跃能干、冲锋在前的学运积极分子，也遭到了以施竹晨为首的女师当权者的特别忌恨，一有机会便开始了他们的反扑。

那是暑假里的一天，在校坚持斗争的陈逸仙被召到师竹楼的会议室里，施竹晨正在召开全体教员会议。他见陈逸仙走进来，劈头就问：

“陈逸仙，你是宁波学生联合会的成员吗？”

“是的，我是作为女师学生的代表参加学联工作的。”陈逸仙镇定地回答。

“宁波学联已成了‘过激派’把持的工具，聚众滋事，扰乱社会，妨碍教育——”施竹晨提高了嗓门，“校方勒令你登报声明，从即日起退出学联，不得再参加‘过激派’的活动！”

“施校长！”陈逸仙毫不示弱，依然镇定地回答道：“我是全校同学公推的女师学生自治会会长，参加学联也是以团体会员的名义加入的，要退出也得经过女师学生自治会的同意，就像施校长发号施令也得召开全体教员会议呀！”

最后一句话像个软钉子，将老顽固顶得半天说不出话来，脸憋得通红。坐在他身边的一个名叫杨菊庭的反动教员（此人后来做了鄞县国民党党部书记长）立刻跳出来，将一张写好的“退出学联”的启事稿放到陈逸仙的手里，厉声说道：

“陈逸仙，你不要狡辩！施校长历来爱才惜才，他是在挽救你，给你改过自新的机会。按你在学联做的那些事，学校早就该把你当作‘过激党’处理了！”

“杨先生，你说话可要负责任，不要血口喷人！我在学联说的话、写的文字、做的事都是公开的爱国行动，何罪之有？”陈逸仙没有再说下去，将那个姓杨的所写的一纸“声明”掷还到施竹晨面前的会议桌上，众目睽睽之下，头也不回地离开了会议室……

“劝退”没有奏效，顽固派自然不会死心。暑假过后，新学期开始，他们又借口因上学期学生罢课没有考试，提出“全面补考”，实际上是想以此来进行“整肃”，利用考试成绩和操行等来打击和迫害爱国学生。这一手，宁波学联早有估计，开学前就向各校发出“中止期考”的通知，因此，女师学生自治会在学联支持下发起了“拒考”

行动，每一个班级都投入了这场新的战斗，朱贻荫所在的班级自然也不例外。但施竹晨们知道，如果在这个节骨眼上再制服不了这群造反者，他们的学校就开不下去了。随着考试日期临近，校内空气不断升温，这个一贯倚仗权势、善于钻营的前清贡生，终于使出了“杀手锏”：宣布“开除陈逸仙、方守娣、冯俞相、张宜文等五名为首的肇事学生，解散学生自治会”。

公告贴出后，全校舆论为之哗然，宁波学联也派代表到女师交涉，要求校方收回成命，并重申不得进行补考、学生有集社集会的自由。施竹晨拒绝接见学联代表，还暗中通报官府，说进步学生是“结外援助，聚众抗拒”，紧急要求上司前来解围。结果，宁波府道尹朱文劭亲自出马，在镇守司长官和教育厅长的陪同下，坐着绿呢大轿威风凛凛地来到了竹洲岛上，还同时开来了一队军警，如临大敌般地排开在校门口的甬道旁——肃杀的秋霜突然降临，校园内的空气都为之紧缩和冷凝了。

女师学生哪里见过这样的场面，围在校门口布告栏前的人群匆匆散去，多数同学退回到教室里，只有初生牛犊不怕虎的陈逸仙同宁波学联的代表、四中学生沙文威等人一起，在师竹楼的会议室里同前来施压的高官们交涉。朱贻荫和另外几个女生焦急地站在师竹楼前那棵枝繁叶茂的沙朴树下，望着楼上的窗口，期待事情有所转机。时间一分一秒地过去，朱贻荫脑海里飞掠过自学潮开始以来校园里的种种事态，每个斗争场景中都迭印着陈逸仙那意气风发、勇往直前的身影，不知怎的，这会儿总有一种不祥的预感。

没过多久，陈逸仙和沙文威几个学生代表愤愤地退出来，还没等他们向大家报告消息，施竹晨就倚仗着官府的权势立即召开了全校师生大会。那位道尹大人也板着面孔登上主席台，坐在一张专门为他准备的太师椅里一声未吭，行伍出身的镇守司长官更摆出一副凶狠的嘴脸，虎视眈眈地盯着大伙。他们早商量好由教育厅长出面，向全体学生作一个软硬兼施的“训话”，大意是“开除肇事学生”属于“校内行政”，校外人士不得干预；至于“补考”，本厅体谅同学们的学业受“社会风潮”的影响，既然准备不足，拟建议校方延期或并入本学期末进行；而说到“学联”，这位笑面虎似的教育总管语调竟严厉起来，毫不隐讳地张扬出反动势力卷土重来、镇压进步学生运动的狠毒气焰：

“校有校规，国有国法。像‘学联’这样的组织，最容易被乱党分子利用、操纵，触犯校规，尚且事小；危害社会，触犯了国法，官厅就要严加取缔！”

教育厅长说话的时候，站在朱文劬旁边的施竹晨，一会儿面带谄笑、俯首帖耳地向主子说着什么，一会儿又挺胸凸肚、扬扬得意地扫视着台下的学生，寻找着那些敢于反对他家长式统治的造反者，那眼神分明在说：“这回你们该服服帖帖了吧，看谁还敢在太岁头上动土？”充分暴露出了他掩藏在道袍后面的那条“狐假虎威”的老狐狸尾巴。

…………

轰轰烈烈的“五卅”学潮，就这样在教育界的顽固势力、军阀政府的联手打压和进步营垒的内部分裂中，渐渐平息了下去。但是，它所播撒的爱国火种和革命精神，并没有被反动派扑灭，而是埋藏和蛰伏在热血青年的心头，等待着新的时代暴风雨来把它唤醒。

师从沙孟海

同窗四年的好友，被女师校方的一纸“开除令”拆散了。陈逸仙同朱贻荫依依不舍地作别，她告诉朱贻荫，她已跟母亲、姐姐商量好，决定离开宁波，去闯外面的世界。她还将自己的书法老师、此时已在上海做事的沙孟海先生闻讯后写给她的一封信给朱贻荫看，内中有这样的话："道希足下，人生不过数十寒暑耳，何必与人争议过激？……""道希"是沙孟海给陈逸仙起的名字，这位书法名家十分赏识陈逸仙的才智，一心希望自己的门生能传承中华书艺，将来当一名女书法家，因此劝慰她不要被社会活动耽误了自己的学业，陈逸仙却回信给他说"今后恐怕不会写字了，因为书法不能救国"，她要走"另一条路"。为了感谢恩师的栽培，陈逸仙特地写了一幅单条和四幅屏条寄给沙孟海先生，作为纪念。沙孟海收到后，展读条幅上女弟子那娟秀又挺劲的手迹，十分喜爱，对她有如此功底而不再钻研书法之道，也备加惋惜。

不久，朱贻荫就接到陈逸仙从杭州寄来的信，得知她已考入杭州女中。在杭州女中只读了一个学期的陈逸仙，翌年（1926年）早春，又到了上海，考进上海国民大学文科就读，在那里她认识了中国共产主义青年团江浙区委委员兼小沙渡团部书记徐玮，由徐玮介绍，加入了共青团组织——从这时起，还未满十九岁的陈逸仙真正走上了"另一条路"，成为中国共产党领导下在沪从事学生运动和工人运动的一名职业革命者。

这年夏天，朱贻荫从宁波女师毕业，经人介绍去上海一吴姓人家当家庭教师，也来到了黄浦江边。在这个人生地不熟的大都会里，她自然想见已分别多时的老同学，一天有了空闲，便按着陈逸仙曾经留给她的地址，走进了戈登路715号。这是一座只有两间平房的小院，院子里种着三株石榴树，屋主人很风雅地将自己的寓所称为"若榴书屋"，因为他的名字里也有一个"若"字——他，就是陈逸仙的书法老师、本名"沙文若"的沙孟海先生。

沙孟海先生此时也很年轻，才二十六岁。他是赫赫有名的宁波沙氏五兄弟中的老大，出身于四明山下一个寒儒之家，由于严格的家教，自幼便打下扎实的国学基础，宁波四师苦读的五年中，在冯君木、洪佛矢等名师指导下，学业更加精进，尤以篆字书法闻名甬江。四师毕业后，沙孟海被宁波富商蔡琴孙聘为家庭教师，教授他的两个女儿练字，因这两位千金小姐又都在女师读书并与陈逸仙同班，由她们介绍，陈逸仙才成了沙先生的门下弟子。后来，沙孟海移居上海，任教于恩师冯君木执掌的修能学社，有机会结识康有为、吴昌硕、郑孝胥等前辈鸿儒，在文史与书画金石方面所学更多，兼收并蓄愈益深广，其书法篆刻也逐渐形成自己的独特风格，在人才济济、花团锦簇的申城书坛崭露头角。

和沙孟海一心做学问不同，他照拂下成长起来的几个弟兄，受20年代中期国内政治形势的激荡，早在学生时代就投身于宁波地区的反帝爱国斗争，并且成了CP（中国共产党）和CY（中国共产主义青年团）的组织成员。曾任宁波学联主席、到女师来声援陈逸仙她们的四中学生沙文威，就是沙孟海的四弟。比陈逸仙还小两岁的沙文威，此时也奉中共江浙区委之命调来上海，年仅十七岁的他在上海产业工人最集中的小沙渡担任中共江浙区小沙渡部委的组织部部长，和陈逸仙的上海国民大学同学徐玮在一起工作。沙孟海的二弟沙文求，原是上海复旦大学物理系学生，受中共党组织派遣于1925年冬天回宁波老家鄞县沙村，发动贫苦农民组织农会，开展“反封建、打土豪”的革命活动，半年后斗争转入低潮，孙传芳的军阀政府下发悬赏通缉令要捉拿“乱党”，他才又回到上海，在大哥的“若榴书屋”暂避风头。

做过沙孟海学生，又是沙文威战友的宁波姑娘陈逸仙，1926年早春到了上海以后，自然是恩师家的常客。此时正值暑假，她和文威、文求、徐玮合租了沙孟海寓所隔壁的房子，那里实际上成了上海党团组织的一个活动地点，经常进出的还有冯定（冯君木之子，后来成为

沙孟海（左）、沙文求（中）与陈修良在“若榴书屋”前

中共党内著名理论家）、庄炯、徐雪寒等来自宁波、绍兴等地的旅沪青年革命者。他们利用沙孟海的合法身份和社会名望做掩护，“若榴书屋”满屋满墙挂着的书画条幅和进出的文人雅士，常常使英租界上跟踪的“狗眼”迷惑不解地望而止步。

朱贻荫来拜访的那天傍晚，几个年轻人正在那庭院里的石榴树下乘凉，有说有笑，老同学的到来，更增添了欢乐的气氛。

大半年不见，圆脸庞的陈逸仙好像瘦了不少，人也变得成熟了，镜架后面的目光也因为生活与斗争的磨炼比过去更加坚毅、沉着了。她将朱贻荫介绍给院子里的几位男士，沙文威并不陌生，当年在竹洲岛上就见过，文求和徐玮是初会，久闻大名而又不难辨认的是年纪较长、风度儒雅的沙孟海先生，陈逸仙笑着说：

“孟海师，这位就是我跟您提起过的、我最要好的女师同学朱贻荫，她是镇海的名门闺秀，书读得多，字也写得比我好，早就想跟先生学字了，可惜晚了一步，先生离开了宁波。”

“现在学也不迟呀，不是都到上海来了吗？”快人快语的徐玮插了一句嘴。

朱贻荫有些腼腆地笑起来，向沙孟海行礼后说道：“逸仙妹谬奖了，我的字哪里比得上她，拜沙先生为师的愿望是有的，就怕沙先生不收我这个徒弟。”

“哪里哪里。”沙孟海望着这个身材修长、仪态文静的女青年，心里已有几分好感：“既然是道希的好友，当然也就不是外人……”

听到“道希”这个沙孟海为陈逸仙取的别号，朱贻荫不觉心有所动。她早就觉得“贻荫”二字太陈旧、太俗套，希望有所改变，因此也大胆地向沙先生提出为自己取新名字的请求。她没有多加解释，其实这在那个新旧裂变的年代里是常有的事。上了几年女师，受到新思潮、新文化的熏陶，特别是经受了“五卅”以来反帝爱国斗争和民主运动的锻炼，她恨不得能摆脱封建大家庭加在她身上的种种束缚，能像陈逸仙一样去追求自由和解放，取一个新名字，也意味着一个新的开始。

沙孟海答应了这个初次见面的新徒弟的要求。

让朱贻荫想不到的是，她同陈逸仙刚刚在上海重逢却又要分手了。陈逸仙不无兴奋地告诉她：“贻荫姐，你再晚来一天就见不到我了，我明天就要和文求一起去广州——”

此时的南国花城，正是国民革命波澜壮阔的中心。陈逸仙和沙文求都是受中共江浙区委派遣南下受训的青年干部，但陈逸仙只对朱贻荫说，他们是去广州的广东大学文科读书，在那里可以学到许多新东西。在陈逸仙的眼里，像朱贻荫这样的富家女要完全同旧家庭、旧传统决裂，投身到革命营垒中来，恐怕还有许多路要走。因为她知道朱贻荫来上海当家庭教师的那个吴姓雇主也是一户有钱人家，同朱家是世交，吴家有心娶个门当户对、知书识礼的媳妇，请朱贻荫来家教书，也是想让她同吴家公子互相熟悉，培养感情——在这种情况下，当然不能向老同学暴露自己革命者的身份。

一向为朱贻荫所羡慕和敬佩的陈逸仙，这回真的要远走高飞了，此行的迢遥和艰难恐怕连当事者本人也难以预料：前方等待着她和他们的，是一条跨越千山万水，也跨越新旧两个世界的盗火者之路；也是一条挟带着闪电与雷霆，在波涛汹涌的大海上，勇敢地呼唤“让暴风雨来得更猛烈些吧”的海燕之路……就像当时的红色歌手、年轻的无产阶级诗人殷夫在《血字》这首诗中所宣言的那样：

我也是历史的长子，
我是海燕，
我是时代的尖刺

——在20世纪二三十年代革命风云急剧变幻的中国政治舞台上，这些小小年纪、满怀理想与激情的优秀知识分子，的确以稚嫩的肩头和坚定的脚步，远远地走在了时代的最前沿和同辈人的前头。

陈逸仙到广州后，即在广东大学受训并担任了广东省共青团宣传部委员、团省委机关报《少年先锋》编辑。1927年年初培训结束，随少共中央书记李求实赴湖南长沙，做宣传和干部培训工作，同年4月去武汉，列席共青团第四次全国代表大会。会后由团中央书记任弼时推荐，担任汉口市委宣传部长向警予的秘书，并在那里转为中共正式党员。7月中旬，“宁汉合流”，形势突变，党组织被迫转入地下，省委书记张太雷为保存革命力量，安排一批青年干部赴苏联学习，陈逸仙作为这批青年干部中的五人主席团成员之一，于同年10月带队从上海港出发，先到海参崴，再从那里坐火车穿过茫茫的西伯利亚原野，去莫斯科。1927年深秋，一个雪霁初晴的北国之晨，二十岁的年轻姑娘、优秀的共青团干部和共产党员陈逸仙，走进了向往已久的“红都”，当上了中国共产主义劳动者大学（原名中山大学，简称“中大”或“劳大”）的一名新生。

陈逸仙在莫斯科一住四年，在这里，她接触到了中共驻莫斯科代表团负责人瞿秋白、来苏联出席中共“六大”的周恩来等领导同志，聆听了他们的教诲和指导。在“劳大”，她系统地学习了马克思列宁主义的革命理论，与孙冶方、陆定一、钱瑛、王稼祥、张闻天、杨尚昆等党内重要干部都是同学或校友，有过许多密切的交往。1929年冬，苏共“清党”运动波及“劳大”的中共支部，陈逸仙也“领教”了当时已经毕业、做了米夫校长秘书的王明等人的极左嘴脸，与他们打击迫害中共学生、制造“江浙同乡会”冤案的丑恶行径进行过坚决的斗争。要不是她在1930年7月，同邓中夏、陆定一等同志奉调回国，她很可能难以逃脱王明等人已经为她准备好黑材料的“清党”之灾。

在莫斯科，陈逸仙还意外地见到了1929年来苏联、在少共马列学院学习的宁波同乡沙文汉。沙文汉是沙孟海先生的三弟，排行在老二沙文求、老四沙文威之间。早在“五卅”那年女师学潮受挫、陈逸仙被校方“除名”时，她就从沙文威手中读到当时还是宁波甲种商业学校四年级学生的沙文汉写的一首诗：“一波未息一波生，要路多从险处争；百折千回流到海，几时曾见大江平？”诗中深邃的思考和纵横的才情，给逆境中的陈逸仙带来很大的鼓舞。异国他乡的会面，更使这两位年龄相仿、志同道合的年轻人一见如故，彼此都非常兴奋，有说不完的话题。当陈逸仙关切地打听国内友人的近况，问到同自己一起赴广州、担任团市委秘书长的沙文求时，文汉沉痛地告之：1927年年底由张太雷、恽代英、叶挺等人领导的广州起义失败后，沙文求临危受命，寻找失散战友、援助牺牲者家属，在白色恐怖中坚持地下斗争，不幸于1928年8月被捕。受尽酷刑的他没有向敌人屈服，二十四岁的年轻生命同周文雍、陈铁军等烈士一起，在广州红花岗上洒尽了最后一滴血。

陈逸仙明亮的大眼睛里溢满了晶莹的泪水，她的心已不止一次地经受这样的震颤与哀恸了。她所熟悉的向警予、李求实、徐玮等领导同志和革命战友，此时都已经因蒋介石的背叛革命，倒在"四一二"政变所袭来的腥风血雨中。她和沙文汉互相勉励，一定要接过这些牺牲同志手中的红旗，早日学成回国，为中国共产党所领导的人民解放事业奋斗到底……

就在陈逸仙远离家乡和故交、奔赴新的人生彼岸的时候，同窗好友朱贻荫仍然徘徊在原先的生活轨道上。她在上海吴姓人家当家庭教师，工作很尽责，日子过得很安逸，吴家对她也很不错，但同吴家公子的"感情联络"始终没有得到发展。也许是两家长辈"剃头挑子一头热"，也许是当事人双方接触后觉得不适合或是其他什么原因，总之，女师毕业后的这次"沪上有约"，在朱贻荫个人的情感履历上留下的只是空白。

填充她有些单调、寂寞的教书生涯的，倒是每两周一次去戈登路"若榴书屋"接受书法指导。沙孟海先生非常欣赏这位态度认真、练笔勤奋、悟性也高的女弟子，他看到朱贻荫临摹王羲之的《圣教序》、王献之的《洛神赋十三行》等法帖都有一些功底，但笔锋还比较柔弱，便启发她多临汉碑，要不拘一格地汲取各家之所长，用心揣摩，才能融会贯通，超越自我。半年下来，朱贻荫的楷书和行书都有了较

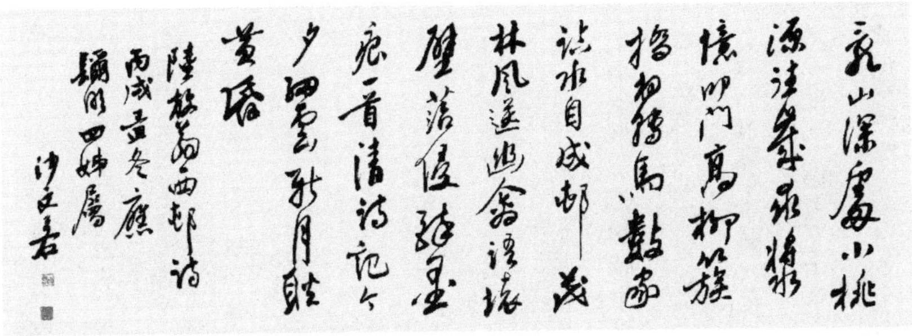

沙孟海（文若）早年书赠朱枫的陆游诗，上书“应弥明四姊属”

快的提高。直到半个多世纪以后，沙孟海名满天下成了一代宗师，耄耋之年的老先生还在一篇纪念文章中深情地回忆道：

> ……一位幽静的姑娘写出一手端秀的小楷，我极口称赞她，她也更加努力。
>
> 她是浙江镇海人，原名贻荫，自己感到字面平凡，要我更取典雅的名字。我给她取名谌之，字弥明。她从此改用新名字，并请我刻名字两印。不久她要结婚了，远嫁到沈阳陈氏。我另刻一方“弥明欢喜”四字象牙小印作为贺礼。她也曾为我写过一张小楷册页。

这里说的“取名”一事，便是前面提到的“沙孟海答应了这个初次见面的新徒弟的要求”。从此，我们的主人公便有了“朱谌之”这样一个新名字。“谌”者，相信、诚然也；字“弥明”，则有永远光明磊落之意。

从1926年夏天到1927年初春，在上海生活的大半年，对这位刚刚踏入社会的年轻姑娘来说，最重要的收获莫过于拜沙孟海先生为师了。这是她与陈逸仙同窗之谊的延伸，也是她同沙氏兄弟进一步结识

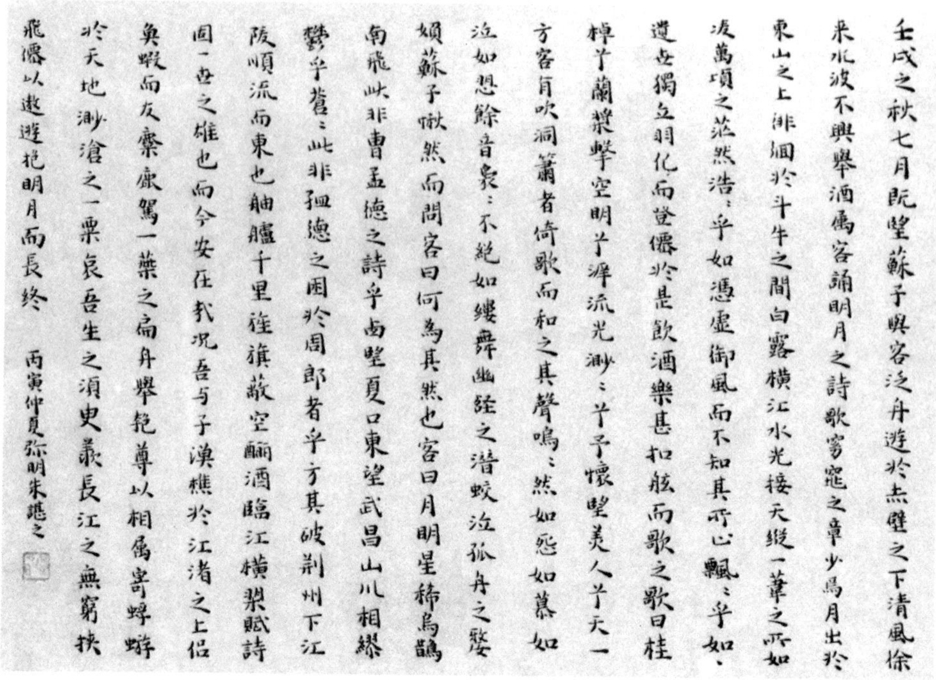
壬戌之秋七月既望蘇子與客泛舟遊於赤壁之下清風徐
來水波不興舉酒屬客誦明月之詩歌窈窕之章少焉月出於
東山之上徘徊於斗牛之間白露橫江水光接天縱一葦之所如
凌萬頃之茫然浩浩乎如馮虛御風而不知其所止飄飄乎如
遺世獨立羽化而登僊於是飲酒樂甚扣舷而歌之歌曰桂
棹兮蘭槳擊空明兮泝流光渺渺兮予懷望美人兮天一
方客有吹洞簫者倚歌而和之其聲嗚嗚然如怨如慕如
泣如訴餘音嫋嫋不絕如縷舞幽壑之潛蛟泣孤舟之嫠
婦蘇子愀然而問客曰何為其然也客曰月明星稀烏鵲
南飛此非曹孟德之詩乎西望夏口東望武昌山川相繆
鬱乎蒼蒼此非孟德之困於周郎者乎方其破荊州下江
陵順流而東也舳艫千里旌旗蔽空釃酒臨江橫槊賦詩
固一世之雄也而今安在哉況吾與子漁樵於江渚之上侶
魚蝦而友麋鹿駕一葉之扁舟舉匏尊以相屬寄蜉蝣
於天地渺滄海之一粟哀吾生之須臾羨長江之無窮挾
飛僊以遨遊抱明月而長終
丙寅仲夏弥明朱諶之

朱枫早年的书法作品，系由沙孟海师保存并交浙江省博物馆收藏的开始——日后，我们还会看到作为革命者的朱谌之同沙文汉、沙文威（改名史永）等地下党负责人的交往。她继陈逸仙之后，虽然相隔多年又历尽曲折与蹉跎，但同样毅然踏上了那条千山万水和疾风骤雨之路……正像“谌之”和“弥明”这新名字所内涵和预期的那样。

追求真理、拥抱光明成了她人生的信念、前进的方向，成了她战胜困难、闯关夺隘的巨大精神动力。尽管她后来因革命工作需要又有了一个流传更广，且简单易记的化名“朱枫”，但在许多重要场合，包括1950年上海市人民政府和1983年国家民政部两度为她颁发的“革命烈士证书”上所用的名字仍然是朱谌之。[1]

同样难得的是，沙孟海先生将朱谌之当年赠送给他的墨宝也保存了下来。1950年闻听烈士在台湾牺牲的噩耗后，他出于对故人的颂扬和永远纪念，将珍贵的烈士手迹送交浙江省博物馆收藏，因此七十多年后的今天，我们才有可能目睹这件跨越了时空、记录着20世纪20年代一位年轻知识女性才情焕发的小楷册页《前赤壁赋》：那端秀、清丽又遒劲的笔触，那力透纸背、弥漫在字里行间的浓重书卷气，展现出传统文化在一个革命者成长过程中所留下的金石可镂、寸心可镌的点点印痕，不言而喻地说明了一个完美人格和崇高精神世界的塑造与形成，需要经过怎样的熏陶和砥砺，也离不开深厚的文化底蕴和长期的知识积累。

远嫁沈阳

1927年春天，二十二岁的朱谌之远嫁东北沈阳（当时叫奉天），当

[1] 为了叙述得准确，也为了保存历史的真实，我们从本节开始，一直到“朱枫”这个化名出现之前，仍以这个新名字称呼本书的主人公。

了奉天兵工厂的一位中年技师、同是镇海籍人士陈绶卿先生的继室。

正值青春年华、人才品貌又相当出色的朱家四小姐，在终身大事上怎么会做出这样的选择呢？因当事人都早已离开人世，我们不可能知道更多的详情，据住在北京的陈宜老人（她是陈绶卿与原配夫人周氏所生，朱谌之是她的继母）告诉笔者："说来也怪，听老一辈人说，到朱家大院向我继母求婚的人不少，但她都看不上眼。而当我父亲托人去登门提亲时，继母看到父亲的照片，年纪比她大得多，却产生了好感，明知道我生母过世后留下了两儿两女，拖累很大，她还是答应了这门亲事。"

陈宜同父异母的妹妹、朱谌之的亲生女儿朱晓枫是这样说的："母亲年轻时身体不太好，她以为自己不能生育，因此才情愿走进一个有孩子的人家。何况我父亲是一个工程师，国学也不错，懂书法，能绘画，和她有共同的语言和爱好，自然能走到一起。"

对朱家大院的一家之主朱云水来说，四小姐桂凤的这门婚事，倒是"兑现"了多年前算命瞎子对二太太陈氏夫人的"预言"，也算是了却他心头的一桩夙愿——虽然出嫁的地方远了点儿，好在四小姐有文化、心气高，"远走高飞"也在情理之中。

奉天兵工厂也叫东三省兵工厂，建于1916年，是旧中国最大的兵器制造厂，地址在沈阳大东门外，工人最多时达两万五千人。厂内聘有日、德、奥、俄、瑞典等国的技师，能够生产各种炸药，各种口径步枪、轻重机枪，各种口径的大炮，多种地雷，以及各种枪弹、炮弹等。在该厂枪子分厂任职的陈绶卿先生，三年前丧偶，前妻留下了四个儿女，起初由他的姐姐、孩子们的姑妈从家乡赶来照料。后来姑妈回南方，将两个大一点的男孩带回去上中学，两个女孩留在父亲身边，长女陈宜（原名兰芬）这时已十岁，整天待在家里带年幼的妹妹阿菊，连书也没有读。当朱谌之千里迢迢从遥远的浙东来到关外名

1928年朱枫在沈阳

同是镇海籍人士的奉天
兵工厂技师陈绶卿

城，跨进坐落在大东区兵工厂宿舍的“新家”时，眼前杂乱无章的景象，着实让从小过惯了优裕生活的新娘吃惊不小，但她没有退缩，而是安下心来，迎难而上，全力担当起了这个家庭中不可或缺的妻子、母亲和主妇的角色。

据陈宜回忆，继母刚进门时，她和六岁的妹妹开始都很“顶牛”，饭不好好吃，觉不好好睡，也不搭理这位南方口音很重的新妈妈，但很快，小姐妹俩就被新妈妈和悦可亲的笑容、关怀体贴的爱心，还有她那双无所不能的巧手“征服”了——新妈妈不仅将家里的一切整理得井井有条，将两个小家伙里里外外收拾得干干净净，还给她们买时兴的衣裳、在她们的衣帽上刺绣和编织好看的花样；一度冷冷清清的家，也因为她的到来而变得温馨和快乐了，餐桌上每天都有了可口的饭菜，晚上一家人团聚的时候，新妈妈还会在灯下弹琴唱歌，给孩子们讲故事……

为了让陈宜能上学读书，朱谌之做通了思想老派的陈绶卿的工作，改变了他认为女孩子不受教育照样嫁人的观点。朱谌之手把手地教陈宜识字念书，背《千家诗》《幼学琼林》，做算术，为她补习功课，使她顺利地通过了兵工厂子弟小学三年级的插班考试。1930年陈宜小学毕业，考进了沈阳女子中学，暑假过后，她在继母陪送下，高高兴兴地在沈阳女中当了一名寄宿新生。此时大东区的家中，已增添了两个小妹妹——两岁的奉珍和刚刚出生的沈珍，陈绶卿和朱谌之给两个女儿所取的名字里，嵌入“奉”和“沈”，显然都是为了纪念孩子们的出生地。

20世纪30年代初的沈阳，是东北地区的政治、经济、文化中心，也是东北军主力的驻地。因此，对东三省觊觎已久、一直图谋发动侵华战争的日本军国主义势力，早就选定沈阳作为其夺取我国东北的“军事行动”的桥头堡；而忙于剿灭中共中央苏区工农红军的蒋介石，直到1931年9月11日还通令东北防军“遇有日军寻衅，务须慎重，避免冲突”。正是国民党政府的妥协和纵容，给了侵略野心日益膨胀的日本军部以可乘之机。驻扎在东北境内的日本关东军于1931年9月18日深夜，制造了震惊中外的“柳条湖事件”，借口南满铁路被炸、日本守备队遭袭，对驻守在沈阳北大营的东北军主力发动突然袭击。由于东北军多数部队都执行了蒋介石“不准抵抗”的命令，一夜之间，日本侵略军便轻而易举地占领了沈阳城。东北边防军长官公署、辽宁省政府、兵工厂、飞机场及一切重要军政机关和东三省官银号等悉被占领，所有驻省城的军警均被缴械。仅奉天兵工厂，即损失步枪十五万支，手枪六万支，重炮、野战炮二百五十门，各种子弹三百余万发，炮弹十万发。东三省航空处积存的三百架飞机，尽为日军掠去。中国银行的四千万两白银，亦被洗劫一空。

那是一个令国人难忘的耻辱之夜。“九一八”当晚10时20分，由日本人一手策划的沈阳北郊柳条湖路轨爆炸的轰然巨响，竟成了全副武装的日本军团发动进攻的信号。从南、西、东三个方向，以猛烈的炮火和疾驰的援兵突袭而来的日本关东军，只经过了零星的战斗和通宵的集结，第二天一早就耀武扬威地出现在惊魂未定、惶惑不安的沈阳街头。沈阳失守、长春失守，本溪、抚顺、营口、辽阳、鞍山、四平、安东……南满和安奉两铁路沿线的所有重要城市，均在二十四小时之内，沦入赤裸裸暴露出强盗面目的太阳旗下。

猝不及防的灾难，也降临到兵工厂技师陈绶卿一家人的头上。面对日本侵略者在东北日益嚣张的气焰，关心国事的陈、朱夫妇俩早已感到不安，沈阳沦陷的第二天，陈绶卿为躲避已占领了兵工厂的日本人的追查，带着妻儿住到了远离厂区的一个工人同事家里。事实上，由于时局的紧张、管理和经营上的不善，兵工厂已三个月没发工资，职工的吃饭都成了问题。陈绶卿同妻子商量，不能再这样待下去，身为中国人他绝不会去给日本人制造枪炮子弹来屠杀自己的同胞。朱谌之当然支持丈夫的想法，她毫不犹豫地变卖了自己的几件首饰，凑足了盘缠，于1931年那个凄凉的北国晚秋，偕夫君和孩子一起回到了千里之外的家乡。

同他们一起回南方的，还有陈绶卿姐姐的大儿子朱曙光。二十多岁的朱曙光此时在舅舅的工厂里做学徒，后来仍在重庆等地从事军械

朱枫、陈绶卿（中坐者）全家合影。后右一为陈宜（阿兰），前左一为阿菊，沈珍（朱晓枫）尚在母亲怀抱；后排三男为陈氏二子和外甥朱曦光

生产的工作。他是三兄弟中的老大；二弟朱曦光、三弟朱晓光，此时还是十几岁的少年，但没有多久，都因为家境贫寒和时代的激荡，先后在进步思想的引导下，走上了革命的道路——身为晚辈的曦光和晓光，对朱谌之日后走向新的人生彼岸产生了重要的影响，晓光还成了她丧偶以后的生活伴侣。当然，这都是多年以后的事了。

对朱谌之来说，在沈阳居住的四五年光阴，是非常珍贵和难以忘怀的。这是她一生中作为妻子、母亲和家庭主妇所度过的难得安定、和谐又“完整”的日子。身边有疼爱自己的丈夫，膝下有自己疼爱的孩子，全家人幸福地生活在一起。即使对一个南方人来说，过于严酷的北国寒冬和不习惯的杂粮饮食，也没有使她厌弃北方，相反她喜欢“北方的气候”和“风土人情”，觉得它“朴质淳厚”，特别有利于孩子的身心成长。因此直到1949年夏天，人在香港的朱谌之为了革命工

童年时代的奉珍、沈珍小姐妹

作的需要，要将自己刚满十岁的儿子朱明和同龄的侄儿朱晖，从自己身边先期托人送回内地时，她所选择的目的地并非生活舒适和市井繁华的上海，而是当时已经解放的北平，她在寄给女儿朱晓枫、爱人朱晓光的信中一再提道：

北方的气候，风土人情（朴质淳厚），对孩子的身心有帮助，你以为对吗？（1949，8，29，致朱晓枫）

我很爱北方的风土人情，小孩在那里长大，体格和心理上或可较安全。（1949，8，19，致朱晓光）

埋藏在她记忆深处的“北方”情结，当然是跟她年轻时候在东北生活的这段日子分不开的。

孤雁难飞

“九一八”事变后，从沈阳回到镇海的陈绶卿一家人，住进了白家浦陈氏祖居老宅旁新修的屋子。陈家祖籍河南，老宅大门上写着“颍川世系”四个大字，绶卿的父亲陈贤哉是个家道殷实的工商业者，开过肉店、米行，自创手工织布作坊，后来当了县城规模最大的公益织布厂的“阿大”（经理）。据说他是一个不讲情面、连自己进厂的亲戚也敢“压榨”的厉害角色，人称“陈老虎”，不过此时已经过世了。他的四个儿子分住在新旧两处宅院里，二儿子陈绶卿一家和他四弟一家同住新宅，聚族而居的大家庭也还维持着相当的体面。

但“陈老虎”早已出嫁的独生女陈玉，也就是曾到沈阳帮助陈绶卿照料前妻儿女的那位姑妈，境遇却完全不同。她所嫁的是镇海乍浦开“过塘行”（一种居间业）的一户人家，姓朱，原先家产颇丰，因为一场大火差不多烧光了，加之丈夫是个浪荡公子，终年抽鸦片，混迹于纸醉金迷的上海滩，五十岁那年竟将自个儿的性命也丢在四马路口的一家茶楼上，家道从此败落，一家人的生计艰难亦可想而知。难得的是，独自挑起了抚养六个子女重担的陈玉是个性格坚强、吃苦耐劳的女性，她在自己父亲当经理的厂里做了二十年织布工，靠一份微薄的工资养家糊口，还要忍受“老虎”父亲对不争气女婿的责骂，应付“禁毒”官员上门查抄、抓人等种种难堪……由于家贫，她将两个大男孩拉扯到小学毕业，就送出去学手艺自谋生路。此时小儿子晓光也小学毕业了，虽无钱进中学，做母亲的却舍不得让他像两个哥哥那样出门当学徒挨打受气。正好二弟陈绶卿一家南归，师范毕业的弟媳亲自为辍学在家的女儿们当“家教”，陈玉便拜托朱谌之收留晓光这个“临时学童”，同表妹们一起读书。陈家两个大一点儿的男孩都在外地读书，家中没有男劳力，已是小伙子的晓光手脚还勤快，也好帮助舅母家做点杂活。

没过多久，陈家新宅门里出了一桩大事：陈绥卿回镇海的第二年，农历七月半，受岳父朱云水的盛情邀约，去东门朱家大院吃“羹饭”，不知怎的，当晚回到白家浦家中就闹肚子疼，上吐下泻，折腾了一夜。朱谌之要送他去看西医，陈绥卿却坚持要让熟悉的一位老中医上门就诊，结果那老中医开了几服中药服下后，第二天仍不见起色。第三天，家人将已经虚脱昏迷的病人抬进县城里唯一的西医院，大夫确诊是当时正在流行的疫病霍乱，赶紧打针抢救，但终因延误了治疗的时间，当晚，陈绥卿就撇下年轻的妻子和年幼的儿女含恨西去，年仅四十三岁。令人惋惜的是，远在南京的国民政府兵工署已给他发来聘书，说好下个月就要到首都上任，造了一辈子枪械又亲历过东三省沦陷的兵工技师，好不容易有了施展才能、报效国家的机会，却被害人的瘟神断送了一切。

朱谌之经受住了命运的沉重打击，她强忍着失去夫婿的哀痛，硬撑着柔弱的身体，在那样一个半旧不新、人际关系相当复杂的大家庭中，主持和料理丧事。数不清的繁文缛节、方方面面的应对，使她心力交瘁，好像自己也生了一场大病。送走亲人以后，随之而来的，并非清闲无事的日子，而是压上肩头的家庭生活重担，是大大小小的孩子成长过程中必须面对的种种现实问题。

至今仍为陈家后人所怀念和称赞的，是这位二太太办事的能力、干练的作风与厚道的人品——所谓“苦难是才干和美德的培养基”，大概就是这个道理吧。陈绥卿过世后成了新宅院当家人的朱谌之，不仅将绥卿的后事办得很体面、很风光，在对待绥卿前妻的子女、处理绥卿遗产等问题上，也表现出她的公正和大度。

绥卿和前妻周氏所生的两个男孩已经长大成人。长子陈方元在上海读完中学后弃学从商，父亲过世前刚为他在家乡操办了从小指腹为

朱枫三十岁时在家乡镇海

婚的一桩婚事。绶卿死后，在上海读大学的二子陈方胜也到了结婚的年龄，并且经亲友介绍在家乡相好了一门亲，他的婚事便顺理成章地由继母朱谌之一手操办了。而这时陈家的景况大不如前，父亲一死，断了经济来源，家底已很薄，朱谌之为了让二公子的婚礼不因为绶卿不在而让人看了寒碜，便从自己的私房钱中拿出一笔款项来补贴用度，总算把新媳妇风风光光地接进了陈家的门，小两口的喜事办得丝毫也不比哥嫂的逊色。

两个儿子成了家，在上海和天津也都找到了工作。身边的女儿们也一天天大起来，绶卿和前妻所生的长女陈宜，回乡几年后嫁到她姑妈陈玉家，做了她二儿子朱曦光的妻子——这种“亲上加亲”的近亲联姻，在那个时代相当普遍，也使陈玉和朱谌之的姑嫂关系变得更加亲密了，两家之间的来往也更多。此外，绶卿和前妻所生的二女儿阿菊，也到了上中学的年龄，从小就倔强、个性强、胆子大的阿菊，也在继母的安排下，通过朱谌之五妹雪凤的关系去上海学无线电，因为雪凤的丈夫韩某在一家电台做事，孩子到他那里去既能学到技术，也好有个照应。

就这样，绶卿和前妻所生的子女都有了“着落”，身为继母的朱谌之便将亡夫所留下的全部财产，分割为四份，给了他们每人八百大洋——这在抗战前的旧中国，是一笔不小的数字，也是善于理财的朱谌之自沈阳南归后，经过了家庭的许多重大变故和办事耗费，精打细算、量入为出，积攒下来的；而她将这笔遗产全部拿出来，没有给自己所生的两个女儿留一个子儿，这对金钱社会里一个妇道人家来说，也是非常不容易的。多年以后，朱谌之为了革命工作和斗争的需要一次次“仗义疏财”，从不计较个人得失，她还成为上海地下党经济战线上一名受人称道的“理财专家”，看来都不是偶然的。

为了维持家用和帮助亲友，朱谌之将早年母亲和外祖母留赠给她的那笔遗产，也做了合理和长远的安排：一方面，她托人在上海的银行里保存了部分贵重的首饰；另一方面，也拿出一部分资金用于生计和投资。她亲自去上海一家制衣公司学习缝纫，并带回来两台当时很先进的缝纫机（可以绣花），一台送给了已经嫁到姑妈家的陈宜，一台自己用。当她的亲姐姐宝凤和丈夫在武汉开办大陆童装店时，她做了实际上的投资人，以一笔可观的资金（四千元）投入，但仍用姐姐和姐夫的名义，在后来她从事革命工作的动荡岁月里，姐姐和姐夫给予了她物质和精神上的许多支持，他们的儿女也深受这位“红色姨妈”的教育和影响。

朱谌之膝下的两个幼女同样让她费心不少，特别是奉珍，小时在一场寒热病中，变成了聋哑人，聪慧又美丽的孩子吃够了不会说话的苦头，在外面受人欺侮后常常跑回家扑在妈妈怀里撒娇。这时，朱谌之就会捧起女儿流泪的面庞，打着手语告诉她：你要别人和善地对待

朱枫早年使用的印章，友人郑亮琴刻

丧偶后的朱枫回到憩园（1936年夏）

你，先要学会和善待人；不要老是哭鼻子，要坚强，长大了一切就会好起来的。

寡居的生活是孤寂、凄清的。朱谌之似乎又回到她少女时代曾有过的多愁善感的心境里了。她有时也会抽身回东门朱家大院的娘家过几天。憩园依旧，小红楼依旧，山石池水还是那样错落有致，只是当年闺窗下的那片修竹长得更加丰茂、更加稠密了。变化最大的，当然还是曾经的主人、朱家四小姐自己——1936年夏天，已过而立之年的朱谌之在憩园里留影，照片上的她比起在沈阳家居时所摄的少妇倩影来，要苍老、憔悴得多，世事的风霜、内心的苍凉，已明显地写在她的眉眼之间。伫立在她同好友陈逸仙逗留、谈笑过的憩园内外、梓荫山麓，她自然会想到此时已远在天边的故人，想到十年前也是一个夏天，她同逸仙久别重逢在上海戈登路“若榴书屋”的难忘情景……

听说沙孟海先生已从沪上搬到杭州安家，几年前他也不幸丧偶，续弦夫人是自己宁波女师的同班同学包稚颐，朱谌之专程去杭州拜会了恩师和老同学。数十年以后，沙孟海先生还记得这次见面：

> 1937年春天，朱弥明到杭州来看我与我的妻子包稚颐，稚颐也是她宁波的旧同学。想不到那时她已经守寡了，精神憔悴，自己说百无聊赖，只有天天学写兰花，消遣光阴。我与稚颐对她的处境极为怜恤，请她吃一顿饭，也没有好的办法安慰她。她送我们在玉泉观鱼拍的一张相片留念。

“弥明”是沙孟海先生十年前在上海给她更名时所取的字，也是对这位女弟子前途光明美满的期许，而此时的朱谌之恰恰身处人生低谷的迷茫和幽暗之中。如同一只离群索居的孤雁，她那沉重的翅膀已很难挣脱有形和无形的羁绊了；慰藉和陪伴她度过寂寞时光的，只有多少年来一直喜爱的书画和笔墨纸砚。而此刻，外面的世界也同样布满了阴霾，同样沉闷得令人窒息，但非同寻常的是，电闪雷鸣已经在天边宣示狂风暴雨将至——如果不是剧烈动荡的时局很快就改变了中国大地上的一切，朱谌之恐怕再也走不出旧式家庭和封建礼教给一个年轻寡妇所限定的生活圈子。

大时代的召唤

1937年7月7日夜11时，日军驻丰台部队，在宛平城外卢沟桥附近，借口夜间演习失踪士兵一名，无理要求派部队进宛平城搜查，为当时驻卢沟桥的中国第29军第37师第219团吉星文部所拒绝。双方正在交涉中，日军竟向宛平城射击，继而炮轰宛平城和卢沟桥，我守卫部队奋起还击；蓄谋已久的日本侵略者迅即增援兵力，并调集大批部队南下，分路进攻北平、天津……日本军国主义发动的侵华战争从此全面展开，中国人民抗日战争的烽火也由此在全国点燃。

“平津危急！华北危急！中华民族危急！只有全民族实行抗战，才是我们的出路。”“七七事变”发生的第二天，中共中央发表了《中国共产党为日军进攻卢沟桥通电》，要求国民党政府立刻对进攻的日军给予坚决抵抗，立即动员全国陆海空军应战，并准备应付新的可能发生的事变，号召：“全中国同胞、政府与军队，团结起来，筑成民族统一战线的坚固长城，抵抗日寇的侵略！”十天以后的7月17日，时任国民政府军事委员会委员长的蒋介石在庐山发表了著名谈话：“如果战端一开，那就地无分南北，人无分老幼，无论何人，皆有守土抗战之责任。”这是他自半年前张学良、杨虎城发动“逼蒋抗日”的西安事变以来，第一次顺应民心、被迫抗战的公开表态。同一天，中共代表周恩来、秦邦宪、林伯渠和国民党代表蒋介石、邵力子、张冲在庐山进行会谈，至此，国共合作联合抗日的政治局面也历经风雨终于形成。

中共《通电》和国民政府抗战决心，得到了举国上下一致拥护。从长城内外到大江南北，四万万七千五百万华夏儿女，掀起了全民抗战的滚滚热潮。地处东南沿海，富有反侵略斗争传统的镇海人民，走在这场时代暴风雨的前列。尤其是“八一三”淞沪抗战爆发后，形势急转直下，东南沿海成为抗日前线，镇海城乡由各界爱国人士组成的救亡团体风起云涌，多达数十个；遍布江头海尾的防御工事，不仅驻军加强了戒备，也活动着人民群众的自发武装；连朱家大院的主人、年逾古稀的朱云水，也在他担任主任委员的浙东渔民协会内建立了一支自卫队，配合海防部队，抵御来犯之敌。

这股强劲而热烈的时代风，也刮进了白家浦陈家新宅的大门里——带来这股新风的不是别人，而是数年前朱谌之偕夫携女回乡时，来新宅门里同表妹们一起读书的外甥朱晓光。

镇海城中的鼓楼广场新貌，当年从这里发出抗日救亡的怒吼

那时的晓光，小学毕业不久，还是个毛孩子，在二舅家待了半年，第二年由大哥带到上海一家制罐厂当学徒，因受不了工厂主的严格管制，大哥又把他送进上海第一铸工厂，在这里当徒工同样又苦又累，不到一个月就病倒了。回家休养了一段时间，经二舅妈朱谌之托人介绍，晓光进了上海南京路上的中国国货公司当练习生。这是当时全国最大的专营国货的百货公司，单练习生就有两百多人，晓光每天站十二小时柜台，晚上还要接受职业训练。幸运的是，受公司委托负责职工培训的是从申报流通图书馆派来的李公朴先生，这位后来成为著名爱国民主人士的进步知识分子，是一位平易近人、循循善诱的良师。由于他的引导和鼓励，朱晓光读书和写作的兴趣大增，对许多社会问题有了更多的思考。正当30年代中期，日军步步进逼华北，侵略气焰越来越嚣张，随着绥远抗战和“一二·九”学生运动的兴起，上海各大公司职工的抗日爱国热情也高涨起来。血气方刚的青年店员朱

晓光，参加了中共上海地下党领导的民族武装自卫会和职业界救国会，成了救亡运动中的一名积极分子。有一次，他在参加示威游行时，看到了行进在另一支队伍中的二哥曦光，这件事被同在上海的大哥曙光知道了，特地赶回镇海要母亲以生病为名写信将他俩“骗”回家，以免发生意外。1936年春天，晓光参加了爱国人士梁桐芳组织的中华青年劝用国货促进团，上溯长江沿岸各省市进行抗日宣传，大开眼界，也受到了更多的实际工作的锻炼。“七七事变”和“八一三”抗战开始后，晓光从上海回到家乡。此时，日寇的飞机和军舰经常来沿海骚扰，毁屋伤人，罪行累累，镇海人民同仇敌忾，保家卫国的抗日情绪极为高涨。二十岁出头、思想进步，也见过世面的朱晓光，自然满腔热忱地投入到县城内外正在勃兴的救亡运动。

“二舅妈，今天下午在民众教育馆召开抗日救国的集会，你也去参加，好不好？”8月里的一天，朱晓光兴冲冲地走进陈家新宅门，对正在里屋踩缝纫机为女儿们做衣服的朱谌之说。

“我？……”朱谌之停下手中的活计，有些疑惑地望着走进来的外甥。

“当年二舅妈跟二舅从东北回来的时候，还教我们唱救亡歌曲《松花江上》、唱岳飞的《满江红》呢——”朱晓光提起往事，更有些激动地说，“现在，日本鬼子已打到我们的家门口了！”

…………

朱谌之跟着外甥朱晓光去民众教育馆开会，那里已聚集了几十号人，主持会议的是著名的爱国人士唐爱陆老人。唐老是前清秀才，早年入同盟会参加辛亥革命，武昌起义时做过民军的军需官，大革命时期任国民党汉口特别市党部常委和劳工部长，“清党”中受排挤被迫回乡。这位老资格的国民党左派，两袖清风、一身正气，他回乡后，一心致力于家乡建设，办学校，修公路，育苗造林，提倡卫生，破除

爱国老人唐爱陆

迷信，宣传男女平等，做了许多好事，在老百姓中享有崇高威望。由于经常在公开场合抨击国民党政府腐败，他也成为贪官污吏的眼中钉和令权贵们头疼的人物，被讥称为“唐大炮”。眼下，这门“大炮”又为唤起民众救亡图存而发威了。

会场上还有一位年轻人也引起朱谌之的注意。他不到三十岁的样子，名叫华云游，公开身份是省保安处派来的指导员，指导的对象便是朱谌之父亲朱云水掌管的浙东渔民协会自卫队——因为该组织直接关系到沿海的地方保安，责任比较重大，故有此种安排。不过，这位华指导员的活动范围并不受此局限，他对社会各界的救亡工作都很关心。在民众教育馆的群众集会上，他向大家报告了上海军民抗击日寇的英雄事迹，卫国将士们正在以“一寸山河一寸血，一寸国土一寸金”的坚定信念，同装备精良、气焰嚣张的强敌展开殊死的激战：血战八字桥、争夺杨树浦、“八一四”空战……来自大上海的每一条信息，都激起了与会者的强烈反应。

“国难当头，匹夫有责！前线将士在流血，我们应该积极行动起来，支援前线！”

年轻气盛的朱晓光第一个表态，他主张组织抗日宣传队，立刻开展街头宣传，募捐募款，动员群众投入救亡运动。他还向大家推荐同他一起来的朱谌之，说他的这位二舅妈是宁波女师毕业的，弹琴唱歌、书法绘画都很在行，是难得的宣传人才。几句话说得很少出门的朱谌之涨红了脸，连连摇手，示意他“不要瞎说”；望着她尴尬的样子，唐爱陆和华云游也笑起来，因为他们都同憩园老人朱云水相交，是城东朱家大院的常客，自然对这位年轻寡居的朱家四小姐也多少有些了解。

“好啊，好啊，欢迎陈太太参加抗日救亡工作，有一份力就出一份力嘛！”华云游说。虽是第一次见面，朱谌之沉静、娴雅的气质，给他留下了很好的印象。

“四小姐，我可是看着你长大的，令尊这么大年纪都在为国效力，你年纪尚轻，也该出来做点事啊……”唐老的口气里，流露出父执长辈的敦促与关怀。

当时县里已成立了抗日后援会（又称抗日自卫委员会），唐爱陆老人被推举为副主任（主任由县长张感尘兼任），民众教育馆是后援会的重要活动阵地。在唐老、华云游的支持下，一支抗日宣传队在这次群众集会上自发地组织起来，经过协商和推选，还是从上海回来、活动经验比较丰富的朱晓光当了宣传队长。会上还成立了一支救护队，负责敌机、敌舰来犯时的群众救护工作，朱谌之被大家推选为该队队长，向来热心助人的她当然也没有推辞。

仿佛又回到十多年前的学生时代，曾在“五卅”风暴中跟同窗好友陈逸仙一起走上街头宣传反帝反封建、支援上海爱国工人和学生的朱谌之，眼下虽已三十岁出头，而且身为人母，甚至做了祖母（陈绥卿和前妻所生的子女成亲后，此时也有了孩子），但埋藏她心底的爱国火种并没有熄灭，而是在新的历史条件下，被深重的国难所触动、为全民抗战的烽火所点燃，像炽热的岩浆一样不可遏止地喷发出来了。

从1937年那个躁动的夏天开始，短短几个月内，她像变换了一个人似的，不再是那个寡居在高墙深宅里的寂寞妇人，而是毅然走出家门，同朱晓光这帮年轻人一起活跃在大庭广众之中，奔波于县城内外，上街刷标语、散传单，在民教馆、城隍庙等公共场所教唱抗战歌曲，为支援前线进行募捐演出，在敌机敌舰的骚扰侵袭下救护受伤群众……多才多艺的她既是各项工作的组织者，更是积极参加者。据朱晓光写于1949年7月的一篇回忆这段时期生活的文字[1]说：

> 镇海三面临海，敌舰炮击、敌机轰炸极为频繁，死伤同胞甚众，大家知道应该组织起来抵御侵略。我们在民教馆组织抗日宣传队，如利用旧的说书方式吸引听众再作抗日宣传、解释疑难；组织剧团演出《保卫卢沟桥》《放下你的鞭子》等等。我被选为宣传队长，舅母被选为救护队长。我们的生活都极为坚<艰>苦，情绪却极为高涨。和我们共同工作的有四五十人。敌舰常是在半夜来袭，拂晓遁去，我们一闻炮声即出发。最使我感动的是守寡多年、支撑一个旧式大家庭、做了祖母的舅母，竟也毅然挺身而出，抛弃古书画诗词（的）生活，奔向抗战，毫无顾虑地参加各项行动。

当时，淞沪战事还在激烈地进行，战火已燃遍了整个江南，从沪杭一线逃来的难民极多，也有许多从上海、南京回乡的青年失学、失

[1] 该文是朱晓光于1949年上海解放后向党组织汇报生平与思想的一份自传材料。

业在家。为避战祸，镇海城里的许多有钱人都躲进山里去了，社会上人心惶惶。朱晓光同朱谌之商量如何开展救济难民的工作，起初他们想借用一家停工已久的布厂，开动一部分木机搞生产自救，但与原厂主交涉几次都没有结果。眼看时间已不能拖延，朱谌之决定把自己多年收藏和创作的金石、书画、刺绣等拿出来，在民众教育馆举行义卖，将所得钱款悉数捐出，以解难民们的燃眉之急。同时，又由她出面开办“镇海女子工艺传习所”，利用自家的空房子收留一部分难民和回乡青年，向她们传授编织、缝纫等生产技艺，让大家自己动手养活自己；还组织了几个“货郎担”形式的贩卖队，推销工艺所的产品，兼卖一部分农民急需的小百货。每队三五人，走遍山乡，先进行抗日宣传，再出售各种商品，遇到敌机轰炸、敌舰炮击，平民百姓遭殃时，这些小分队又变成了救护队，协同当地唯一的私立“同泽医院”的医护人员前去援救。

就在他们满腔热忱日日夜夜紧张工作的时候，国民党县党部的一名书记长却利用手中的权势，不断施加干扰和破坏。先说要同他们合办工艺所，在遭到拒绝后又经常派人以检查工作为名监视他们的一举一动，甚至利用流氓特务打入难民队伍，威胁利诱工艺所和贩卖队的人“不要上共党分子的当”，拉人去参加国民党的“青训团”。更可恶的是，在他的纵容下，其党羽还将朱谌之、朱晓光他们准备送给前方将士的慰劳品随意糟蹋。总之，在这个信奉“一个党派、一个主义、一个领袖”的“国”字头党棍看来，热心于救亡运动的人如果不跟当权者走，不像他们那样趁机捞一把、发国难财、做升官梦，就一定是别有用心的“共党”或者是受“共党”指使的可疑分子了。

其实，此时的朱谌之对共产党还谈不上有什么真正的认识与了解，在上海参加过中共所领导的爱国民主运动的朱晓光也并非党团组织的成员，那么，这位县党部要人何来如此的提防和忌恨呢？其中的缘由有二：一是晓光和谌之他们同“唐大炮”的关系密切，又同华云游接近——唐爱陆老人一向为当权者所排斥，即使当了抗日后援会副主任，仍然要给他找碴子、添麻烦；至于华云游，虽有省派指导员的公开身份，但在国民党顽固派的眼里，此人言论左倾，特立独行，似乎有更深的背景，让县党部的老爷们根本摸不着底细。就连“唐大炮”有次向朱晓光提起他，也曾以夸赞的口吻说：“云游这个年轻人不简单啊，对时局分析得透，精明干练又老成持重，难怪人家说他像共产党！”

另外一个原因，出在朱晓光的二哥朱曦光身上。比晓光大一两岁的曦光，早在1931年小学毕业后就去上海一家私人照相制版所当学徒，喜爱读书的他被邹韬奋创办的畅销杂志《生活》周刊所吸引，两年后慕名考进生活书店当练习生。生活书店是由《生活》周刊书报代办部扩充组建的文化企业，曦光在这里工作，不仅接触到了以邹韬奋为代表的一批敬业乐群、爱国进步的文化界人士，还由同事朱照松介绍，加入了共青团江苏省委李志中领导的共青团组织，参加过当时地下党团发动的多次“飞行集会”，成了一位革命青年。1935年夏天，朱曦光经韬奋先生介绍去中国国际贸易协会工作。不久，他在生活书店的同事与好友华应申，同一批年轻的左翼文化人和共产党员，以同人集资合作的形式，创办了新知书店——实际上，这是在中共中央文委领导下，为迎接即将到来的抗战救亡高潮而开辟的宣传出版阵地，也是党在白区的一个联络交通站。华应申当了新知书店的副经理，他要朱曦光来书店管财务，做他的助手，朱曦光便进了新知书店。善于学习的他很快成了业务骨干，还给自己取了个新名字“朱执诚”（中华人民共和国成立后进北京，在中共中央宣传部工作时，又改名朱希。为了叙述的方便，本书中仍沿用他的本名朱曦光）。

“八一三”以后，上海形势危急，党组织决定将新知书店内迁，

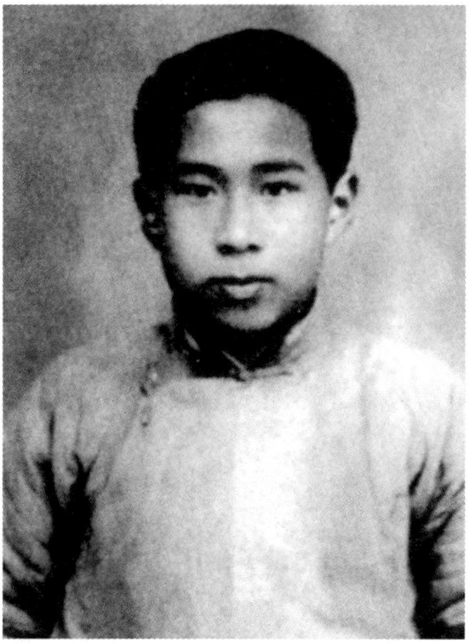

参加新知书店工作的青年朱曦光
（朱希，晓光二哥）

要朱曦光打前站，带着书店的最后七百元现金，走浙赣线去武汉设立总店。他先搭太古公司的难民轮船，于11月初回到镇海家中。妻子陈宜（也就是朱谌之亡夫陈绥卿与前妻周氏所生之女，曦光和她是姑表结亲）在此前刚生下一个男孩。一到家就做了爸爸的曦光自然高兴得不得了，他的母亲陈玉看到老二平安归来，全家人团聚，也欢天喜地放下了心。

然而，朱曦光在新知书店做事以及他过去在上海的一些情况，早就传到镇海某些人的耳朵里，对县党部那些嗅觉灵敏的鹰犬来说，这一切均有戴“红帽子”的嫌疑。因此，他们对他三弟晓光和二舅母朱谌之的救亡活动虎视狼窥、格外“关照”，也就不足为奇了。

好在朱曦光的归来，也给亲人们带来了外面的消息和新的期冀。曦光告诉晓光和朱谌之，他马上去武汉，将在那里开办新知书店的总店，这是一项为全面抗战所需要的工作，有许多年轻有为、学识渊博的志同道合者，像华应申、徐雪寒，都是人中麟凤，对自己有很多帮助，非常靠得住的。今后，随着抗战形势的发展，书店还要在一些地方设立分店，可做的事情很多。

“江南战火蔓延，国民政府西迁，武汉已成为抗战中心，新知书店目前缺资金、缺人手，你们在镇海的处境不好，何不跟随我一起去武汉参加工作呢？再说，东南沿海的战局难料，镇海一旦沦陷，迟走不如早走。”

曦光的一席话说动了两家人的心。商量再三后，曦光的大哥朱曙光（此时也在家乡，他的妻子不久前因难产而亡故）先同二弟一道去武汉，晓光和母亲暂时留在家中照料产妇和孩子们，朱谌之也有不少家事需要安排，等去武汉的人有了安身之地，其他人再去会合。

没过多久，曦光从武汉来信说，他筹办书店的工作忙得不可开交，大哥得了阑尾炎住院开刀，伤口化脓一时还难以愈合，亟须照顾……陈玉接到儿子的信，心急如焚，连忙找晓光和朱谌之商议，决定立刻动身。陈玉、晓光母子俩带着一家老小，加上朱谌之和她身边的两个小女儿——八岁的沈珍和十岁的奉珍，一共九口人匆匆上路了。他们连夜赶到宁波，登车西去，奔赴千里之外的江城武汉。

这是1937年的隆冬季节，三十二岁的朱谌之平生第二次出远门，同十年前远嫁东北去沈阳的那一次相比，周围的世界和她自身都发生了太多、太大的变化！此时，上海已经失守、南京刚刚沦陷，满目疮痍的河山和四处逃难的人流，让她在更广阔的天地里感受到了战争的伤痛和敌人的凶残。一路上，遇到许多去武汉参加抗战的热血青年，拥挤的车厢里时时响起正在流行的抗战歌曲：

中国不会亡
中国不会亡
你看那民族英雄谢团长

中国不会亡
中国不会亡
你看那八百壮士孤军奋守东战场
…………

朱晓光同几个大一点儿的孩子都跟着唱起来，朱谌之那不会说话的哑女奉珍也闪动着大眼睛、捏紧了小拳头钻在人堆里学着打拍子。陈玉和陈宜婆媳俩忙着照看襁褓中的婴儿。心绪纷繁的朱谌之把热切的目光投向窗外：故乡镇海被飞驰的列车越来越远地甩在身后，那个心如止水、形似孤雁的“昨日之我”也离她越来越远了；一个满怀希望，重新点燃起对生活的热情、对未来憧憬的“新我”正影影绰绰地向她走来……置身在人头攒动、歌声激越的车厢里，这位昔日的憩园闺秀、如今的陈家遗孀，分明感受到一股春之暖流的冲荡，一阵如高山飞瀑、虎啸龙吟的生命跃动！在前方等待着她和女儿们的将是什么呢——风云际会、楚天空阔的武汉三镇，会给她一个走向新的人生、新的彼岸的驿站和起点吗？

也许在这兵荒马乱的路途中，她还来不及多想，但她此刻已的的确确踏上了一条与以往生活相决裂的道路，一条在漫天烽火中伸延的迢遥征途：眼下这个动荡不安的年代，已经将她和亲人们的命运同多灾多难的祖国、同绝不会屈服在侵略者铁蹄下的整个民族，休戚相关地联系在一起了。

第二章　八千里路云和月

新知在武汉

朱谌之和陈玉姑嫂两家人来到武汉的时候，曦光和他的同事们已经在江汉路联保里16号给从上海搬来的新知书店安好了“新家”。那是一幢两层楼的弄堂房子，底层有两间厢房和一个很小的门厅，书店只租了门厅和一间厢房，前后有两个房间，前间做打包、库房和办公之用，后间是员工宿舍，地方非常局促。曦光将家人安顿下来，就领着母亲、晓光去医院看大哥了。朱谌之带着两个女儿到她在武汉的姐姐家暂住——前面交代过，同她感情最好的同胞姐姐朱启文（宝凤）和丈夫在武汉开了一爿大陆童装店，谌之也是这爿童装店的实际投资人。店址在江汉路上，离联保里的新知书店不远，朱谌之住下后，差不多天天在这两家店堂之间走动，渐渐地对新知书店也有了更多的了解。

1935年创办于上海的新知书店，可以说是20世纪30年代中国出版史上的一个“奇迹”。它的发起人钱俊瑞、薛暮桥、徐雪寒、华应申、骆耕漠、姜君辰、石西民等，都是当时活跃在左翼文化战线上的年轻共产党人和进步知识分子，是一批长期从事中国农村经济研究和革命工作的志同道合者。他们多数没有固定职业，仅有稿费收入，生活十分清苦，却胸怀大志、心忧天下，在亭子间里办起了书店。大家你十元、我五元地凑集资金，甚至也有拿出自己的一篇文稿来“入股”的；还通过左翼团体的内部关系募股、募捐，其中最大一笔捐资来自邹韬奋先生，他以生活书店的名义赞助了一千元。就是这样，一个白手起家、同人合作的小小书店，凭着一股初生牛犊不怕虎的勇气，在国民党反动派的书刊查禁和“文化围剿”中站住了脚跟。短短两年内，出版、发行了数十种宣传马列主义、宣传抗日救国的社会科学类书籍，如《中国农村社会性质论战》、列宁的名著《帝国主义论》、巴比塞著《斯大林传》、薛暮桥著《农村经济基本知识》、吴大琨译的《大众政治经济学》等等，犹如思想战场上一批应急的“军火”，适应了救亡运动中爱国群众的需求，受到广大读者的欢迎。

1937年底，新知书店迁往武汉，在中共长江局的直接领导下，很快恢复了业务，还肩负了长江局创办的中国出版社的工作任务，出版了翦伯赞著《历史哲学教程》、胡绳著《辩证法唯物论入门》、延安抗大教材《社会科学基础教程》、光未然著《街头剧作集》以及《怎样做战地动员》、《怎样动员妇女》、“救中国丛书”、“战时问题丛书”、《中国农村战时特刊》以及《共产党宣言》《什么是马克思主义》《什么是列宁主义》等等。这些书刊，在风起云涌的全民抗战高潮中产生了广泛的影响，对宣传中国共产党团结抗日的方针政策，帮助读者特别是国统区的广大知识青年，提高爱国主义觉悟和进一步树立正确的世界观和人生观，走向进步，投身革命，都起到了很大的作用。

对于刚刚走出旧式大家庭的知识妇女朱谌之来说，跟这样一家传播新知、播撒火种的革命书店相接触，无疑是抗战以来外部世界向她打开了又一扇更加宽阔、更加敞亮的窗户。她阅读那些跳动着时代脉搏，充满了新思想、新观念的进步书籍，增强了对抗战以来国内外形

传薪播火的新知书店徽标

势的认识，更结识了这批奋斗在宣传文化战线上的青年爱国者，从他们身上表现出来的敬业精神与优良作风中看到了光明的前途和希望。

当时在武汉负责新知书店总店工作的，是徐雪寒和华应申两位正、副经理。朱谌之在镇海时就听曦光、晓光兄弟谈论过他们，曦光对华应申的学识和人品推崇备至，说自己在生活书店当实习生时，同时进店、只长他几岁的华应申就是大家公认的“思想丰富、理论修养深刻的青年学者”。那时，华应申在书店职工中组织了一个读书会，他在读书会上给大家讲解考茨基的《资本论概要》，深奥枯燥的政治经济学命题，竟让他讲得津津有味，后来，曦光才知道华应申因从事中共上海地下党所领导的革命活动，在回家乡无锡组织海燕文艺社时，被国民党当局逮捕，坐了一年多牢，对马克思《资本论》和相关著作的钻研便是他在“铁窗大学”里完成的。曦光称应申是一位“难得的、几乎是全能的革命文化人”，自己能进新知书店工作、掌握业务知识并且在后来的书店发展工作中发挥作用，是同应申的推荐、信任和帮助分不开的。1938年3月在武汉新知书店，朱曦光由华应申介绍加入中国共产党。正是由于曦光和华应申之间的密切关系，当曦光的家人来到联保里16号，妻子陈宜和弟弟晓光很快参加了新知书店的工作。没过多久，朱谌之也以一种特殊的方式，成为新知书店的支持者与合作者。

事隔半个多世纪，已进入耄耋之年的徐雪寒老人还深情地回忆起这段难忘的岁月。他写于1990年副题为“悼念朱枫同志就义四十周年”的文章《一位老战友，一位女烈士》中说：

> 我认识朱枫（谌之）是在1938年春夏之间，地点是武汉新知书店。她是新知老同事朱执诚（**朱曦光。——引者注**）的亲戚，在浙江镇海沦陷前，被迫离家，关山跋涉，辗转来到战时首都武汉。打算去湘西某地分娩，放下身上的这块包袱后，再上抗日前线。我虽然看她满面风尘，像一个中年世俗妇女，但眉宇间有英秀之气，看去是一个知识分子。经过执诚介绍，她用变卖家产所得，对新知书店投了一笔数目较大的资金。说投资，是句门面话，实质上是对党的出版事业的无偿捐献。这一点，对于我们这家资金十分窘迫的书店，实在是雪中送炭，大大鼓舞了我们在艰苦生活中坚持工作岗位的士气。她在武汉逗留时间很短，我同她交谈不多，这时我还不很理解她。

徐雪寒，1911年生，浙江慈溪人，1925年在宁波读初中时参加五卅运动，同年秋到上海大学附中读书，参加共青团并于1926年转党。当年，朱谌之的老同学、在上海大学读书的陈逸仙，与沙文威、沙文求、徐玮等旅沪青年革命者，以沙孟海先生的“若榴书屋”为掩护，

“新知”发起人和领导者之一的徐雪寒

在其隔壁合租了房子从事地下党团活动时，才十五岁的中学生徐雪寒就是其中的一个活跃分子了。后来他到杭州从事党的地下工作时，因叛徒出卖被捕，坐了五年多牢，1933年6月保释出狱。翌年在上海，他同钱俊瑞、姜君辰等创办中国经济情报社，并参加中国农村经济研究会，参与创办《中国农村》月刊的出版，从事经济问题的研究。1935年与钱俊瑞（当时是中共中央文委委员和“左翼文化总同盟”宣传委员）、薛暮桥等同志创办新知书店，他被大家公推为经理，与华应申共同负责筹建并主持工作。

新知书店迁往武汉后，徐雪寒经常到中共代表团（中共长江局）和八路军办事处汇报、联系工作，听取周恩来、凯丰等领导同志的重要指示，还约请叶剑英同志到书店给大家作军事形势报告。仅仅半年多时间里，在他和大家精诚团结与共同努力下，新知书店的业务和影响不断扩大，豫、鄂、湘、浙诸省的许多中小城市都设立了分店和战地书报服务部。名声越来越响亮的新知书店，跟当时已经有很大影响的生活书店、读书出版社等同道一起把革命的出版事业推向四面八方，同国民党顽固派明里暗里掀起的反共逆流做斗争，成为党在文化宣传战线上的前哨阵地和坚强堡垒。

就是这样一个久经考验、斗争经验丰富、在新知同人中享有很高威望的负责人——徐雪寒，在同朱谌之最初的接触中，就留下了很好的印象。在后来的漫长征途上，他们之间有了更多的交往与合作，建立起深厚的革命情谊与同志关系。徐雪寒始终是朱谌之尊敬和信赖的上级，也是她走向革命、成为无产阶级先锋战士的引路人。朱谌之参加革命后的几次调动与“改行”，都同徐雪寒有关。出色的工作业绩、机敏与细心、无私又正直，使她成为徐雪寒领导下十分得力并为他所倚重的一员“战将”。

徐雪寒回忆文章中所说朱谌之“用变卖家产所得，对新知书店投了一笔数目较大的资金”，是1938年春天朱谌之来到武汉后不久的事。“投资”（实际上是无偿捐助）的数字为五百元（大洋），这在当时确实是笔不小的款项，因为两年前新知书店创业时，全部股本加起来也只有五百元。书店从上海搬迁前，为了凑足旅费，华应申和朱曦光四处筹钱，当时书店的门市部很小，他们到闹市口摆地摊出售畅销书刊以增加收入；为了节省有限的托运费，他们冒着黄浦江边的寒雨，自己动手搬运纸张与存书上船，拼死拼活地干了个通宵。落户武汉后，因时局动荡许多书款一时难以收回，而书店的发展和扩大业务活动的需要又使经费更趋紧张。

在联保里16号的简陋店堂里，朱谌之看到徐雪寒、华应申同全店职工吃住在一起，日夜忙碌着组织书稿，联系印刷，赶出图书，从事编辑、校对等工作，就连打包、邮寄这样的活儿，都同大伙儿在一起干。对这个新型集体中平等互助、摒弃了商业社会唯利是图和紧张对立的人际关系，一向宽厚待人、抗战以来更是急公好义的朱谌之非

青年时代的朱晓光（亦称梅君、梅郎）

常心仪。她向往成为他们中间的一员，心甘情愿在这个有意义的事业中贡献自己微薄的力量，但她当时还有些“力不从心”，一时还不能全身心地投入这里的工作。因此，在了解到新知书店经费困难的情况后，便同曦光、晓光兄弟俩商量，决定以“朱梅君”的名义解囊相助，捐出一笔自己离开镇海前“变卖家产所得”的资金。

需要说明的是，“朱梅君”系晓光的雅号。朱家三兄弟因家境贫寒，从少年时代起就外出打拼，相携相扶中为了励志图强，彼此以“松、竹、梅”相称，晓光是老三，生辰又在腊月，自然位列“岁寒三友”之末，成了“梅君”。那么，朱谌之为什么要用他的名义向新知书店“雪中送炭”呢？这，就要说到谌之与晓光之间不同寻常的“情结”了。

自“八一三”以后，朱谌之走出家门同晓光一起投入救亡宣传活动，随着思想与行动上的解放，她的情感世界也出现了复杂而微妙的变化——在同朱晓光几个月的并肩工作与朝夕相处中，晓光年轻、活跃的身影渐渐地由眼帘进入了她的心扉：从前那个在她家跟表妹们伴读的小伙子已经长成了虎虎有生气的男子汉，长年在外谋生和参加进步活动的岁月，使晓光从一个懵懂少年变成了一个关心国事、喜欢读书、充满了正义感和上进心的有志青年，在救亡工作中发挥着带头和骨干的作用。朱谌之也许是从他身上看到了早年的自己，找回了她同陈逸仙在一起时的那种纯真与进取、慷慨与激昂；不仅如此，还多了一层对“不幸命运”的抗争和冲破世俗观念的“反叛”……终于，在志同道合与同仇敌忾之外，一种久违了的朦胧的爱意也在她胸中萌动、滋生了。

在这超乎寻常的恋爱关系中，晓光恐怕是更为主动的一方。小时候他曾在舅母身边读书，年轻隽秀的知识女性是长辈、是导师，也是他倾慕的偶像。在他去上海当学徒、饱尝世事艰辛的漂泊路上，舅母也曾给他以关心和扶持。如今，心存感激和敬慕之情的晓光，跟寡居但年纪尚轻的朱谌之在一起工作，朝来夕去，自然而然地产生了一种难以割舍的依恋。两人之间年龄、辈分和地位上的“落差”并没能阻止这股内心涌流的冲动与澎湃……共同的追求、共同的奋斗，以及那个特殊时代的特殊环境，使他们义无反顾地走到了一起。

徐雪寒文章中提到的朱谌之“打算去湘西某地分娩”，正是她同晓光爱情萌生与发展的结果。当时武汉的形势已经吃紧，在日军的步步进逼下，国民党政府宣传“保卫大武汉”的口号只是一句空话，许多机关、部门都在准备撤退，老百姓也在纷纷外出逃难。有了身孕的朱谌之不能在这里继续待下去，向新知书店“投资”也是为了表明她参加革命工作的态度——“放下身上的这块包袱后，再上抗日前线”，才是这位“眉宇间有英秀之气”的知识女性，在找到了生活伴侣和新的人生目标后，所做出的勇敢抉择和坚定不移的决心。

流亡路上

1938年初夏，“火炉”武汉的天气已越来越热、“保卫大武汉”的口号还喊得震天响的时候，两条民船将朱谌之、朱晓光一家和华应申的家属，老老少少十来口人，悄悄送出了江汉关码头，沿着长江这条千百年来饱尝过无数战争磨难和民族忧患的母亲河，开始了他们抗战以来第二个年头的漂泊。

早在一个多月前，晓光的二哥曦光被新知书店派往南阳和襄阳，去协助那里的两个分店整理账务、建立会计制度。工作结束后，刚刚回到联保里16号，晓光又被派去金华开办新知书店浙江分店，并从那里运书去供应皖南的新四军，因为新知书店的发起人薛暮桥在成立不久的新四军军部教导总队当训练处处长，急需一批教材用书。曦光没有来得及同妻子陈宜和还在吃奶的孩子多团聚几天，就风尘仆仆地走了。临行前，他把家人托付给总店副经理华应申，并向当时已经准备离开武汉去湖南的晓光和朱谌之交代：母亲、妻儿最好同他们一起行动，新知书店在长沙、常德、衡阳、桃源等地都设立了分店，有地方落脚，互相也好照应。如果南边的形势失利，等他到金华住定后，看看浙江的情况，再与家人联系。

曦光走后没几天，晓光就带着一家人出发了，同行的除谌之和她的两个女儿外，还有晓光的母亲陈玉、姐姐朱英和她的孩子、二嫂陈宜母子，以及大哥曙光的两个孩子（大哥本人在武汉病愈出院后，凭他过去在兵工厂的关系找到了工作，已随工厂迁往四川）。适逢华应申的父母和妻儿也要去常德，便同他们一起上路了。

从武汉到常德，八百里水路走得非常辛苦，溯长江，过洞庭，风高浪急中木帆船摇晃得厉害，大人和小孩都有人晕船、呕吐。曙光的大儿子在最后一段行程中突发高烧，船到常德后，人已昏迷不醒，抬

流亡中的朱谌之（朱枫）仍然富有朝气

到医院抢救，医生诊断为急性脑膜炎，因路上耽搁，吃药打针已来不及，第二天孩子就过世了。祖母眼睁睁地看着活泼可爱的长孙夭折在自己怀里，心疼至极。晓光和朱谌之在旁边安慰她，平日里十分坚强的老太太跺着一双小脚，哭红了眼睛。

朱、华两家人在常德中山东路上的新知书店分店暂住下来，这里也刚刚经历了一场劫难。原来，常德地处荆楚要冲，随着从武汉、长沙等地拥来的疏散人口激增，对抗日书刊的需求量也在不断加大，分店的业务做得很红火，特别受到青年学生的欢迎，星期天狭小的店堂里总是挤满了人；而国民党官办的书店如正中书局、汗血书店等却门庭冷落、相形见绌，因此，新知书店成了国民党顽固派的眼中钉。号称蒋介石“十三太保”之一的常德警备司令酆悌，竟然在一天傍晚出动军警上门查封，将《群众》《抗战》等一批进步刊物搜缴、撕毁，硬说是“非法”书刊，气焰嚣张地勒令书店停业。消息传出后，徐雪寒在武汉代表新知书店总店向有关方面做了交涉，常德分店的华应元经理和全体职工坚持抗议斗争，并向社会呼吁，得到了中华书局、商务印书馆等同业公会的声援。当时，国民党的反共活动多是制造一些小摩擦，还顾及社会舆论和“国共合作”的面子，迫于压力，一个多月后酆悌不得不撤销停业令，让常德分店照旧营业。经过这样一番风雨，登门买书的人反而更多了。

分店的经理华应元是华应申的兄弟，他热情地接待了朱晓光、朱谌之一行。晓光他们没有在常德城里多逗留，只住了两三宿又上路了，因为朱谌之临产，需要一个静养的地方，而常德城里太挤太乱，很不安宁。经华应元的一名同事介绍，朱谌之带着两个女儿跟晓光一起到这位同事在常德乡下的老屋居住，那里民风淳朴、环境好，物价也便宜，很适合坐月子。陈宜跟婆婆带着其他几个孩子去常德东南几十里外的桃源县，住在县城新知书店的分店内。一家人虽然分开两处，但相距不远，都在沅江边上，进出有船，交通也方便。

由夏入秋，身怀六甲的朱谌之和爱人朱晓光在常德城外苏家桥一个名叫龚家铺子的小山村，度过了动荡年月里一段难得安闲的乡居生活。常德古属武陵郡，素有“湘西门户、洞庭明珠”之称，山清水秀中的田园风光，尤为恬静、幽美。一天清晨，朱谌之在她居住的农舍前的场院里，指导身边的女儿们读书自修，望着门外溪边的一片桃树林，不觉心有所动，随口背诵起一段熟悉的古文：

晋太元中，武陵人捕鱼为业。缘溪行，忘路之远近。忽逢桃花林，夹岸数百步，中无杂树，芳草鲜美，落英缤纷。渔人甚异之，复前行，欲穷其林。林尽水源，便得一山，山有小口，仿佛若有光。便舍船，从口入。初极狭，复行数十步，豁然开朗。土地平旷，屋舍俨然，有良田美池桑竹之属，阡陌交通，鸡犬相闻。其中往来种作，男女衣着，悉如外人；黄发垂髫，并怡然自乐。见渔人，乃大惊，问所从来……

本该上小学三年级，却已失学多时的沈珍，出神地听着妈妈的吟诵，她的聋哑姐姐也专注地望着妈妈。朱晓光也从屋里走过来倾听。吟诵完，她便对女儿们说："知道这是谁写的文章、写的是哪里的事吗？"看孩子们摇着头，朱谌之才告诉她们：

"这是东晋文学家陶渊明的《桃花源记》，他写的就是我们现在居住的这一带。当时有个打鱼的常德人在水边迷了路，望见一个山口便下船走了进去，山里有好大一片良田和村舍，村子里的人都是古时候的穿着打扮，过着怡然快乐的生活，却不知道山外面的事情。原来他们的祖先几百年前因为躲避战乱而逃进山中，与外面的世界已隔绝了很久很久……"

"妈妈，我们也是因为逃难才跑过来的，照这样待下去，是不是也要变成'古时候的人'喽？"小沈珍"顺理成章"地冒出了这么一句，说得大人们都笑起来，她的聋哑姐姐也跟着乐了。

"傻丫头，我们能在这里待多久？再说，现在想要同外界'隔绝'，也不容易呀——"朱谌之爱抚地摸着女儿的肩头，望了望天上的流云，又若有所思地说："不过，妈妈真想在这个'桃花源'里一直住下去呢。"

…………

时近中秋，腹中的胎儿呱呱落地了。陈宜专程从桃源县城坐着滑竿赶来乡下帮助接生，谌之生下的是个男孩。虽然生在异地他乡，又是在长年逃难的途中，做父母的仍然格外高兴，仿佛这是命运的补偿，是上天赐予这对不平常的恋人在颠簸辗转中相濡以沫、牵手同心的一个活生生的见证，凝聚着一份特别而又真实的情爱。

为了纪念和珍惜心中对光明的追求与执着，也是为了祝福孩子有一个充满希望的前程，谌之和晓光给新生儿取名“朱明”；虎年生的，小名叫湘虎。

湘虎满月后，便跟着父母和姐姐去桃源县城，与姑姑、奶奶一家人会合。此时正是武汉失守、长沙大火以后，湖南的局势也很不稳定，省府已迁至沅陵。朱晓光带着全家十口人继续上路，坐船沿着沅江向西南前行，经过沅陵，到了辰溪县境内的浦市。

浦市是湘西的一个大镇，比附近的小县城还大，由于从常德、桃源撤退下来的国民党机关、部队大批人员的涌入，比平时又陡增了两三万人。晓光好不容易才在拥挤热闹的集镇街上，租借到了老百姓的一间空房。空房里边连张床都没有，只好买了些干稻草摊在地上打地铺，把一家老小先安顿下来。

起初的日子是十分艰难的。为了糊口和筹措路费，朱谌之抱着吃奶的孩子和陈宜在门口摆起了地摊，出售晓光不知从哪里搞来的一批文具和纸张。半个月后，在金华开设新知书店分店的朱曦光，得知家人已到湘西浦市，通过邮局寄来几大包书。这些书中有一直很受读者欢迎的《大众政治经济学》《辩证法唯物论入门》等再版书，也有刚刚出版就轰动了大后方的《西行漫记》《论持久战》和《东南战线》等新书刊。晓光同谌之商量，出售这些新书刊得有个叫得响亮些的店家名目才好，便请谌之写了“黎明商店”四个隶书大字，张贴在门外的墙壁上。为了扩大营业，他们还把地摊撤回到“店”门内——全家人清早起来就卷好屋子里的稻草床铺，让出一半空间来摆放书刊，当然还是个地摊。

陈宜抱着湘虎走到门外，看了看那字体挺秀又醒目的“店招”说：

朱晓光（中）同朱枫母子、陈宜（右）母子

“别看我们这‘黎明商店’连个柜台都没有，可它也是‘新知书店’在浦市这个大镇子上代销新书的‘分店’呀！”

朱谌之听她这样说，也指指地面上堆放着的书刊，笑着回应：

“‘分店’算不上，就算个‘分摊’吧！”

果然，这批来自新知书店的出版物，从早到晚吸引着从门前走过的行人，有专程赶来购书的读者，也有穷学生掏不出钱，站在地摊边光看不买的。这新知书店的浦市“分摊”真成了热闹市集上的稀罕景致，因此也招来了一些国民党顽固分子的怀疑和挑衅。

有天午后，一个穿军装、戴大盖帽的家伙摇摇晃晃地走过来，从门外踱到门里，目光扫着摊在地上的进步书刊，又皱起眉头瞧了瞧墙上的“黎明商店”，嘴里带着脏字对正好要出门的朱晓光说：

“什么××商店？你这是非法经营、挂羊头卖狗肉，小子！当心大爷去告你！”

晓光正想同他论理，被站在门边的朱谌之伸手拦住了。对方满口酒气，分明是挑衅，不能跟这类兵痞纠缠，“大盖帽”无非是酒后滋事，仗势欺人，想占点便宜罢了。

那时，湘西的治安情况已经很不好，一大家人住下去不是长久之策。有办法的人都远走四川、贵州等地了，湘黔公路上日夜车流、人流不歇。晓光同谌之、母亲、二嫂合计，凭他们摆地摊的那点收入和举目无亲的境况，不可能再往西边走，只有按二哥来信上说的话去做。

曦光来信说，新知书店已经在浙西打开了局面，不仅金华分店的业务做得很好，还在丽水、龙泉等地设立了分支店。现在，皖南、赣东、闽北都有来金华采购书刊的，金华的政治空气和文化生活都很活跃，聚集了大批抗日爱国的有识之士。他要晓光带着家人来金华，书店需要人手，孩子们也能在这里受到比较好的教育。

还有什么可犹豫的呢？漂泊一年、思乡心切的陈玉老太太，连做梦都想回到浙江去。她知道浦市离金华很远很远，却不知道金华和镇海之间还有几重山水，总以为那就是家门口了，因此，她比谁都急着催晓光赶快带领大家上路。

归程依然迢遥，出湘西的那段水路更叫人担惊受怕。陈宜在相隔六十五年后回忆往事说：

“湘西山深林密，水流湍急，河里的大石头很多，行船忒危险。我们乘船离开浦市不久，记不清是在哪条河上触礁了……船底撞破，水哗哗地直往里冒，把大人小孩都吓得不轻，你搀我扶，手忙脚乱，好不容易才安全转移到一片沙滩上。全家人挤在一起，又冷又饿，眼巴巴地等着过路的船只，等呀等呀，总算在天黑之前等来一艘兵船，把我们搭救了。”

这是一艘通信兵船，船上运送的是国民党警务部门的电台人员和通信器材。令朱谌之和陈宜想不到的是，自战争以来就失去了联系的妹妹阿菊就在船上！还是阿菊眼尖，老远看到了在沙滩上招手的家人，大声地喊起陈宜原来的名字：

“兰芬姐！兰芬姐！你们怎么会在这里呀？”

“天哪，是阿菊！”陈宜连忙招呼抱着湘虎的朱谌之，“姆妈，快来看，阿菊在船上！”

“啊，真是阿菊，阿菊长大了……”谌之简直不敢相信自己的眼睛——从小就倔强、外向的阿菊，自去上海跟五妹夫韩某学无线电后，只听说她已在电台做事，两三年不见，如今真的长成大人了。

亲人团聚，自然无比兴奋。不过，烽火离乱中的相聚，也就是再一次分手的开始。阿菊要随电台机关撤退到重庆去，第二天清晨登程前，穿着一身警服的她同陈宜和两个小妹妹紧紧地拥抱，又亲亲还在襁褓中熟睡的湘虎，恋恋不舍地同全家人告别。自这次湘西河滩上的不期而遇和怅然分手后，到1946年秋天阿菊随国民党电台机关去台湾前夕，陈宜同她在上海又匆匆会了一面，从此，姐妹们就天各一方再也没有相见了。

李友邦与“台少团”

1938年冬天，腊梅花盛开的时候，朱晓光带着全家人抵达金华，同二哥曦光相会了。

当时的金华已成为东南抗战重镇。自杭州失陷以后，浙江省政府就迁至金华所辖的永康县方岩，省府主席黄绍竑是桂系中的抗战派，施政比较开明，吸引来大批知识青年和抗日爱国的有识之士，不少共产党人也参加了政府工作。有了这样的政治环境，新知书店在浙江的业务，才能够以金华为出发点，向浙西、浙东南及周边省区迅速扩展。

新知书店金华分店设在县政府南边的四牌楼，与商务印书馆为邻，生活书店也相距不远。这几家有影响的书店出版、发行的进步书刊，包括从“孤岛”上海进口的新书《鲁迅全集》《静静的顿河》及《译报》《文萃》等刊物，受到了广大读者的热烈欢迎。那时，闻名全国的上海基督教青年会歌咏队，也在队长刘良模的带领下来到金华，没有几天，金华江边的古城就到处传扬他们教唱的抗战歌曲，《大刀向鬼子们的头上砍去》《在太行山上》的嘹亮歌声响遍了大街小巷。

奔波了一年多的朱晓光，恢复了在新知书店的工作，负责书刊批发业务，朱谌之一边带着吃奶的孩子，一边协助他。平静而忙碌的日子过得飞快，第二年5月，晓光被派往皖南新四军驻地设立随军书店，继续大半年前二哥曦光已经在那里开辟的工作，向新四军广大指战员提供精神食粮。临走的时候，晓光嘱咐已经在中心小学读书的沈珍：

“沈珍，湘虎还小，你要同姐姐帮着妈妈照看小弟弟呀！”

沈珍，这个在战乱和流徙中长大的小姑娘，仿佛已“成熟”了许多，她抬起头问晓光：

“你要去的地方远吗？为什么我们不和你一起走呢？”

“不算远，但要翻山越岭，再说你要读书上学，怎么走得了呢？”

晓光和蔼地回答着，沈珍不言语了，她的聋哑姐姐奉珍也在一旁懂事地点点头。

其实，此时朱谌之的心已经同晓光一起上路了。多次进出皖南、熟悉那里情况的曦光，早就向她和晓光介绍过：以北伐名将叶挺为军长的新四军，是共产党领导下的一支新型抗日队伍。1938年4月新四军军部由南昌转移到安徽南部的歙县岩寺，7月进驻泾县云岭，从此，皖南山区便成了大江南北乃至海内外广大爱国青年向往的又一处抗日根据地，训练和培养新兵也就成了新四军一项急迫又繁重的任务。当时在军部教导总队任训练处处长的薛暮桥，是新知书店的发起人之一，因此训练工作伊始，便同新知书店在金华的分店建立了密切的联系。起初是运送急需的教材用书，后来又出版发行新四军的《抗敌》杂志，再后来又办起了随军书店并不断有所发展，迫切需要人手。能够到新四军中直接为英勇的将士们服务，对早就盼望走上抗敌前线的朱谌之来说，怎么能不心向往之呢！因此，她同晓光约定，待湘虎断奶后，寄养在晓光的姐姐朱英处，跟老太太和陈宜她们一起过，自己抽出身来赶去皖南跟他会合。

当朱谌之托请大姑子朱英带她的湘虎时，朱英出于至亲的情分，自然是答应了，但她觉得朱谌之产后也没有好好休息，才安顿下来，为什么又要急着走呢？“我们都是做母亲的，我的两个孩子我都想揽在身边，你的孩子这么小，留下来你放心吗？”

“我有工作要做嘛。”朱谌之回答她。

“你做什么工作？有这么要紧吗？”

“这个，你就别问了。”

朱英对朱谌之的回答很不满意，许多年后回忆起这段往事，她还说：“后来我才知道她是在为共产党做事，不肯告诉我是怕我走漏了风声，也怕我知道了不敢给她带孩子，真够为难她的了。”

就在这时，一个老朋友出现在他们的面前——两年前在镇海结识的华云游，他也到金华来了。这位曾被唐爱陆老人认定是“共产党”的省特派员，的确是肩负党的一项重要使命而来。他受中共浙江省委派遣，同骆耕漠、张一之等同志一道，来金华协助台湾爱国人士李友邦组织一支抗日队伍——台湾义勇队。

创建台湾义勇队和少年团的李友邦

说起“台湾义勇队”这个后来同朱谌之有了密切关系的抗日团体，得从他的创建者和领导人李友邦那不平常得近乎传奇的革命经历谈起。

李友邦，字肇基，祖籍福建同安，1906年出生于台湾台北县芦洲乡的一个望族之家。还在小学读书时，他就因为被日本同学辱骂为“清国奴”和挨了日本教员的一记耳光而萌动了强烈的民族意识。小学毕业后，李友邦考入台北师范学校，因不满日本的殖民统治，加入蒋渭水领导的“台湾文化协会”，积极从事反日宣传。1924年4月，十八岁的李友邦与后来成为台湾共产党领导人的林木顺等人夜袭台北新起街派出所，轰动台湾，被校方开除。为逃避殖民当局的逮捕，他与林木顺等人连夜越墙逃离台湾，渡海前往祖国大陆，于同年9月1日进黄埔军校第二期就读。在黄埔军校，身为来自宝岛的革命青年，李友邦受到孙中山先生的器重和鼓励，并在国民党左派代表廖仲恺的亲自指导下受训。1925年9月，李友邦从黄埔毕业，被派去主持由国民党两广省委领导的“台湾地区工作委员会”，曾冒死潜回台湾，动员了大批热血青年回大陆参加革命。

1927年第一次国共合作破裂，蒋介石下令解散“台湾地区工作委员会”。李友邦潜赴杭州进行革命活动，于1932年年初被国民党当局逮捕入狱，遭受酷刑，仍坚持斗争。他在狱中结识了骆耕漠等中共党员，受到了马列主义的理论教育。三年以后，李友邦经黄埔同学保释出狱，在杭州、上海等地以教授日语为生，并继续从事革命活动，曾编撰《日本帝国主义统治下的台湾》一书，揭露日本帝国主义的侵略罪行。“七七”全面抗战开始，他即拖着在国民党监狱里被老虎凳夹残的双腿投入救亡运动，后又奔赴金华参加浙江省主席黄绍竑在永康集训政工人员的工作，应邀主讲“日文宣传”。而此前，他的家人也为从事抗日爱国活动付出了惨重代价：二弟友先、三弟友烈，先后于1932年和1934年在台湾被日本特务杀害。

1938年夏天，李友邦在丽水遇见了几年未见的狱中难友骆耕漠，骆耕漠当时身份是中共浙江省委委员。李友邦和骆耕漠商讨抗日的实际行动，提及闽北崇安县有不少从台湾流亡回祖籍的同胞处境艰难，可动员起来组织一支抗日力量。骆耕漠当即向中共浙江省委统战工作委员会报告了李友邦的构想，经中共浙江省委书记刘英同意，派遣张一之、华云游来协助李友邦；同时省委也指示张一之、华云游要尽量通过省政府和国民党的关系来开展工作。

当年11月初，李友邦、张一之带着浙江省主席黄绍竑给国民党福建省党部负责人陈肇英的信来到福建，向福建省政府提出动员返乡台胞参加抗战的要求。早年因不堪日本殖民者压迫，大批台胞携眷返回福建定居，其中有少数人曾被日本浪人和特务所利用，抗日战争全面爆发后，福建省主席陈仪以“日本特务嫌疑”为名将所有台湾同胞送到闽北荒山野岭中的小县崇安集中看管。一些与当地人结为夫妻的台湾同胞被迫妻离子散，更多是全家男女老幼遭到拘捕，过着“集中营”式的生活，许多台胞陷入饥饿与疾病之中。李友邦的提议，实际上是解救了这些台湾同胞，也是调动和发挥他们的所能为抗战服务。在省党部陈肇英的支持与斡旋下，省主席陈仪在了解情况后也乐于卸下这个包袱，立刻同意李友邦把集中在崇安县的台胞带走。

李友邦在崇安召开的动员大会上，用闽南话做了慷慨激昂的演说，号召全体台胞奋起抗战，组织台湾义勇队，得到了被拘禁在崇安的四百多位台胞的热烈响应，当场就有许多台胞报名。1939年2月，李友邦率领从福建带回浙江的第一批台胞四十余人，在金华县城酒坊巷18号正式成立了台湾义勇队，其中有六名儿童也组成台湾义勇队少年团（也称“台少团”）。李友邦任义勇队队长和少年团团长，中共党员张一之任队秘书，张一之的爱人、刚从皖南新四军教导总队八队受训毕业的夏云，也调来金华工作，担任“台少团”辅导员。华云游虽未在义勇队具体任职，但在其创建前后做了不少内外联络和通讯报道的工作。

第一支由台湾同胞在大陆组成的武装抗日队伍诞生了，它以“保卫祖国、光复台湾”为己任，掀开了民族团结共同御侮的光荣史册。

在华云游向朱晓光、朱谌之介绍认识李友邦之前，他们就已经知晓台湾义勇队和它的领导者了，因为台湾义勇队成立后，积极参加当地政府主持的抗战宣传，办抗战墙报，举行街头演出，募捐慰劳伤兵，做了许多有影响的社会工作。台胞中有不少医务和技术人才，于是义勇队在金华东关箭头塘设立了一个医疗所，组织巡回医疗队到邻县村镇替人民治病，后来又在金华、衢县、兰溪发展成四家“台湾医院”，还在云和、丽水办起樟脑制造厂和药品生产合作社。特别是1939年3月，中国军队在浙江富阳与日军展开激战（东洲保卫战），台湾义勇队紧急派出队员奔赴前线，不仅开展战地医疗服务、抢救伤病员，还用日语在前沿阵地向敌方喊话，瓦解日军士气，抓住日军俘虏后又当起翻译，队员们的出色表现受到前线官兵的赞扬，台湾义勇队的名声也在广大人民群众中迅速传播开来。

因此，当朱晓光动身去皖南新四军军部，华云游托他帮台湾义勇队带去捐赠给新四军的一批药品和医疗器材时，朱晓光非常高兴地接受了。出发前，他和朱谌之在华云游的陪同下，专程去酒坊巷18号台湾义勇队总部拜会了李友邦队长。

李友邦热情地接待了朱晓光和朱谌之。这位身残志坚、文武双全的台湾革命斗士向来访者讲述了台湾义勇队的创建宗旨和工作任务，还领他们去观摩了台少团的孩子们正在队部天井里举行的演讲比赛。此时，台少团的成员已增至十八人，最大的十四五岁，最小的只有六七岁，其中大部分都是从崇安拘留地同父母一起转来金华投奔义勇队的台胞子弟，也有附近个别因家庭困难或其他原因而入团的儿童。他们在辅导员老师的带领下，学习文化和革命道理，进行队列训练和外出宣传，过着半军事化的集体生活，条件虽然艰苦，但每个人的精神面貌都很振奋，俨然是抗日军中一群朝气蓬勃的小战士。

那天演讲比赛的题目是“我为什么要加入台少团”？孩子们纯真、稚气、充满爱国热忱和同仇敌忾的讲话，时刻感染着全场的听众，赢得了阵阵掌声和喝彩。演讲结束后，全体团员合唱《台湾义勇队队歌》和《台湾少年团团歌》。华云游介绍说，队歌是由著名作曲家贺绿汀谱曲，团歌的作曲者是义勇队队员牛光祖，两首歌的歌词均出于李友邦队长之手。队歌雄壮而激昂：

我们是抗日的义勇军

我们是台湾民族解放的先锋队

台湾少年团在操练，左二为朱倬（朱晓枫）

要把日寇驱逐出祖国
要把它在台湾的枷锁打碎
为正义抗战，保卫祖国，解放台湾！
把日本帝国主义彻底打碎！
把日本帝国主义彻底打碎！
…………

少年团的团歌则是另一种风格，比较抒情、委婉，形象化地表达了深刻的主题：

台湾是我们的家乡
那儿有人五百万不自由
台湾是我们的家乡

那儿有花千万朵不芬芳
我们戴着枷锁来人间
我们受着煎熬过生活
我们离开家乡奔向自由
我们要把自由带回家乡
…………

嘹亮、热情的童声合唱，回荡在队部狭窄的天井里，也激荡着每一个参观者的心。

朱谌之早就听朱晓光说过，抗战以来，在上海、武汉等地出现过由少年儿童组成的新型教育团体，如“新安旅行团”“孩子剧团”和“育才学校”。这些团体的孩子们，小小年纪就离乡背井，在成年人的帮助下组织起来，一面读书、受教育，一面宣传抗战，服务社会，从实践中汲取真知、增长才干，在烽火征途上锻炼自己成为全国儿童的模范、未来社会的小主人。现在看到的“台少团”正是这些团体中的一个，她很自然地想到自己的女儿沈珍，同眼前的这些孩子差不多大，能不能成为他们中间的一员呢？

同晓光商量后，朱谌之通过华云游向李友邦队长提出了请求。李友邦考虑到朱谌之和朱晓光都是新知书店的工作人员，朱晓光就要赴皖南工作，朱谌之也打算去那里为部队服务，大家都是革命同志，理应互相关照。再说，朱谌之要把女儿送到少年团来，这本身也是一个参加抗战、投身革命的选择，是对台湾义勇队和台少团事业的支持和响应，怎么能不欢迎呢？因此立即同意了。

1939年夏天的一个早晨，朱谌之把九岁半的沈珍送进了台少团，她给孩子报名的时候，填写了“朱倬”二字，这个新学名一直伴随着沈珍许多年。“倬”者，大也，寄托着这位慈爱的母亲对女儿在革命大家庭里快快长大、茁壮成材的殷切期望。

当时，义勇队和少年团的经费都非常紧张，为节省开支，义勇队的成年队员一天只吃两顿饭，少年团的孩子们虽有三顿饭吃，但菜里的油水很少，早晚喝稀粥，常常四个人合吃一块豆腐乳。面对这样的情况，朱谌之又一次从自己多年的积蓄中拿出一笔钱来，向台少团捐赠了八百元。当她把这笔不小的款项送交到团长李友邦手中时，李友邦激动地说：

"朱大姐，你真是雪中送炭呀！"

他还告诉朱谌之：义勇队和少年团创办之初，省主席黄绍竑为了表示对台胞的关心和对义勇队工作的支持，也只给了总共才六百元的"生活费"。不过，李友邦说，黄主席已亲自给国民政府军事委员会政治部长陈诚写信，并转发了台湾义勇队关于编制和经费的申请报告，一俟重庆方面批准以后，情况会好转起来的；而目前，正是这支新生抗日队伍"青黄不接"的时期，不仅队员的吃饭成了问题，各项工作的开展更困难重重，朱谌之的捐款解了他们的燃眉之急。据朱晓光生前回忆，义勇队兴办的"台湾医院"就是在这笔资助下得以开业的。

少年团的辅导员夏云，在时隔半个世纪以后纪念朱枫的文章中谈起这段难忘的岁月，也还记得常来少年团探望的"朱大姐"对孩子们日常生活的关心：

> 那年夏天，金华天气炎热，蚊虫很多，一到黄昏，屋子里到处是嗡嗡的声音。到了晚上，孩子们都叫睡不着。我们当时烧一种枯竹来驱赶蚊子，蚊子没有赶掉，反弄得满屋是烟，孩子们更睡不好。有的孩子皮肤上还出了小泡，一抓就出水……大姐（指朱枫。——引者注）看在眼里，记在心里，她再来时就带来一批蚊帐，每个孩子得了一顶，我也得了一顶。这一来，大家睡觉就

很舒服了，也不烧枯草了。这一件事给我的印象很深。

其实，自离开镇海前“毁家纾难”创办难民工艺所，到远赴武汉“入股”新知书店，富家女出身的朱谌之早已把个人的休戚跟全民族的抗战事业紧密联系在一起了。像支持李友邦义勇队和台少团这样的慷慨捐赠，在她后来的革命生涯中还不断出现过；而对待同志春天般的温暖，像春雨一样“润物细无声”地关心别人、乐于助人的事迹，则无时无刻、难以计数，成了涓涓滴滴，流淌在每一个与她共事、相处和接触者的心中。

中村书店

新知书店在新四军中的第一家随军书店，是1938年春天朱曦光到达皖南以后，在军部所在地云岭建立起来的。这项工作得到了项英副军长的关心和支持，他亲自签署了一张名片交给朱曦光，让沿途各兵站和派出所为他们向前方将士运送书刊提供方便；书店开业后，也一直为广大指战员们所爱护与欢迎。第二年5月，朱晓光进入皖南接替二哥的工作，在离云岭不远的中村开办了第二家随军书店，接着又在泾县城里、章渡和茂林镇，利用几家卖旧书和文具的商店设立书刊代销处，及时供应从上海、金华、温州和大后方城市辗转运来的各类书刊，同样受到了部队官兵和当地群众的欢迎。

皖南多山，抗战期间赫赫有名的云岭，就处于皖南东部的大山深处。从金华出发到云岭一带，要跨越浙皖两省边界，穿过建德、歙县、旌德等好几个县境，地形又非常复杂，如果走水路，曲折拐弯，上船下船，要花上十来天工夫。1939年秋天，朱谌之趁朱晓光回金华运送书刊之便，跟他一起返回皖南。他们乘坐的是新四军章渡兵站的军车——一辆乳白色的中型铁篷车，车身上漆有“新加坡华侨洗染业联合会赠”一行大字，看上去非常醒目。由于随军书店同部队之间有亲密的合作关系，军车在外出路过的时候为他们提供方便也是常有的事，比坐船要快得多。

但那时，皖南周边的国民党“友军”却完全相反，因为蒋介石秘密颁发《限制异党活动办法》，实行“溶共”“防共”和“反共”的倒行逆施政策，而加紧了对进出新四军防区的车辆与人员的检查，曾发生过扣押进步书刊和关押从上海、宁波等地投奔新四军的青年学生与工人的事件。因此一路上都特别小心，快要经过浙皖边界一个叫“威坪”的关卡时，朱晓光悄悄告诉朱谌之：这里的国民党宪兵最会刁难人，常常以盘查车辆为名揩油水、敲竹杠，弄不好还要抓人关人。他提醒初进皖南的朱谌之，如果哨兵盘问她出门干什么，就说是去泾县城里走亲戚。

然而，出乎意料，这次车过威坪不但平安无事，还受到了特别的“礼遇”。

当白色吉普放慢速度驶到威坪的岗哨前，司机主动停车准备接受检查。谁知平日里凶神恶煞般的国民党宪兵，竟一反常态，个个双腿并拢、站得笔直，齐刷刷地向车上的乘客们敬起礼来；一个领头的小军官还趋前两步，弓起身子，满脸堆笑地挥手示意“免检通过”。

驾驶座上的司机有些诧异地望了望坐在身边的随车副官，副官二话没说，司机踩动油门又匆匆上路了。车上的紧张气氛顷刻全消，全车人都松了一口气。这时，随车同行的那位副官才回过头来，向大家讲述国民党宪兵们之所以“变脸”，原来事出有因——

几天前，叶挺军长去第三战区长官部所在地上饶有公干，恰巧也坐了这辆乳白色的中型铁篷车。当叶军长车过威坪时，关卡上这些要威风要惯了的宪兵，不但拦车检查，还无理取闹。坐在车中的叶军长实在看不下去，便开门下车，走到那为首的指手画脚的小军官跟前，厉声斥责道：

“谁敢拦我的车？我找顾长官说话！”

小军官被眼前这位器宇轩昂、相貌不凡的中年人吓得退后半步，看看他穿的是一身西装便服，也不知何方神圣，正懵懂间，随车的副官走过来告诉他：“听清楚！跟你小子说话的，是叶挺军长！他正要到顾长官那里去说事呢。”

“……”那小军官真的吓得不轻，低头看着那白色车身上一行“新加坡华侨洗染业联合会赠”的大字，愣了半天才连声请罪，向叶军长和副官赔不是。

叶挺同志见他态度有了转变，便警告说：“这次就算了。以后再有刁难我军车者，别怪我不客气！”

……讲完这段小插曲，副官同志总结说：“咱们今天撞了大运，全是仗了这辆铁篷车的威风啊！”

“难怪这群看门狗，又是立正敬礼，又是弯腰迎送，是把我们当成从顾祝同那里开完会回来的叶军长啦！哈哈……”

朱晓光也接着他的话茬打趣道，朱谌之和车上的人都快活地笑起来。

中村，距云岭八华里，是一个隐埋在深山坳里的小村庄。原先只有三四十户人家，四面青山环抱，溪水从村边潺潺流过，粉墙黛瓦的徽派建筑，静静地散落在高低不平、青石板铺的村街两旁。村街上有三家店铺：一家烧饼店；一家杂货铺；靠东头的第三家，便是朱晓光受新知书店派遣，在军部协助下办起来的中村随军书店。

正值秋高气爽的时节，群峰耸翠，层林初染，两三只欢鸣的鸟雀在门外枝头蹦跳。风尘仆仆的朱谌之走进这如画的风景中，几乎忘记

中村外景（教导总队女生队驻地）

了长途跋涉的劳顿，脑海里却闪回到一年前在常德乡间度过的日子。那时湘虎刚刚出生，如今满周岁的小明同他的聋哑姐姐，跟着陈玉、陈宜婆媳俩，已被朱曦光转移到金华南面的云和去了，沈珍也进了“台少团”。一家人被拆散了好几处，孩子和亲人们生活得怎样了？在战争环境里安全吗？虽说自己“轻装上阵”来到了向往已久的抗日根据地，朱谌之的心中还是增添了几分牵挂。

然而，繁忙的工作和紧张的学习生活，很快就使她摆脱了个人的愁绪。中村是新四军教导总队队部所在地，总队下属的八个学员队分散在附近的村落里，每一期的培训人数都非常可观，且严格遵循延安抗大的教学原则，有很高的要求，因此，中村书店的发行任务也很重。除了满足教导总队的教材用书和面向广大指战员的门市服务外，还要协同云岭的随军书店组织“流动供应队”，将急需的书刊送到新四军远在江北和苏南的各个支队去。书店人手最多时有十来人，朱谌之是唯一的女性；人手少时，也就是她和朱晓光两人，忙碌可想而知。

尽管如此，朱谌之和朱晓光都还经常挤出时间来，去村头晒场上旁听学员们上的大课。跻身在来自天南地北的年轻人的行列里，和他们同声高唱“光荣北伐武昌城下，血染着我们的姓名；孤军奋斗罗霄山上，继承了先烈的殊勋”（《新四军军歌》），朱谌之仿佛年轻了许多。当时有不少部队首长和知名人士来教导总队上课，副军长项英作形势报告，宣教部长朱镜我讲中国革命史，训练处处长薛暮桥讲经济学，一支队司令员陈毅讲《新四军军歌》的创作过程和重要意义，还有钱俊瑞、夏征农、李一氓、任光、何士德等人来讲课、辅导、教唱革命歌曲……这都非常受欢迎。这些部队首长和革命文化人也经常到书店来买书、订书，问长问短，关心书店人员的学习和生活，还提出改进工作的意见和要求。他们平易近人，毫无架子，完全不同于骑在老百姓头上作威作福的国民党官僚，让朱谌之亲身体会到了革命集体中同志关系的平等和亲密无间，也进一步加深了她对共产党和新四军全心全意为人民服务的宗旨的认识。

有一次，陈毅同志到军部开会，看了云岭的书店，又特地来到中村书店。他看到书店的墙上挂着一块白竹布，上面抄写着《随军书店流动供应队队歌》，兴致勃勃地用他那带着四川口音的普通话，念起来：

在工作中学习，
在战斗中生活，
我们是抗日救国的文化轻骑兵
我们是传播马列主义精神食粮的运输队

我们是发行革命书刊的流动供应队

…………

念罢歌词，这位身经百战，也十分爱好诗词的一支队司令员连声称赞，并回头问朱晓光这歌是谁做的，“流动供应队”什么时候到他们一支队去。晓光告诉他，这歌是书店工作人员的集体创作，大家你一句我一句凑起来的；而“流动供应队”的建立，则是军部政治部接受陈毅司令员的建议做出的决定，去一支队的小分队下周就出发。陈毅同志听了非常高兴，望着那白竹布上秀美又挺劲的毛笔字，又问：“这字是谁写的呀？”晓光指了指正坐在屋角里打算盘做账的朱谌之。陈毅走到她跟前，竖起大拇指说：

“你这位大姐的书法很有功力呀！”

“陈司令过奖了。”朱谌之抬起头，笑着回答这位打绑腿、穿草鞋的新四军将领，“我在《抗敌报》上看到过您的亲笔题词，那才是笔力千钧呢！”

“不敢当，不敢当，”陈毅谦逊地摇摇手，也接过朱谌之的话说，“不过，我们新四军要打败日本鬼子，不但要靠手中的枪和炮，也要靠‘笔杆子’啊——你们做宣传文化工作的，就是拿笔杆子的队伍，也光荣得很哪！”

随后，他又向朱晓光要了流动供应队的书目清单，了解他们出发的路线与计划，并向晓光和书店工作人员介绍前方的敌我情况和下连队要注意的工作方法，亲切的态度和切实的指点，给朱谌之留下了深刻的印象。

学员队的第八队是女生队，驻地也在中村。女学员里有不少来自上海、宁波及江南各地的知识青年和城市女工，这些年纪轻轻、富有朝气和上进心的女孩子，成了中村随军书店登门最勤、来往最多的常客。她们不仅来买书或看书，也喜欢跟服务态度热情，同样来自沪、甬一带的两位书店主人聊天，尤其是女主人诚恳、干练、和蔼可亲，像一位完全可以信赖的大姐，对女孩子们很有吸引力。当朱谌之得知部队与外界的通信联络困难，主动提出书店可以帮助女学员们收发信件。为了让大家容易记住自己的名字，更好地开展工作，也出于当时革命队伍中比较流行单名的一种风尚，朱谌之有一天对朱晓光说：

“梅郎——”这是他们两人在一起时，朱谌之对别号“梅君”的朱晓光的昵称，“你看我起一个单名，好不好？”

“哦——”朱晓光随口答道，“‘谌之’是古板了一点，有不少人还不认识这个‘谌’字呢！”

朱谌之望着门外山崖上一片在阳光下闪烁的枫叶林，心有所动地说：

“我是秋天生的，取个‘枫’字如何？”

“有了‘岁寒三友’松、竹、梅，”朱晓光联想到他们三兄弟的别号，笑着点点头，“现在又多了一个不怕霜冻的‘枫’，好啊！”

的确，“朱枫”，这个朱谌之在皖南新四军中为自己所取的化名，有像红旗、像朝晖一样鲜明、热烈的色泽，有不畏寒风、挺立岩头的坚毅性格，准确地道出了她将一片赤诚奉献给人民解放事业的心声。尽管后来她回到国民党统治区开展工作时，对外仍沿用“谌之”和“弥明”，但“朱枫”和“朱枫大姐”这两个称呼，还是更广泛地在革命同志中间流传开来，最后取代了她原来的名字。

为保存历史的真实，本书从现在起也开始用“朱枫”这个名字指称我们的主人公。

在皖南近一年的时间里，朱枫经受了部队生活的锻炼，她吃的是

皖南、金华时期的朱枫（约在1940年秋）

和战士们一样的大锅饭，睡的是一块大门板，住在店堂透顶（皖南民居天井在屋子中央）下的一角，穿着也是同战士们一样的布衣草鞋。物质生活的匮乏，丝毫也没有影响她精神上的充实与提高，她同晓光在一起度过了难得的团聚时光，起早睡晚，胼手胝足，为抗战的革命队伍做了一份"输送精神食粮"的有意义的工作。

许多当年八队的学员都记得中村随军书店里的朱大姐，与她接触如沐春风的感觉伴随着这些年轻女兵度过了那段峥嵘岁月。一位叫童紫的老同志1990年7月在北京写下了这样一段怀念的文字：

> 那是1939年的下半年，我们八队从云岭搬迁到中村不久，发现中村街上有家新知书店（就是随军书店）。当时只见男女两位工作人员，服务态度很好，老给我们介绍新书刊，尤其他们两位都是我的老乡宁波人，很自然地接近起来，只要有时间，就去他们书店翻翻新书和杂志，与他们聊聊。他们知道我们离家参军已

一年多，由于部队驻地保密，很不容易与外界亲友通信联络，朱枫同志非常理解我们的心情，主动提出书店可以帮我们转收发信件，这样，我们就能与外界联系上了。来往信件一多，我就有更多的机会去他们书店。但部队学习生活很严格，除规定星期天、节假日休息时间能外出，旁的时间不能随便外出。我有紧急信件时，只能利用中午休息的一个多小时向领导请准假，吃好午饭就跑到他们书店去。他们也正在吃午饭，朱枫同志只要看到我们跑去，马上放下饭碗站起来，热情地给我们拿邮件。我在八队还负责教同志们唱革命歌曲，集队时都要指挥唱歌，所以我的喉头容易发炎，嗓子也容易嘶哑，在上海时经常服润喉凉嗓止咳糖等。当时我们新四军军费非常困难，连必要的医疗治病的药物都很缺少，何况像我要的是保健药品更不会有，也不好意思开口要。我们又处在皖南山区，更无此药，我们自己单靠每月五角钱的生活费和卫生费，也无钱买，只得向外地亲友去要。有了通讯地址，我二姐就能经常给我寄些小邮包来，朱枫同志总是不厌其烦地给我们转递。他们书店人手不多走不开，所以，我们只好自己经常去，这样接触的机会也就多了，觉得朱枫同志艰苦朴素，工作认真负责，助人为乐，和蔼可亲，真是一位好大姐。

三克拉钻戒

1940年秋天，在皖南的新四军部队粉碎了日军万余兵力的“扫荡”之后，国民党顽固派加紧了对皖南新四军包围、限制和摩擦的种种活动。为便于部队行动，减少不必要的损失，新四军中一部分非战斗人员开始疏散、撤离，新知书店将朱枫调回金华，结束了她在中村随军书店的工作。

回金华后，她去酒坊巷台湾义勇队和“台少团”驻地探望女儿。一年不见，朱倬长高了不少，人也神气多了，俨然是抗日队伍中的一个小战士，她兴奋地向妈妈报告自己在“台少团”的学习与生活，还唱了她在团里学会的新歌。李友邦队长热情地接待朱大姐，朱枫高兴地得知，在李队长的不懈努力下，台湾抗日义勇队的影响日益扩大，重庆的国民政府军事委员会政治部已正式批准了它的建制，并委任李友邦为少将队长，义勇队的装备和供给情况都有了改善。在队部，朱枫同华云游、张一之、夏云等老朋友也会了面，还结识了后来成为李友邦夫人的严秀峰女士。

朱枫在金华没有待多久。由于国民党反共势力的破坏，早在1939年6月底，第三战区宪兵队就“奉命查封”了新知书店的金华分店。经过书店同志的据理力争，也迫于当时的社会舆论，两个月后书店启封，发还了全部存货，但新知书店的招牌不能再用了。朱曦光和几个同事利用金华后街的一家铺面，换了个“金华书店”的名字，继续从事出版和发行进步书刊的工作，如木刻家万湜思编辑的美术刊物《刀与笔》、邵荃麟编写的《论第二次世界大战》，都是由金华书店出版的。朱枫从皖南回到金华，也在这里做短暂停留。

本来，她已同朱曦光说好，要去离金华还有三百里路的云和看望陈玉、陈宜婆媳俩以及同她们生活在一起的奉珍和湘虎。就在这时，曦光接到了来自桂林新知书店总管理处的紧急通知——自1938年10月武汉失陷后，新知书店总管理处转移到桂林，华应申同志在那里主持工作。随着许多文化机构和文化人的纷至沓来，桂林迅速成为西南文化中心，进步书刊的出版与发行搞得火热，但由于战时的交通不便，许多物资的供应都跟不上。桂林方面急电曦光，要他同朱枫一起去上海采购一批印刷制版用的薄型纸张，完成任务后一起返回桂林。

曦光向朱枫传达了总店领导的指示。如同待命的战士听到了远方号角的召唤，朱枫又高兴又担忧，高兴的是她又能为抗日的文化事业尽心出力了，忧愁的是奉珍和湘虎已一年多不见。她日夜都想念着他们，时刻盼着同亲人团聚，可大后方的出版事业急需要印刷物资——给“拿笔杆子的队伍”输送“军需”同样刻不容缓啊，她想起在中村书店听陈毅司令员说过的那番话，当即把个人的事情搁到一边，做好出发准备，跟着曦光上路了。与他俩同行的，还有在金华重逢的老朋友华云游。

沦陷后的上海，已是太阳旗下的鬼魅世界。刚粉墨登台不久的汪伪政府，仰仗日本主子的鼻息，卖力地推行“奴化”政策，加紧搜刮民脂民膏，残酷镇压抗日力量，纸醉金迷的十里洋场上，处处弥漫着乌烟瘴气。身负使命而来的朱曦光一行，踏进这座久违了的大都会，自然格外小心。

朱枫到上海后，借住到西门路她的老同学朱慰庭家。朱慰庭也是浙江镇海人，童年在镇海县立女子高级小学读书，与朱枫同窗七年，两人结下了深厚的姐妹情谊。朱慰庭的丈夫吕逸民是位思想开明、有正义感的爱国商人，在上海泰康食品公司当股东兼总会计师，因妻子同朱枫的挚友关系，也很早就认识了朱枫。朱枫在长年漂泊的生涯里，一直同朱慰庭夫妇保持着联络，投身抗战、参加革命工作后，也得到了朱慰庭夫妇的多方关照与掩护。由于朱枫的介绍，吕逸民也成为曦光、晓光兄弟和华应申、徐雪寒这批革命者的朋友，为新知书店和中共上海地下党做了不少工作，当然这些都是后话了。

朱曦光和华云游去了蒲石路的新知书店办事处，同留守在那里的新知老同事汤季宏接上了头。自日军入侵以后，上海租界变为“孤岛”，新知书店办事处已处于半秘密状态，但他们仍坚持斗争，联络在上海的文化人开展工作，向皖南、苏北的新四军，向大后方输送出版物及相关物资。朱曦光此行的任务就是采购印刷制版用的薄型纸，并捎回存放在上海的一部分书籍。由于特种纸张也被列入“战略物资”，汤季宏好不容易才联系到了一批日本生产的薄型纸，更由于市场为日伪所控制，商人贪财心狠，此种纸价已上涨了好几倍，朱曦光身上所带的那点钱根本对付不了。再打听运输方面的情况，同样让他倒抽了一口寒气，因为时局紧张，日舰在宁波封港，海运不能从浙东进入内地，必须绕道香港，势必又要增加一笔价格不菲的运输费……面对经费的拮据和任务的紧迫，几个年轻人都犯了难。

朱曦光只好去找朱枫商量。朱枫得知情况后，自然也很焦急，但正像老话说的“天无绝人之路”，她立刻想到了自己存放在上海银行保险柜里的一笔“遗产”。

前面我们曾交代过，“九一八”事变以后，朱枫偕夫携女从沈阳南归镇海，不久陈绶卿得急症亡故，为了维持家用和帮助亲友，朱枫将早年母亲和外婆留赠给她的珠宝首饰，委托在上海的友人代为处理，这位友人就是朱慰庭的丈夫吕逸民先生。当时这批珠宝首饰，一部分兑换成现金，未兑现的部分中有一颗三克拉钻戒——那是外婆“单传”给自己的独生女、朱枫母亲的，母亲又留给了两个女儿中的老小“桂凤”，这是朱枫平生最珍爱的宝物。身处乱世，难免无虞，为了谨防它在刀兵水火中万一有个闪失，朱枫特地请托吕逸民向银行租用保险柜，将这颗三克拉钻戒妥善地保存起来。

这次朱枫到老同学家来逗留，既是为了看望多年不见的故人，也做了“应急”的思想准备，因此，当她听曦光说采购经费不足，任务又急需完成时，一个以前从未动过的念头从自己的脑海中闪过：“将那颗存放在银行保险柜里的钻石戒指取出来！”

思想斗争当然是有的。那是上两辈至亲留给自己最后的，也是最贵重的纪念啊！镶嵌着三克拉钻粒的昂贵戒指，凝聚着外婆和慈母对她的挚爱、祝福与呵护，朱枫只在同陈绶卿举行婚礼的那天戴过一次，在这之前和之后，直到存放在银行保险柜，它都一直珍藏在主人身边的首饰盒里，伴随她度过寂寞的青春、丧偶的不幸，伴随她南北奔走，挨过国难与家愁……这价值不菲的传家之宝，也寄托过她对未来生活的担忧与憧憬——她曾想只有在最危难的时刻，才会用它来救急解难、转危为安；也想过它将会佩戴在她的哪一个出嫁女儿的手上，送去她作为母亲的祝福与关爱。有一天夜里，她甚至做过这样的美梦：她的湘虎长大了，长成了一个虎虎有生气的青年，到了娶媳妇、办喜事的良辰吉日，已年近花甲的她，才将这枚保存了三代人记忆、经历了无数动荡不安和苦难的爱的信物，戴到她未来的儿媳、身披婚纱的娇美新娘的手指上：那是何等欣喜、何等慰藉又风光的幸福时刻啊！仿佛这三克拉重的钻石戒指，就是一个足以掂量她在长年流亡、颠簸的人生途程中付出巨大代价的沉甸甸的“砝码”，浓缩着她心头最热切的冀盼，变成了一颗闪烁在远方的星辰、一个长久而执着的期待：非到万不得已的关口，她绝不会想到拿出它来“兑现”的。

然而，在眼下“军情紧急”的节骨眼上，在风云变色的黄浦江边，急公好义的朱枫就像她在武汉解囊相助新知书店、在金华出资支持“台少团”一样，又一次将个人的利益置之度外，为支持革命文化事业、支持抗战“毁家纾难”，在所不辞。

“曦光，你别急，钱不够，我来想想办法吧！”已拿定主意的朱枫，将自己的想法说了出来。曦光十分了解这位可敬的二舅妈深明大义的襟怀，除了喜出望外和感佩感动，他又能说什么呢？

吕逸民受朱枫的委托，从所存银行的保险柜里取出了那颗钻戒，将它兑给珠宝商人，得“储备票”三千两百元。“储备票”是1940年汪伪政权在上海发行的新币种，每两元法币兑一元“储备票”，因此，三千两百元“储备票”在当时价值不菲，用它购买了日本生产的薄型纸五十令，解决了迫在眉睫的大难题。

为了应付出港时日伪军对“战略物资”的搜查，朱曦光和华云游又想方设法，将这五十令薄型纸分散开来，同新知书店在上海印刷的两千册何治垓编著的《近世实用无线电学》捆扎在一起，打了二十二个大麻包，以运送“合法书籍”为名，冒着风险通过了检查关口。

华云游和汤季宏将曦光、朱枫送上船，站在岸边向他俩挥手告别，眼看着海轮在汽笛声中徐徐离开十六铺码头后，船上船下四个人的心才全都放了下来。

接下去的航程并不轻松。朱枫平生第一次乘海船做长途旅行，晕船呕吐得非常厉害，昏睡了几天才勉强适应。从东海到南海，他们在千里海疆上兜了好大一圈，不知闯过了多少风浪。船抵香港后，新知书店香港办事处的同事张朝同前来接站，很快办好了转运手续，又将他们连同那批“战略物资”送上通往内地的船只。马不停蹄地离港后，经大亚湾，溯东江而上，过惠阳、河源，一路到老隆。再从老隆雇汽车，转运至韶关，最后才到达目的地桂林——千山掠过，万水涤尽，已是1940年的深秋了。

深秋的桂林，没有一丝寒意。坐落在桂西路35号的新知书店桂林分店门市部，到了晚上也灯火通明，人来人往。门市部的楼上是职工宿舍，当时总店办事处和桂林分店的同志大多住在这里，过着半军事化的集体生活。这里就像一个温暖的大家庭，会聚着来自四面八方的“新知人”——有抗战前在上海创业的元老，有撤退到武汉时参加工作的骨干，更多的还是总店迁至桂林后才加入的新伙伴。

当一头短发、身着白衬衫和深蓝色工装裤的朱枫出现在大家面前的时候，徐雪寒和华应申这两位新知书店的老领导，都几乎认不出两年前在武汉结识的那位随朱曦光一家人从镇海逃难而来的“中年世俗妇女”了：眼前的朱枫，要比两年前的她显得年轻，也精神得多，眉宇间曾给徐雪寒留下了“知识分子”印象的“英秀之气”，不仅丝毫未减，经过了两年多艰苦生活和抗战工作的磨炼，更增添了几分战士的爽朗和实际工作者的精干。

“朱大姐，真难为你了，一路吃了这么多苦！”徐雪寒热情地问候朱枫，迎接从远方归来的战友，两年前的往事恍若昨天，“还记得我们在武汉联保里见过面吗？”

“当然记得，徐经理！华经理！”朱枫也高兴地向两位老领导打招呼，“那时我身上还背着‘包袱’，想吃这份‘辛苦’也没门，现在可是真正‘归队’，回到你们的麾下来啦！”

…………

朱曦光向徐雪寒和华应申汇报了在上海完成采购任务的情况，两位负责人听说是朱枫变卖了贵重的钻戒才买回那批急需的制版用纸，都非常感动，提出要把这笔钱款如数还给朱大姐。朱枫知道后，很诚恳地向徐雪寒和华应申表示：自己是新知书店的人，自然要急书店之所急。抗战还没有胜利，她知道书店的经费仍然十分紧张，大家的生活都非常艰苦，既然回到了集体当中，购买薄型纸的钱款，权当是她对书店事业和集体的一份捐献吧。由于她的坚持，本来应偿还给她的那笔钱款，又回到了总店的收入账上——这也就是许多年后，徐雪寒在纪念她的文章《一位老战友，一位女烈士》中提到的“在桂林期间，她还从所余不多的遗产中拨出一部分，第二次投资捐献于党的出版事业”。

朱枫全身心地投入到总店办事处的紧张工作中。那时，新知书店在桂林的员工有二十多人，分属总店办事处和桂林分店两部分。徐雪寒仍像过去一样，是新知的总负责人，也是新知书店和当时八路军驻桂办事处（简称“八办”）之间的联络者，他还负责跟驻在重庆的中共南方局联络，直接听取周恩来副主席的指示。因此他长住重庆，那里也早已建起了新知书店的分店，于是他一年中间来往桂林几次，安排和部署工作。桂林总店办事处的日常工作仍由华应申副总经理主持，华应申还是桂林新知书店中共党支部的书记。

朱枫“归队”后不久，随着冬天的到来、气温的下降，国内的政治形势也继续恶化。早在两个月前，蒋介石就以何应钦总参谋长、白崇禧副总参谋长的名义发出“皓电”，强令黄河以南的八路军、新四军一个月内全部开拔到灾情、敌情并重的黄河以北，欲置八路军、新四军于绝境，同时又调兵遣将，形成了对皖南新四军防区的包抄与夹击之势。1941年1月4日，为顾全团结抗战的大局，新四军军部和所属皖南部队九千余人，在军长叶挺、副军长项英率领下，从皖南泾县云岭地带出发，准备走东线绕道到江苏溧阳待机渡江北移。1月6日，蓄谋已久的蒋介石得知新四军开始转移，下令第三、第五战区“采取行动”。当新四军部队行至泾县茂林以东山区时，即遭到国民党军七个师八万余兵力的层层堵截。新四军指战员在军长叶挺的指挥下，被迫奋起自卫，浴血苦战了七个昼夜，到1月14日，终因寡不敌众，弹尽粮绝，除约两千人分散突围外，大部被俘和牺牲。叶挺在14日下午走出隐蔽处准备同国民党军谈判时，被对方扣押。政治部主任袁国平在突围中牺牲。副军长项英和副参谋长周子昆在突围后的隐蔽中遭叛徒杀害。1月17日，国民党政府军事委员会发表命令和谈话，反诬新四军为“叛军”，宣布撤销新四军番号，声称将把叶挺交付“军法审判”。1月30日，蒋介石亲自出马，以行政院长名义发表撤销新四军番号的“训令”，从而把他一手发动的第二次反共高潮推到了顶峰——这就是震惊中外、史称“千古奇冤”的“皖南事变”。

朱枫是在1月18日重庆出版的《新华日报》上得知“皖南惨案”的消息的。那天的报纸以醒目的版面刊登了中共中央副主席周恩来“为江南死国难者志哀”的亲笔题词和诗：“千古奇冤，江南一叶；同室操戈，相煎何急？！”这义愤填膺的十六个大字，让国统区的人民群众最早获悉了这场“兄弟阋于墙”的悲惨事件，鲜明地表达了中国共产党人对国民党顽固派发动又一次反共内战的强烈谴责；而对于几个月前才离开皖南、爱人朱晓光仍在那里坚持工作的朱枫来说，它更无异于晴天霹雳了。

尽管国民党御用宣传机构竭力掩盖“事变”的真相，颠倒黑白，掀起一阵阵反共鼓噪，朱枫还是从徐雪寒、华应申那里，从新知书店所发行的进步报刊上陆续知道了发生在皖南山区的这场“国难”的许多真实情况，知道了战斗的惨烈和新四军损失的严重。她最为关心和牵挂的，当然是爱人朱晓光的安危和下落……她的一颗紧悬着的心，从得知消息的第一天起，就飞向那遥远江南的崇山峻岭了——那里的云中杜鹃，那里的满山红叶，此刻都浸透了牺牲者的鲜血，都在呼喊着阵亡战友的姓名吧？朱枫的心，也在时时刻刻地叨念着：

“梅郎，亲爱的梅郎！你在哪里啊？你还活着吗？”

“周爱梅”探监

朱晓光还活着。身为新知书店向皖南新四军供应书刊的负责人，他在1月4日夜开始的部队转移中，随军部教导队政治处的同志们一起行动。雨中的行军艰难而缓慢，7日凌晨遭遇国民党小股部队拦截，打退敌人的进攻后，继续前进。12日下午在离茂林十多里的十井坑，他们又中了敌人的伏击，才发现所有的出路都已被切断。激战中，手持武器的指战员们拼死抵抗，许多人倒了下去，队伍很快被敌人的炮火冲散。晓光是个非战斗人员，又是第一次上战场，毫无经验可言，为了保护自己，只有躲进深山密林昼伏夜行，转了两三天，也没有走出敌人的重围。15日午后，饥渴难忍的他拖着疲惫的身体，趴在山涧边的草丛中低头喝水，被搜山的士兵发现，成了国民党军114师的俘虏。

生性倔强的朱晓光原以为自己"无能"才被俘，羞愤中甚至产生过轻生的念头，但当他被押进山下一座破旧的大祠堂时，惊愕地看到这里竟关满了被俘的同志，有三四百人之多，其中也有不少熟人。大家都知道他是新知书店的，平时叫他"朱老板"，为了保护在外面的书店同志，朱晓光跟难友们约定，隐瞒自己的真实身份，冒充兵站押送员，因为他经常来往于浙皖道上，用的就是兵站副官的名义，把名字也改了，叫"朱志芳"。主意拿定，他的情绪也稳定了许多。

晓光同教导队的三位医护人员杨忠、袁征、陈永福关在一起。已饿了七八天的他，身体非常虚弱，当了俘虏后，一天只分到一碗饭，整日躺在稻草堆里，盘算着怎样才能逃脱出去。几天以后，他们同新四军其他各部的被俘官兵被集中到三溪的国民党军44师师部。晓光在1949年写的那份自传材料中，有一段文字这样写道：

> 该师（指国民党军44师。——引者注）是何应钦嫡系部队，特别野蛮。几天前死在他们枪刺下的同志不知有多少，还挖取我们干部的心去祭他们战死的营团长。此时虽奉命不杀（俘虏），但没有天良的野兽们的虐待是毒辣得不堪设想的。整天的作弄折磨（被俘者），坐得不正就打，一次又一次地检查身上，抢夺衣物，对女同志的无耻轮奸，每天只给一碗稀饭……这一切血的仇恨在同志们心里像海一样越积越深了。复仇的决心激发着革命者的无比英勇，活生生的血的事实是教育人成为坚强不屈（者）最有用

的教材了。我从此越发觉得自己应该对革命有些贡献才值得死去。

此时的晓光还不是一个共产党员，但敌人的凶残和苦难的囚禁生活，就这样严酷地砥砺着一个热血男儿的意志，将他从一个抗日爱国的进步青年淬炼成忠贞不屈的革命战士。

不久，被俘者中的排以上干部，全部移交给宪兵第八团，由东南区派来的特务头子张超统管，押解到浙皖边境的定潭，重新编队为“第三战区集中训练总队军官队”，进行所谓“预备教育”，二十天以后，又被押送去江西上饶。在深渡上船的那天晚上，陈永福趁着看守不备下水逃跑了，后来又有人逃跑，却被宪兵抓了回来打得半死。这使晓光暗下决心，一定要做好充分准备，不能轻举妄动。

到了上饶，全队七百多人被关押在周田、茅家岭、李村、七峰岩等好几个地方，虽然这里打的是“军政训练机关”的幌子，干的却是残酷迫害共产党人和爱国志士的罪恶勾当，四周架设铁丝网，荷枪实弹的宪兵日夜巡逻站岗，负责管理的全都是军统特务。这座规模庞大又集古今中外酷刑之大成的法西斯监牢，便是“皖南事变”之后国民党反动派继续摧残革命力量的人间地狱——上饶集中营。

针对新四军被俘干部的“正式教育”，从1941年春天开始，第一期进行了半年多。被称为“学员”的被俘者们在宪兵的刺刀下打围墙、拉铁丝网、平操场、挖茅坑……繁重的体力劳动、惩罚性的“出操”和“训话”，加上极其恶劣的生活条件，使许多人都得了病。集中营里流行回归热，才十八岁、参加新四军当卫生员还不到一个月就被俘的袁征，也得了此症。当时那位叫杨忠的难友，在朱晓光的支持下已成功越狱逃脱，临走前还嘱托晓光要多关照袁征。二十六岁的晓光为自己还能“关照”别人而感到自豪，没想到很快自己也病倒了，患疟疾打摆子，还生了一身疥疮。他和袁征都被送进了医务所，医官吴元俊看到袁征年纪很轻，又是安徽老乡和同行，因此有意拉拢袁征当自己的助手，对他俩都还不错。有了这层关系，晓光的摆子打完又接着生胃病，拖了三个月还待在医务所里。在这里，晓光不仅免去了“上课”和出操的麻烦，还得了一次难得的通邮机会，他给远在重庆兵工厂当技师的大哥朱曙光写了一封信，告诉他自己在上饶“生病”“很想念家人”，居然瞒过特务们的眼睛，通过吴医生之手寄了出去——就这样，让远在大后方的亲人和桂林新知总店知道了自己的下落。

8月里的一天，在医务所里躺着的朱晓光，突然接到通知：

“朱志芳，快起来，到中队部去，你家里来人了！”

赤脚光头、全身只穿一条脓血斑斑衬裤的朱晓光，拖着沉重的脚步，跟着吆喝他的小特务，向中队部走去。老远就看到平时凶神恶煞的“阎王队长”刘士澄，正满脸堆笑地跟一位穿着体面、打扮入时的女子坐着说话，周围站着一帮看热闹的小特务。身衰体弱的他走近了才看清，那女子不是别人，竟是自己快一年没有见面的爱人朱枫！

晓光的心扑通扑通跳得厉害，见到亲人他又高兴，又担心。暗无天日的集中营与世隔绝，如同鬼门关一般，从来也不允许家属探视。前不久还听说，一个年轻女子被人骗到下周田村来探访坐牢的新四军丈夫，结果亲人没有见到，自己倒连人带物被扣了起来。朱枫是怎么找到这里的，她能够安全离开吗？晓光正这样想的时候，脚已跨进门口，朱枫也看到他了，连忙站直身来招呼：

“这位就是朱先生吗？我姓周，叫周爱梅。家父是你大哥在兵工署的好友。这次我送母亲回宁波老家探亲，你哥嫂托我路过这里，代他们来看望你。”

“我是朱志芳——”晓光会意地接过朱枫的话头，心里踏实了一些，“周小姐路上辛苦了。我大哥和家里的人都还好吗？”

“你重庆家里一切都好，全家人都记挂你。因为路太远又难走，多带东西不方便，也不知道你需要什么，你哥嫂托我带一千元给你，还有一件毛线背心。”朱枫说着，便将手中的毛线背心递给晓光。

晓光接过背心，心里涌起一股暖流，真想一把抱住久别的爱人，可眼前却是一个张牙舞爪的豺狼世界，特务们的目光正贪婪地盯着自己——他们都在看他怎样“收下”周小姐送来的那笔“大钱”呢，对每月关饷只有几十元的特务们来说，“一千元”可是个大捞油水的机会。谁知晓光却对“周爱梅”说：

“我在这里不需要用钱，带来的一千元还是请周小姐捎回去吧。”

“朱志芳啊——”“阎王队长”刘士澄开口了，“看你病歪歪的样子，钱留着买点药和营养品也好啊，怎么会没有用呢？”

“噢，队长说得对，我现在最需要的是药，”晓光知道这家伙不怀好意，便顺着他的口气说，“那就麻烦周小姐回宁波的时候，用这钱代买点治回归热、疟疾的进口药吧……”

朱枫一口答应，说她从宁波返回时一定将药品带来，但仍劝他留下那“一千元”。朱晓光推辞再三，最后只收下五十元，刚接过钱，就转交给刘士澄“代为保存”。“阎王队长”心里憋着气，当着外人的面也不好发作，还是满脸堆笑地收下了。

朱枫走后，特务们便传开了：“朱志芳家里真有钱，一次就给一千元。”“朱志芳为什么放着好日子不过，偏偏要去为共产党‘卖命’呢？”更有人认为，像朱志芳这样的年轻人，是容易劝说“回头”的，不会“顽固到底”，因此对他的态度似乎也有所改变。8月底，第一期“训练”结束后，重新编队的时候，晓光被编进特务们认为有希望“转变”的第一队（又叫“学生队”）中去，但人还住在医务所里。担任第一队指导员的是政工经验丰富、老奸巨猾的中校特务陈国桢。

9月中旬，离上次探监一个月后，朱枫又来了。这次探访，特务们提高了“接待规格”，由陈国桢亲自出面，派一名姓葛的区队副，直接陪朱枫到医务所去看朱晓光，这在上饶集中营里也是破天荒的事。在“周小姐”到来之前，还把晓光睡的地铺也“升格”成了用门板搭起来的“病床”，以示“礼遇”。朱枫仍像上次来时那样穿戴整齐、落落大方，丝毫看不出一点破绽，手提的网篮里装满了药品、奶粉、水果和其他营养品。

医务所负责人吴元俊表现得很热情，叫袁征给客人端茶倒水，自己陪着朱枫和晓光说话，实际上也是在旁边监视，周围还有一群看热闹的大小特务。集中营里的特务，四川籍的不少，喜欢摆“龙门阵”，向“周小姐”问这问那，朱枫也就投其所好，有声有色地讲起抗战时期大后方交通闭塞盗匪横生的严重程度，讲了许多“蜀道之难难于上青天”的生动故事。特务们听得入了神，七嘴八舌地议论起来：要是无钱无势，可别想上重庆。还有人证实说：“三战区最穷，只有邓文仪坐着小卧车去过一次，嘿，真是太不简单了。”邓文仪是蒋介石有名的“十三太保”之一，当时任第三战区政治部主任。

朱枫从网篮里拿出带来的东西交给晓光，其中有一大瓶奎宁（一千粒装）、一部分散装的奎宁丸、“606”针药和疥疮药膏等，晓光二话没说，就将当时这些在集中营里难得一见的药品，全部交给了吴元俊，“请吴医官代为保存”。

“这可是……宝啊！”吴元俊高兴得合不拢嘴。这个不学无术的所谓“医官”，仗着是第三战区中将卢旭的亲戚，平时对谁都不买账，跟队上的特务也有矛盾。晓光把药品送给他“保存”，既名正言顺，也是为了给自己“留一手”。

朱枫临走时，告诉晓光，她当晚就搭去衡阳的夜车。“相见时难别亦难”，亲人之间有多少话要说啊！但碍于各自的“身份”，又是在特务们的眼皮底下，还得装着什么事儿都没有的样子，只能说一般应酬的话，连用眼神来交流一下内心的感情都不允许。能过好这一关，对朱枫和晓光，都真正是“难于上青天”，他俩硬是挺过来了。

住在医务所的病号来自各个中队，朱枫二进集中营，看到她的人就更多了，传的面也更广，各种传说也更神了。一些熟悉晓光和朱枫的同志既为他们高兴，也不无担心，悄悄对晓光说：“不能再来了，再来要出毛病的。”谁知第二天上午，陈国桢又派人来叫晓光，说他家来人正在队部等着。晓光忐忑不安地走了过去，一路上想着各种最坏的可能性，直到走进队部，看见朱枫坐在那里平安无事的样子才放下心来。陈国桢刚让他坐下，外面勤务兵大喊：“报告，请指导员去吃饭。”陈国桢客气地对“周小姐”说了声“你们自己谈吧”，就出去了。显然这是事先安排好的，晓光的心弦还是绷得紧紧的。

“怎么又来了？”他轻声地问朱枫。

“昨夜没赶上火车。今早指导员派人到旅馆找到我，要我以自家人的身份再劝劝你。要你悔过自新，争取早日回重庆去与家人团聚。要你和你哥哥走一条路，为党国尽忠。”

这时，队部里除了朱枫和晓光，再无他人。陈国桢看来确实是吃饭去了，单独留下他俩，当然是为了让“周小姐”做这个可以争取、软化的“学员”的工作。抓住这个难得的机会，夫妻俩轻声谈了起来。满腹的话都想要说给对方听，但他们都警惕“隔墙有耳”，仍装着是初识的陌生人一般，声音时轻时重，有时打手势，有时使眼色，只求达到双方理解就行了。

晓光暗示朱枫：“不能再来了，这里有人认识你。”随即告诉她：不要上特务的当，我绝对不会用“悔过自新”来换取“保释”的；还安慰她要耐心等待，说自己一定会想办法跑出去的，要她把孩子教育好。

听晓光说到这里，朱枫的眼里已闪烁着泪光，但她还是强忍着，绝不能在这个是非之地显示软弱和暴露身份。她咬着嘴唇，向心爱的人点点头，要他保重自己，千万小心。过了二十多分钟，陈国桢回来了。

朱枫马上起身说："指导员，我问过他了，他不是共产党员。他只是出于抗日救国的热情，才参加新四军的。他说，你若不信，他情愿在这里'受训'。"

陈国桢听了有点失望和生气，对"周小姐"只说了一句："那好吧。"

朱枫接着说："还要请指导员今后多照顾了。指导员有机会去重庆，他哥哥一定会好好谢你的。"

晓光被送回医务所后，一直提心吊胆。直到一周后接到朱枫从衡阳火车站发来的明信片才知道她真的走远了，才放下心来。

朱枫三进上饶集中营探监的内情，晓光到后来越狱成功夫妻团圆时才知道。那是朱枫经组织介绍，找到新知书店发起人之一、时任三战区粮食管理处副处长的孙晓村，经孙晓村在上层疏通关系，才特准进集中营探访的。朱枫还告诉晓光，当时说给你一千元，其实是在敌人面前"虚张声势"。

"倘若那天你真要一千元，我还没有带这么多呢。"她笑着对爱人说，"但是我了解你，你是不会要的。"

播种桂林

随着"皖南事变"的发生，国民党反动派掀起的第二次反共高潮在全国迅速蔓延，桂林的革命文化事业也遭到了迫害与摧残。1941年2月下旬，邹韬奋领导的生活书店首先被广西当局勒令"限期停业"，就在书店实行特大廉价向读者做“深情告别”的第三天，荷枪实弹的宪兵队竟以“违抗命令，惑众滋事，破坏治安”为借口闯进店堂，驱逐读者，没收书款，强行查封，还拘留了包括炊事员在内的全体工作人员。紧接着，夏衍主编的《救亡日报》《新华日报》的桂林分销处也被迫停刊和关闭。

面对国民党的倒行逆施，新知书店的负责人徐雪寒、华应申根据上级党组织的指示，分析形势，当机立断，采取了主动灵活、保存实力、减少损失的策略：一、将桂西路上的新知书店门市部有偿转让给由广西建设研究会主办、爱国民主人士陈劭先任社长的桂林文化供应社，并调朱曦光、徐波等一部分新知同人参加该社的工作，实际上是换了一个招牌，让反动派无法下手；二、在与桂西路相邻近的太平路上一个小弄堂里，租赁了一户住房，建立“新知书店桂林办事处”，继续办理批发和邮购书刊的业务；三、华应申携带资金去上海，加强书店在“孤岛”的工作，桂林的工作交给沈静芷负责。二十六岁的“新知老人”沈静芷，十六岁在上海投身救亡运动，武汉时期加入新知，1939年年底从贵阳调来桂林，任新知、生活、文化供应社三家合办的西南印刷厂厂长，工作开展非常得力。此时，他仍以印刷厂厂长的身份对外，实际上是新知书店在桂林的总店经理。

朱枫和许静、吴康宁、石立程、陈曾夷、刘玉兰六人留在了太平路上的办事处工作。这个不显眼的“办事处”，在金华、衡阳、昆明、贵阳等地的新知分店相继遭破坏后，成为除陪都重庆外国统区内唯一以新知名义存在的据点。1941年夏天，周恩来副主席从重庆派张纪恩到桂林来了解党组织和进步人士的情况，就是通过这里同沈静芷接上头的。而后，沈静芷两度赴重庆向周恩来汇报桂林地区党的出版工作。在曾家岩50号二楼，周恩来亲切地问询新知、生活、读书三家革命书店留在桂林的干部的安全情况，当时他已预见到湘桂一线的国民党军仍将节节败退，因此对桂林地区的出版机构如何坚持斗争和部署后撤等问题，一一做了周详的指示。周恩来既严肃又风趣地对沈静芷说：

"撤退，是军队的家常便饭，临到你们搞书店的，就不那么简单了。你们都是有家当的，舍不得瓶瓶罐罐——当然，这些都是党的资产，不能随便丢，但主要是人，是干部和群众。安全转移和保存了他们，一切都好办了。依我看，到时候你们是不是兵分两路：一路从陆路向西撤，到重庆来赶热闹，配合主力；另一路，从水路向桂东撤，那边是山地，有十万大山，是打游击的好地方，必要时，组织当地人民干它一家伙。要不要颁发一个书店纵队的番号？"

说到这里，周副主席那双浓眉下的眼睛显得分外有神，语气也加重了：

"静芷同志，请你回去告诉大家，要吸取1938年湖南长沙大火撤退时的严重教训，提高警惕，事先做好一切准备。无论后撤还是留守，书店的工作都非常重要，你们是在撒革命的文化火种！"

沈静芷把周恩来的指示带回桂林，向党组织汇报并向书店的同志们做了传达。此时，苏德战争和太平洋战争已相继爆发，国内外形势都非常严峻，时刻关心着时局、早已将个人命运同民族解放事业联系在一起的朱枫，听了这来自革命营垒的亲切指示和谆谆教导，更加坚定了抗战的意志和必胜的决心。

在新知书店桂林办事处这个只有六个人组成的"紧凑的班子"里，1938年从陕北公学结业、1939年经桂林八路军办事处介绍加入新知书店的年轻共产党员许静是负责人，他和妻子吴康宁在几十年后回忆起当年的工作与生活，对六人中年纪最大的朱枫，充满了敬意和感激之情，称她是"我们的主心骨"，因为"她以其爽朗的性格，诚挚

许静和吴康宁夫妇

的态度和干练的作风而赢得大家的尊敬，大家亲切地称她为朱大姐”。

他们所写的《缅怀朱枫烈士》一文中，有这样两段文字谈到“她把全身心都倾注在革命的事业里”和“对同志的极端热忱”：

> 大姐当时主管邮购出纳。在白色恐怖下，买进步书刊既困难又危险，但读者如饥似渴，纷纷写信来桂林邮购。大姐从不把邮购看成单纯的买和卖，而是从传播革命种子的高度来对待，因而做得十分的细致、认真、严肃。她在两联的邮购发票下另垫一张衬纸来复写，再将衬纸按人头分户，不时从分户的衬纸中系统地了解、分析该户读者的阅读范围、爱好、深度，有针对性地向其介绍、推荐相应的新书和好书。对爱好文艺的，她介绍茅盾、巴金和鲁迅的著作，读社会科学的她介绍艾思奇、胡绳、沈志远、米丁等人的著作。她以报道消息、介绍新书的形式，有步骤地引导读者提高其阅读的层次和范围，使之接触、接受革命的思想和理论。大姐在这方面做了大量有效的工作，也不断受到读者热情的赞扬和感谢，称她“送来了明灯”；有的提出阅读中的问题，向她请教，称她枫先生、枫老师，甚至有称她枫同志的。“同志”

二字现在习以为常，但在当时既充满亲切友爱，也很具危险性。写信是邮购的一项浩繁的工作，既要周到、贴切、诚挚，又要防止落下任何政治的把柄。大姐在这方面处理得老练，叫人叹服。她不仅注意复信的内容，即连用字和选词也都仔细斟酌；为解答问题还不时翻阅参考书，忙碌紧张，夜以继日地干，她成为读者信任的朋友。直到现在，在我们的眼帘里还能闪现出当年大姐在那潮湿的办公室、暗淡的豆油灯下，边以蒲扇驱赶蚊虫，边为读者复信的十分动人的情景。

…………

办事处的处境艰困和险恶是可以想象的。唯其如此，大家就团结得更紧。它既是一个战斗的集体，也似一个温馨和谐的家庭。此中，大姐发挥了最大的作用。她确如家中主事的大姐姐，热情地关怀着我们每一个人，谁有困难她都千方百计地帮助，陈曾夷同志年龄最小，身体也单薄，大姐经常买一些鸡蛋之类的营养品送给他，督促他锻炼身体（曾夷同志在办事处结束后染病，因政治环境恶劣，医疗条件差，还不到二十岁就不幸去世了）；炊事员刘兰玉同志家境困难，大姐也主动接济他，后来他的女儿由乡下来桂生产，大姐忙着带她去检查身体，交涉医院接生；我们生了孩子，既无奶水，又无育儿的经验，非常狼狈。大姐慷慨地赠送奶粉和炼乳给我们，这些在当时的桂林是十分昂贵的珍品。大姐看到康宁产后很虚弱，便主动地提出由她来喂养一段时间，我们不忍再麻烦大姐，才没敢应允。但她那种关心别人更胜于自己的精神，我们每忆及此，都不禁非常感奋，不能自已。

几乎每一个同朱枫接触过或共过事的人，都对她为人的热忱和办事的认真留下了深刻的印象。2001年12月，本书作者在北京清河二炮

徐波老人

干休所采访年近八旬的徐波老人，这位抗战烽火中走进革命行列的湖南女中学生，在1941年3月桂林新知书店做紧急安排之前，就同朱枫一起在书店邮购科工作，谈起朱大姐，她依然抑制不住内心的激动：

我和朱大姐共同工作的时期，是大后方白色恐怖逐渐弥漫、紧张的年月，随着全国政治形势恶化，我们邮购科的工作越来越繁忙，往往一天要收到几十封读者来信。每封信要经过拆阅、登记、配书、计价、查卡、登卡、复信、邮寄八个环节。朱大姐勤于工作，从不浪费一点时间。“江作青罗带，山如碧玉簪”，我至今还记得她给我背诵过唐代文学家韩愈赞美桂林山水的诗句，可她自己从来不游山玩水，连“跑警报”的片刻也不得空闲。

每当独秀峰上挂一个灯笼，是预示敌机要来侵袭的信号，可她基本上不躲避，照常工作；有时也出去，却带着许多读者来信在大树下拆阅，唯恐时间偷偷地溜跑了。有一次，独秀峰上挂了两个灯笼，预告敌机要进入市区上空，她没有看见，听到敌机的声音才向七星岩跑。洞里人山人海，这个洞有上海跑马厅那么大，大家都挤在岩洞深处水旁边，朱大姐非常沉着，躲在洞外面的角落里，眼看着敌机在七星岩上空盘旋、扫射，大约半小时解除了警报。我们回来时，看到大树下横尸三四具，许多房子被炸毁，她才说了声“好险呀”……

1940年冬天，白色恐怖愈来愈严重，新知书店被查禁的书很多，以新知书店名义寄出的印刷品，读者普遍反映没收到。正在困难关头，欧阳晶同志拿来许多配套图书，要求邮购科设法推销，其中有刚出版就被查禁的初版书，都是读者迫切需要而不易买到的，朱大姐看了喜出望外，她毫不犹豫地在邮包上写上“朱枫寄”三字，以逃避官方邮检，效果果然不错。从此只要看到大姐那苍劲而隽秀的笔迹，不论你改换什么姓名寄出，读者都知道是新知书店寄来的。有位读者来信要求代购《论共产党》，邮购科没有，进货的同志反映各书店门市部都没有。朱大姐从容不迫地跑到《新华日报》门市部买了一本，唯恐读者收不到，又用“谌之”的名字寄出去，读者非常感谢她送来了及时雨。

桂林时期的同事们在回忆往事时，还提到朱枫对自己的严格要求、她的勤奋好学和生活俭朴。同在太平路办事处工作的石立程回忆说：“书店每天收到的邮购信件很多，朱大姐一人担起了这项工作。虽然她处理工作的效率非常高，但她还是每天黎明即起，待到大家吃罢早饭上班时，她已处理了大批读者的来信。我们也常常利用晚上和她一起配书、结算账目、打邮包，有时忙到很晚，她总是一丝不苟，紧张愉快地工作着。为了对付反动派在邮局设卡查扣，她还亲自去邮局找收寄邮包的人员做工作，约定投寄时间，避开检查，力争为读者多寄一些图书。”前面提到的许静、吴康宁的纪念文章中，也记录了朱枫在这段时日里为艰苦斗争所锻炼和激发出来的革命者的风采：

> 大姐的爱人朱晓光同志在皖南事变后被囚在上饶集中营，他们不大的孩子则留在浙江，作为一个热爱丈夫的妻子和战友、一个慈爱的母亲，处在那样的政治形势和个人境遇中，她的心情是可以想象得到的。但她以一个革命者的坚定性控制着自己，在紧张的工作之余，抓紧一切时间学习。她从《新华日报》上学形势，从《社会科学教程》中学习马列，还向杨承芳同志学习英语，刮风下雨，寒天酷暑，从不间断。大姐在求知领域里是个不知疲倦的人。她的书法特好，苍劲而端丽，不少人请她写条幅。对于诗词，大姐也有颇深的造诣，可惜由于战乱未能留下一些足资纪念的珍品。
>
> 大姐的生活很朴素，她经常穿的是灰布的短装，有时也穿蓝布的旗袍。不论长装或是短装，总显示出整洁、朴素和落落大方。无论在生活、工作或是待人接物中，也都能让人感到她那爽朗、诚恳、利落的特性，充满了活力和生气。

1942年夏天，也就是朱枫化名“周爱梅”进上饶集中营探望爱人晓光大约一年之后，一个不速之客走进了桂林太平路20号的新知书店办事处。正在办公桌前处理读者来信的朱枫，抬头认出了这个风尘仆仆在门外张望的陌生青年，是她去年“探监”时在朱晓光所住医务所里为她端茶倒水的那个“医护”、名叫袁征的难友。

朱枫赶忙站起来，迎上前去，招呼远来的客人：

“你是袁先生吧？路上辛苦了。”

袁征的脸上露出了惊讶之色，因为眼前的朱枫已毫无去年探监时那种“阔太太”的打扮和派头，而是身穿工装裤、剪着短发，像个普通的女工，完全换了个人似的。

没等来人反应过来，朱枫就悄声对他说：“这里说话不方便，我带你出去走走。”

原来在此之前，朱枫已获悉晓光和袁征于这年春天冒险越狱成功，翻山越岭跑了几百里路，到了当时流亡在浙江云和的家中隐蔽起来。晓光从那里写信给远在桂林的朱枫，同新知总店取得了联系。总店立即给他寄了一笔路费，让他到桂林来归队。谁知日寇进攻浙赣，银行迁移，汇款又退回到原地。晓光没有法子，跟老母陈玉、嫂子陈宜商量，变卖家中的几件衣物凑了点钱，让袁征一人先来桂林跟朱枫接头。

到了外面行人稀少的环湖路上，朱枫才告诉袁征：办事处的隔壁就住着国民党的特务，袁征是从上饶集中营逃出来的，是国民党要抓回去的人，身份绝对不能暴露。她已经安排好，让他暂时住在晓光哥哥朱曦光当经理的远方书店里——远方书店是新知人为对付国民党的迫害而建立的“二线”出版机构，也在桂西路附近的一条小街上，地点比较偏僻，不容易引起别人的注意。

他们装着散步的样子，边走边谈。朱枫迫不及待地向袁征打听云和家中的情况。浙赣战事吃紧后，云和这座小山城骤然间成了战时省会，曾在上饶集中营驻扎过的宪兵第八团二连也从温州调来。晓光为安全起见，带着家人去山里躲避，生活当然是十分清苦的，不过，大人和孩子们的身体还好，都盼着朱枫早日来接应。

朱枫多么想立刻赶回去同亲人和孩子们团聚啊！一年前，她只身前往上饶集中营探监的时候，曾回云和一趟看望家人，不满三周岁的湘虎怯生生地看着她，跟着陈宜的大儿子——四岁的朱晖一起叫“婆婆”，心里真不是滋味。湘虎自幼由朱英和陈宜抚养，早已把陈宜认作亲妈、晖儿当作亲哥了。看着儿子虎头虎脑的样子，朱枫打从心底里疼爱，抱着儿子亲了又亲，久久舍不得放下。但想到自己长年奔波在外，晓光又身陷囹圄，至今不能尽一个母亲的责任，亲热地喊一声“儿子”都不可能！只有把这份疼爱连同满心的无奈与愧疚深深地埋在心底……而此刻，千山万水的阻隔、白色恐怖的笼罩，更让身在革命工作岗位上的她把个人和家庭的事情搁在一边了。

袁征被朱枫领到朱曦光那里安顿下来。此时的“远方”，住着不少来自各地的文化人，他们有的是书店的编辑，有的是党组织临时安排的隐蔽对象。袁征那年才十九岁，说话带皖西口音，大家都亲热地跟着朱枫叫他“安徽小老弟”。朱枫临走时向袁征交代：

“桂林的政治情况复杂，你在这里看看书，不要外出。我先给你找个工作，将来有机会再让你去学校读书。”

没过几天，朱枫就在桂林市郊苏桥给这位“安徽小老弟”联系到黔桂铁路员工子弟小学教师的职位。她带来一封工作介绍信，叫袁征自己取一个化名填在那上面。袁征想到他正在读的一本书上有“漠漠水田飞白鹭，阴阴夏木啭黄鹂”这两句唐诗，恰似他在云和乡间避难时所见到的自然环境的写照，是值得他永久记忆和怀念的，便确定以王维这诗句中的第一个字为名，在那份介绍信上填了“蔡漠”二字。

“从那时起，这个名字我一直用了六十多年。如今我已到了耄耋之龄，还经常由这个名字而思念起朱枫同志，想起在云和、桂林那段难忘的旅程。”

2003年早春，在南京山西路山西南村蔡漠老人的家里，我见到了这位有着丰富人生阅历的高级美术工艺师。他向我谈起他同朱晓光一起逃出上饶集中营的艰辛往事，谈到在桂林得到朱枫的关心和帮助，对这位革命大姐的热诚难以忘怀。他还谈到在苏桥做了一段时间小学教师之后，由于朱枫大姐的鼓励，他才去报考了在四川的艺术专科学校。临别前，他将一张粉绿色的卡纸交给朱枫，请大姐为他题词留

老年蔡漠（袁征）回忆往事历历在目

念，朱枫很乐意地写了几句话，大意是：“要努力学习，将来才能有所贡献……在惊涛骇浪中奋勇前进。”

“这张指引我前进的绿卡纸，在抗日战争的烽火中我都保存下来了，直至1949年前夕因生活无着、东奔西走，才不知失落何方。但多少年来，每逢用绿色卡纸作画时，我就会想到朱枫同志，心中会涌起对她的无限思念。”

“护法韦驮”

1942年秋天，朱枫在征得新知书店领导同意后，安排好在桂林办事处的工作，归心似箭地奔赴浙南山区。她千里迢迢赶到小城云和，由朱英领路，步行到距县城十五里外的五岱洋大山中，同等候在那里的晓光和家人团聚了。

朱枫抱着湘虎（朱明）在云和

亲人见面有说不完的话，促膝相谈间也不用担心牢房里的戒备森严和特务们的厉声吆喝了。晓光流着泪对朱枫说："如果没有你的营救，我早已在下周田村的铁丝网里做了冤鬼了！那里不知病死、害死了多少好同志！这条命可是你从死神手里捡回来的呀……"

他告诉朱枫，一年前她带进上饶集中营的那批药品，不仅治好了自己身上久治不愈的疥疮和胃病、阻挡了疟疾和回归热对他的侵袭，还在逃脱虎口的关键时刻帮了大忙："你还记得给我治病的那个吴医官吗？那是个既贪婪又愚蠢的家伙，多亏他手伸得长，喜欢揩油，你走后没有多久，他看到市场上的进口药品奇贵，便将那一大瓶美国奎宁丸变卖了，狠捞了一把，但这事瞒不过当他下手的袁征，他也知道我们关系不错，怕我追问起来或告到同他有矛盾的特务上司那儿，面子上难看，便塞给我几十块零钱堵嘴，说是为了让我买营养品才卖那瓶药的。他做梦也没有想到，我和袁征就靠了这点钱当'盘缠'，才有力气跨省越界，穿村过店，苦挨了十来天。要不然，不饿死、累死，也给他们逮回去了。”

晓光倒抽一口冷气，望着朱枫继续说道：“我们是4月里一个风雨天的晚上跑出来的，趁吴元俊去大队部打牌的时候，偷了他抽屉里的分省地图和出门证，还‘借’了他的雨伞、衣服和鞋子——哈，也算是他亏欠了我这个‘学员’该抵的债吧……”最后这句话说得夫妻俩破涕而笑。

比晓光大十一岁的朱枫，此时也向久别的爱人倾诉两年来的相思之苦。她说，皖南惨案发生的消息刚传到桂林的时候，她心急如焚，寝食难安，时刻牵挂着晓光的安危。后来，她从《新华日报》和《皖南事变真相》等报刊和书籍中了解到，这场震惊中外的流血事变赤裸裸地暴露了国民党反共、反人民的本性，真正的革命者绝不能被反动派的气势汹汹所吓倒；“黑暗是暂时的，光明一定会到来”——徐雪寒在新知同人每月举办的时事学习会上说的这句话，给了朱枫很大的勇气，让她认识到眼前的逆境也是对自己革命意志的一种考验，所以她竭力拼命多做工作，来排遣对爱人的担忧和思念、缓解内心的痛苦与焦灼。只有在晚上独自一人的时候，她才会情不自禁地哼起当时流行的《挽歌》，那是一首追悼牺牲战友的歌，曲调低沉又悲凉，在重复连唱的段落里，有这样一句动人的歌词：

…………

死了你，是我们永远的创伤！

朱枫忍不住在晓光的耳边轻声唱起来，忧伤和哀婉的深情在相逢的这一刻，都化成了爱人间的欢愉和甜蜜。从1937年冬天他们结伴离开镇海家乡以来，牵手相恋的流亡生活、志同道合的并肩奋斗、生离死别的巨大考验，让两颗本来是不可能“撞击火花”的心灵，竟在国破家亡的动荡年代里不仅走到了一起，而且萌动和绽放出如此不寻常的爱的花朵，结出了浸透着岁月悲欢和甘苦自知的生命之果。

晓光回想起他从少年时代就得到朱枫的帮助，在救亡运动和参加新知书店的工作中，朱枫一直是他最坚定的同志、战友和支持者，十几岁就离家在上海滩打拼的苦孩子，对于这位端庄、善良又热忱的长辈和恋人所怀抱的情感里，也许还掺杂着一种难以表达的“俄狄浦斯情结”。望着朱枫因长途劳顿而略显疲惫和消瘦的面容，晓光想起他在集中营中队部看到的“周爱梅”一身时髦打扮、谈笑风生地同特务们周旋的形象，如今她又从桂林山水间穿云破雾而来“接应”自己和家人了！晓光心头涌起一股暖流，拥着紧靠在他肩头的朱枫说：

“谌之，有时候，我真觉得你是上天派来为我‘护法’的韦驮菩萨呢！”

“好啊，我要是‘菩萨’，早把你救出苦海啦，何必再受今天的这个罪呢！”

的确，眼前的现实仍然是严峻的。晓光不能在云和久留，去桂林要先经过赣州，就得穿越有宪兵八团把守和特务岗哨林立的第三战区的公路线，因此十分危险，而且这回是大人、小孩一起走。晓光、朱枫，还有陈宜和另外一个亲戚，带着哑女、湘虎和陈宜的两个孩子，全家八口人，像当年他们扶老携幼仓皇离家，从东南到中南，再从湘西到浙西，在南中国辽阔的腹地上来回奔波，此刻又一次踏上了山环水转、危机四伏的烽火征途。

他们不敢走近路、闯大道，而是抄小路、走远道，从浙江龙泉，南下福建龙岩、建阳，绕道闽西、广东，经韶关，再乘火车去桂林。可是才走到龙岩，晓光就病了，病得很厉害，想是在集中营和越狱时拖累下来的寒热，一时也走不了。商量的结果是，让陈宜和那位亲戚两个大人同孩子们先上路，朱枫留下来照看晓光，待他病好后再动身。

朱枫陪着晓光暂住在龙岩县郊的一户农舍里，不敢去县医院看病怕暴露目标，只好请乡间郎中抓了些中药，但服了几剂仍不见好。就在朱枫急得走投无路的时候，“奇迹”出现了：一天，她在龙岩城外的山路旁，看到裸露的岩壁上有两行用草木灰拌和着土墨汁刷写的、斗大字迹的宣传标语：

驱逐日寇，保卫祖国，解放台湾！
伟大的中华民族解放战争万岁！

标语下面的署名是“台湾义勇队”和“台湾少年团”。

像见到久别的亲人似的，朱枫的眼前亮起了希望。她知道女儿朱倬所在的抗日队伍已经来到了龙岩，就在她身边！对于一个做母亲的人来说，还有什么是比这更大的喜讯呢？果然，她循着这路上的标语，向老乡们打听，很快找到了李友邦所带领的义勇队和“台少团”，看到了她两年不见的女儿，还有李友邦和夫人严秀峰，以及潘超、张锡音几位担任辅导员的朋友。

朱倬个儿长高了不少，一身戎装，只有圆圆的脸上还透露着稚气。李友邦特地将她叫到队部来跟妈妈会面。在场的李友邦夫人、同是浙江人也是女学生出身的严秀峰，对朱枫夸奖道：

“朱大姐，你这个女儿很有出息呀，军训、宣传，样样走在前头；你在大街上看到的抗日标语，就是她领着小伙伴们写的。朱倬，把你发表在《台湾先锋》上的作文给妈妈看看。”

朱倬腼腆地递给妈妈一份李团长主编的铅印杂志，那上面有朱倬参加街头演讲的消息，还有她写的作文，题目是《我可爱的家乡台

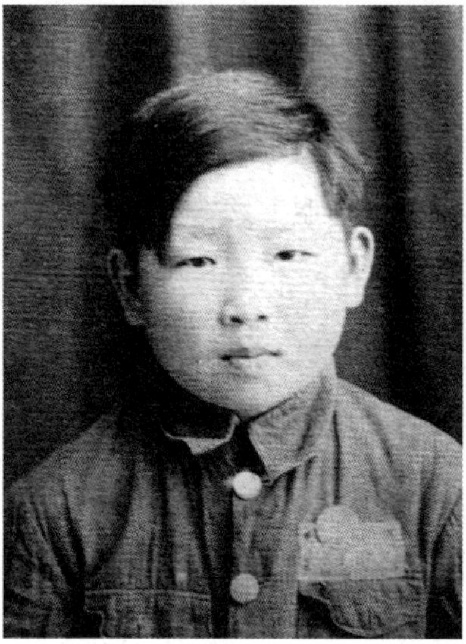

“女儿长大了”——台少团小战士朱倬（朱晓枫）

湾》。朱倬虽然不是台湾同胞的孩子，也像其他台湾籍同学一样，痛说台湾美丽的山川长期受日本帝国主义侵占、台湾人民过着亡国奴的悲惨生活，发誓一定要团结起来把日本鬼子赶走，解放祖国的宝岛。文章最后说：“要打回老家去，让大陆的小朋友们也能吃上台湾糖！”

朱枫抚摸着女儿圆圆的脸庞，高兴又感激地对李友邦说：“这都是您和‘少年团’的老师们花的心血呀……”她想起她在皖南新四军军部教导大队所接触的那些年轻女兵来，深为自己两年前为女儿做出的抉择而感到庆幸。

朱枫知道李友邦是坚定的抗日将领和爱国志士，对国民党制造摩擦和镇压革命力量的反动政策一贯不满，因此也向他讲了朱晓光“越狱”后生病在龙岩的现况，李友邦不但亲自去看望卧病的晓光，还请来设在附近的“台湾医院”的医生来为他诊治，到底是他们的医术高明，晓光的病体也渐渐康复了。

冬去春来，滞留多日的朱枫、晓光夫妇又匆匆赶路了。1943年漓江边的桃花盛开的时候，曦光、陈宜一家人和湘虎在桂林远方书店的“家”中迎接他俩，迎候的亲人中唯独没有聋哑女儿奉珍的身影。陈宜悲痛地告诉朱枫：这个自朱枫去皖南后就孤僻、郁郁寡欢的孩子，在来桂林的路上咳嗽、发烧，拖了一段时间，抵桂后送进医院，诊断是急性肺炎，已经没治了。因奉珍的早夭，朱枫又想起前不久在龙岩同朱倬的分手，更加怀念留在东南前线的女儿了。

陈宜参加了远方书店的工作，朱枫仍然将湘虎托付给这位比母亲还亲的“妈妈”。晓光没有在桂林住多久，因为桂林的形势也一天天紧张起来，而且这里离第三战区并不远，被人发现和遭拘捕的危险性还存在，为防万一，总店决定将他调到重庆去，那里朋友多，彼此好照应。与此同时，朱枫也在沈静芷的安排下调离桂林，到总店在重庆新开办的一个副业机构去工作。

1943年初夏，夫妇俩又开始转移，那时去重庆的路并不好走，多亏在贵阳的一位镇海籍朋友张启宗的关照，为他们联系了一辆搭乘的便车。到贵阳的时候，张启宗兄弟还陪同朱枫、晓光去花溪风景区游览并拍了照片——这是朱枫和晓光在抗战八年中一帧难得的合影，虽然是一张四人的“集体照”，而且他俩都还戴着墨镜，但依然清晰可见高原的阳光映照着他们在迢遥途程上片刻的安宁和舒心的笑容。

告别张氏兄弟后，这对伉俪风尘仆仆地来到了嘉陵江和长江交汇处早已成为陪都的山城重庆。

雾重庆的星光

从朝天门码头往西走，不远有一条跟通往闹市区的临江路搭界的民主路。这条路在抗战时期是有名的“书业街”，新知、生活、读书三家革命书店和新华日报社的营业部都在这条街上，它们的存在、发

朱枫、朱晓光（左二）和张启宗弟兄在贵阳游花溪

展以及所遭受到的种种挫折，给日益加紧法西斯化的“国统区”政治中心，增添了一道奇特而又引人注目的“风景”。

早在1938年新知书店撤离武汉以后，徐雪寒就亲自来重庆设立新知书店驻渝办事处，借了读书出版社在武库街的一间房，放了两张办公桌，就挂起了牌子，条件非常简陋。后来租到民生路182号的店面，新知书店重庆分店才得以开张，1940年5月又迁到马路对面的183号新址，扩大了店堂，也增添了人手。重庆新知在周恩来的亲切关怀、中共南方局和重庆“八办”的直接领导下，又有在“雾都”的众多进步文化人和文化单位的支持，因此出版与发行业务发展很快，继续坚持以社会科学类书籍为主的出版路线，重印了《经济学》、《共产党宣言》、《论持久战》、延安《解放》周刊等革命书刊，还组织译介了《夏伯阳》《时间呀，前进！》《彼得大帝》等一批外国文学作品；为配合当时话剧界开展的活动，还出版了斯坦尼斯拉夫斯基的《演员的自我修养》、剧本《祖国在召唤》。由上海远方书店（也是新知的二

重庆民生路上的新知书店

线机构）出版的苏联小说《钢铁是怎样炼成的》，一上架就受到大后方广大读者，特别是进步青年的欢迎与喜爱。与新知书店的门庭若市相比，同一条街上的国民党办的中国文化服务社、正中书店，则是冷冷清清，少有问津者，自然引起原本就视它为眼中钉的敌对势力的忌恨。

皖南事变以后，国民党反动派更加公开地推行反共、反民主的文化专制主义政策，各地的新知书店都被迫停业或“改头换面”，重庆分店也发生了共产党员陈克被重庆警备司令部扣押、特务骚扰店堂以查禁书为名恐吓读者的事件，书店的日常经营受到了很大的影响，书源和财源都成了问题。为了摆脱经济上的困境，在中共南方局的支持下，由重庆“八办”贷给了新知一笔款项，在新知书店的斜对面开办了一家“珠江食品店”。“八办”介绍了一位广东籍的梁海云同志来当经理，他以海外归侨的身份向当局登记，食品店专营广东味，卖芝麻

岳中俊

糊、杏仁露、赤豆粥、炖鸡盅、盖浇饭等大众化食品。开店需要一位专职会计和内当家，恰好此时总店要把朱晓光调来重庆，为了照顾他和朱枫的关系，也因为朱枫在桂林办事处的出色表现，总店经理沈静芷才向重庆分店的负责人岳中俊推荐了“朱大姐”。其实，岳中俊早就认识朱枫夫妇，当年怀有身孕的朱枫和一家人流亡到湖南常德，曾借住在华应申一位同事的乡下家里，这位同事就是岳中俊。几年不见又在重庆相逢，战友间的情谊又因这段患难之交而增添了一层。

朱枫在珠江食品店安顿下来，全身心地投入了新的工作。店址处于民生路来往人多的地段，经营又有特色，服务态度也好，生意相当兴隆。尤其是夏天，营业时间长，广东风味的小吃特别受顾客欢迎，生意更忙碌。“珠江”职工多从书店系统调来，大家精诚团结，有活抢着干，最忙的时候，梁经理亲自下厨房当大师傅，朱枫在主管财务和内勤的同时，也做“堂倌”跑里跑外。像在桂林时代一样，她从不计较职位的高低和个人的得失，常常是别人都下班了，自己还在灯下打算盘、做账，工作到深夜。他们起早摸黑地辛勤创业，在新知书店经济最拮据的日子里，保证每天提供一千元法币的支持，为坚守党的这个革命文化前哨阵地立下了汗马功劳。“新知老人”、一位名叫张式基的同志在1992年所写的《重庆新知书店散记》中回忆说：

> ……珠江食品店开业了，书店一有难过的关口，珠江就来支援。有时是珠江打烊以后他们把钱送来，有时（我们）干脆到那里去坐等他们打烊结账。我至今还记得朱枫大姐那和蔼亲切的面貌，一口广东官话的老梁那诙谐乐观的样子。

“珠江”占临街的一座小楼，楼下是厨房和店堂，摆十张餐桌，三楼是办公室和职工宿舍。二楼设有一个“雅座”，这里闹中取静，进出方便，每有重要的客人来就延请上楼，也可以在此约人谈话、聚会，因此它成了当年中南局和“八办”不少负责同志在分管文化、宣传和统战工作中的一个重要联络点。徐冰、陈家康、龙飞虎和《新华日报》的徐君曼等，都是这里的常客，他们在这里边就餐，边听取汇报、商讨工作和传达上级指示。这里气氛轻松、环境隐蔽又安全，更重要的是有像老梁、朱枫这样一批忠诚卫士的通风报信和打掩护。所以有关朱枫在珠江食品店这段时期的回忆文章里，有同志将她比作《沙家浜》中那个“铜壶煮三江”“笑迎八方客”的春来茶馆老板娘，誉之为“重庆阿庆嫂”——就新知书店在40年代初雾重庆的战斗历程来说，此言也并不为过。

为应付和对抗国民党政府的苛捐杂税，会计工作中不得不做对内和对外的两本账。有一次，税务局的查税员刁难“珠江”，以记账不实和多收少记为理由放出风来，要罚交营业税款一万五千元，如果不交就要抓人。老梁和朱枫商量，一个装红脸、一个演白脸，同国民党官员展开斗勇斗智。先是由朱枫出面，拿着她一手记得清清爽爽的对外账本和纳税单，去税务局据理力争，绝不示弱；继而梁经理通过店内职工刘建华的社会关系，找人疏通，搭了几顿饭钱，终于化险为夷。由于全店上下一心、平时保密工作做得好，从开张之日直到几年后食品店关门，反动派也没有弄清“珠江”的背景和它同新知的隶属关系，自然也就查不出这个“红色钱柜”的来龙去脉了。

还有一次，一个身份不明的顾客在店堂里滋事，说是从粥碗里发现了一块鸡脚上的指甲，借此大吵大闹，说“珠江”有亲共分子“下毒”“搞破坏”“危害首都治安”。此人的肆意挑衅，惹火了店里的两个男职工，正在争执不下时，朱枫从会计室里走出来，了解了事情经过，看到对方来者不善，为了彻底揭露和粉碎他的造谣生事、捍卫食品店的声誉，她冷静果断地决定将那碗“有问题的鸡粥”送到附近医院去化验。没多久，“此粥不含任何毒素”的化验结果出来了，朱枫当着围观群众的面做了宣布，那位居心不良的闹事者才灰溜溜地走了。

朱晓光刚到重庆，即通过沈静芷的介绍，去了曾家岩50号的“周公馆”，踏进他向往已久的中共中央驻渝办事处的大门。接待他的周恩来秘书龙潜同志看到他的介绍信，知道他是从上饶集中营里越狱出来的，又经过了千辛万苦才回到组织身边，热情地握着他的手说：

“晓光同志，你回到家了！”

龙潜的一句话，说得晓光心里暖烘烘的。几年来的苦挨与奔波，不就是为了“回家”的这一天吗？从上海滩当学徒、做练习生，到投身救亡运动，从武汉加入新知到辗转敌后根据地建立皖南随军书店，他以一颗年轻、火热的心追求进步、拥抱光明，在艰苦的工作与斗争中学习、成长，在生死荣辱的紧急关头经受锻炼和考验……这一切都使他认识到，只有在中国共产党所领导的民族解放和人民革命事业中，才有他个人的出路和家庭的幸福。因此，他向龙潜同志提出加入党组织的要求，并希望能够到延安去学习，真正成为一名合格的革命战士。

龙潜留晓光在曾家岩住了六天五夜，要他将在皖南事变和上饶集中营的经历写出书面报告，并在“家”中好好休息一下。离开曾家岩的时候，龙潜同晓光谈了话，告诉他关于入党问题，鉴于目前形势，中央已有在大后方暂时不发展党组织的决定，希望他能以鲁迅先生为榜样，做一个“党外布尔什维克”，继续为革命多做工作。龙潜还告诉他：“八办”已跟新知书店联系，书店决定调晓光去位于重庆上清寺的亚美图书社（新知的二线书店）当代理经理，因此他还得在重庆隐蔽和坚持一段时间；去延安学习的事情，因当时国共两党关系恶化，路上的安全难保，一时不能派车，要他耐心等待，有适当的机会再通知他。

晓光在“亚美”工作了好几个月，上清寺处于国民党军政机关的心脏地带，情况非常复杂，军警、特务常来书店走动、骚扰。晓光怕暴露自己“有问题”的身份，行动非常谨慎，而书店的实际负责人、共产党员欧阳文彬是位年纪很轻的女同志，有些挠头之事还得靠他这个男经理出面。例如，税务局来找麻烦的时候，只有晓光去对付，晓光闯荡江湖已久，三杯酒下肚，就能让刚才还气势汹汹的税务检察官同他称兄道弟，还借酒大发牢骚，叹一通当检查员的苦经，再麻烦的事情也就此了结。

重庆多雾，冬天阴冷，政治气候又是那样恶劣。晓光的胃病复发了，他住到乡下去养病。病稍好后，准备回“亚美”工作，突然接到欧阳文彬的通知，说国民党的军事委员会正派人调查他，此刻不宜回店。晓光写信给龙潜，希望他设法，不知何故，龙潜没有回信，而沈静芷此时已回桂林，也联系不上。晓光和朱枫商量后，向重庆新知的负责人岳中俊请示，是否离开重庆，以避开反动派的追查。岳中俊告诉他们，随着抗战形势的变化，新知书店在大后方和全国的工作重点，也在做新的部署。两年前到上海和苏北根据地的徐雪寒和华应申同志，有信来跟重庆方面商量，必要时可调一部分新知干部到上海和苏北去。岳中俊说：

“上海、江浙，是你们的老家，雪寒、应申也最了解你们，他们一定会欢迎你们‘杀’回去的。想当年我一心想去延安，雪寒同志要我留在重庆工作，说‘革命工作俯拾皆是’。我牢记他这句意味深长的话。晓光同志、朱大姐，我也把这句话当作临别赠言，送给你们！”

岳中俊的话，真是掷地有声，像拨开眼前迷雾似的，让晓光看到他脚下的道路，鼓起勇气，去迎接新的挑战。

朱枫准备离开珠江食品店，老梁和全店职工都舍不得她走，表现出依依惜别之情。她向接班的杨瑛同志移交会计工作时，非常细心地逐件逐项做了详尽交代；在人事关系上，从厨师、店堂服务员，到勤杂人员，每人的政治面貌、性格特点甚至爱好，也都做了全面介绍。她还再三叮嘱杨瑛，任何情况下，每天都要保证完成向书店上交一千元的经济任务。

几十年后，刘建华、杨瑛夫妇还在怀念朱枫的文章中回忆道：

> 当时，我们在重庆生活都十分艰苦，我们已有一个女儿，大姐看到孩子没有一件合适的衣服，就把自己穿的衣服，利用夜间自己动手给改做了一件小连衣裙，孩子穿在身上很高兴，逢人便说：“这是我朱大姨给做的。”

朱枫关心同志、乐于助人，不论在何时何地，都是“有口皆碑”。1944年旧历年刚过，一个春寒料峭的夜晚，晓光和朱枫悄悄离开

重庆时期的朱枫

山城。他们先搭乘三北公司的鸿元货轮到万县，又雇小划子穿过惊涛骇浪的三峡到巴东登岸。从那里沿山深林密的保康前线，步行至老河口，再转襄樊到武汉三镇；在汉口二姐朱启文家住了几天，然后坐长江轮船去沪。山一程、水一程，风一程、雨一程，历尽艰辛到黄浦江边的上海时，已是石榴花开、熏风袭人的5月了。

第三章　沪上春秋

“被汽车撞伤的”

上海依然是太阳旗下的鬼魅世界。太平洋战争爆发后，日本军队占领了原先是“国际共管”的租界，越发加紧了对抗日民主力量的防范和镇压。一直在“孤岛”上坚持斗争的新知书店上海办事处和开办不久的二线机构泰风公司、远方书店，为了保存实力、避免更大的损失，或转入“地下”，或关门解散。从大后方撤回上海的徐雪寒、华应申两位领导同志，也相继进入苏北和淮南解放区，上海办事处的工作交给了汤季宏。

当时，出于形势发展和革命事业的需要，新知人在上海的工作已从文化出版方面，逐步扩展到贸易、运输等各个领域，新知办事处也成为党组织联系上海同苏北解放区、山东和浙东根据地，乃至香港和海外的一个重要联络点，还建起了相应的秘密转运站和海上运输线，主其事者便是汤季宏、蒋建中、王益、孙群这批地下党员。短短几年内，有大批革命图书和各类军用物资，从上海的车站、码头、港口以及长江和沿海水域，穿过日伪军严密把守的封锁线，进入敌后各根据地，有力地支援了新四军、八路军和抗日民主政府。在完成这些艰巨任务的过程中，许多同志都冒了很大风险、吃了很多苦。在一次海上运输中，船只遭遇敌舰拦袭，不满二十二岁的押运员王福和英勇抵抗，打完了子弹，投完了手榴弹，最后壮烈牺牲。

朱晓光和朱枫回到上海的时候，张朝同、徐波等一批新知老同事也刚刚从外地返沪。在汤季宏的主持下，为了扩大新知的副业生产，更好地支持“正业”和隐蔽有生力量，他们成立了一个新的贸易机构，叫“同丰行”（又称“同丰申庄”）。通过在办事处工作的王补生的关系，在紧挨南京路的派克路（今黄河路）上租了一处三层楼，同丰行由张朝同负责，他和新婚妻子彭慧就住在二楼亭子间里，徐波等人住在三楼，二楼和楼下是办公和会客的地方。与此同时，朱枫也在静安寺找了一个僻静的地点，作为办事处属下的秘密机构，也兼做贸易业务。

就在他们的工作顺利开展的时候，万万想不到虎视已久的日本宪兵司令部已掌握了新知的活动情况，问题出在那个为同丰行租房的王补生身上。此人原是新知书店早期负责人的一个远亲，参加新知工作后，经不住汪伪特务机关的利诱，竟做了敌人的密探。1944年10月上旬的一天，日本宪兵队突然采取行动，大肆搜查新知书店在上海的机构，除少数因故不在家或出差外地的人员外，新知员工悉数被捕，包括汤季宏、俞鸿模、彭慧、徐波、朱枫、叶绍明、孙群等同志，还有同新知有来往的友人倪海曙和瞿光熙。派克路上的同丰行、卡德路（今常德路）上的新知办事处，连同朱枫建立的秘密机构和书店的两处地下仓库，都遭到敌人的破坏和洗劫。

远在苏北根据地的徐雪寒同志得知消息后，亲自赶来上海部署营救。他通过社会关系，找到大汉奸陈彬和出面“说情”，汤季宏的亲戚也花钱买通了沪西伪警察局局长李国华。敌人此举的真实意图是想破坏上海和根据地之间的秘密交通线，但由于入狱同志的坚持斗争，敌人并没有抓住什么实质性的东西，因此在做了工作以后，到11月间被捕的人员都被陆续保释出来。雪寒同志在纪念朱枫的那篇文章中回忆到这段史实时，是这样记叙本书主人公的表现的：

> 1944年10月，书店混入汪伪特务，遭受破坏，大部分同志被捕，在日本宪兵队受审。我知道后即到上海设法营救。朱枫虽经残酷拷问，但能从容应付，混入店内的汪伪特务因不认识她，就和其他女同志一起被释放了。之后，她还冒险在晚上从店后的小窗口爬进店里去，把仅有的一些存款和支票本、账册等提出来，以便接济尚在狱中的同志，并对陆续获释后去根据地的同志提供路费等。经过这些考验和出于本人的愿望，我和史永同志介绍她参加了中国共产党，时间大约在1945年春节稍后。

关于朱枫的被捕经过，还有另一种更生动、更富有“戏剧性”的说法，说者是我们在前一章提到过的和朱枫情同姐妹的小学同学朱慰庭，及其爱国商人，也因朱枫的关系成了新知朋友的夫婿吕逸民。他们的子女在《深情怀念朱枫姨母》的文章中，这样引述了自幼从父母那里听到的“朱枫姨母”的故事：

> 朱枫姨母在抗日战争时期，曾在上海黄河路租借一幢房屋，筹备同丰商行。1944年10月的一天，日本宪兵队突然包围了这幢房屋，进行搜查。所幸，朱枫姨母当时不在那里，日本宪兵没有抓到她，也没有抄到任何东西。敌人并不死心，获悉朱枫姨母同我们父母关系密切的情报后，派出特务在我们居住的西门路永裕里附近设立了暗哨，企图抓到她。然而没有见到朱枫姨母的进出，急不可待中，就有一个特务冒充朱枫姨母的同志闯入我家，

询问朱枫的行踪。母亲已觉察到情况可疑，很镇定地回答：“朱枫已在几天前离开我家到外地去了，还要隔几天才能回来。”

当天下午三四点钟光景，就在那个暗哨撤离不久，朱枫姨母却意外地来到我家。她跟平时一样落落大方，走进我母亲的卧室时，还将嘴里啃着的烤山薯，掰了一块给母亲吃。母亲心里可紧张极了，急忙告诉她，敌人来捉她了。朱枫姨母却笑着说：“我已经知道了。”

朱枫姨母在获知敌人抄了“同丰行”后，仍冒着生命危险来到已被日本宪兵队注意的我们家里，有一个重要的原因，是约我父亲吕逸民帮她同去被查封的“同丰行”转移一些重要材料。因为事先已经摸清楚这座房子无人看守，暗藏的材料并未被敌人发现，所以决定快取出来，以减少损失。当天深夜，由我父亲在外面放哨，她潜入办公室，终于迅速地将那批东西全部取走。后来由于日本宪兵队又要抓租黄河路房屋的保人，朱枫姨母闻讯后，为了不让无辜者遭殃，毅然挺身而出，进入日本宪兵队驻地，这样，朱枫姨母才被敌人关押起来。在日本宪兵队里，朱枫姨母经受严刑拷打、残酷逼供，但始终没有改变凛然的气节。敌人在无任何证据的情况下，只好释放她出来。

朱枫姨母获释后，身体遭受毒打致伤，走路都不方便，母亲陪送她到新城隍庙附近的石筱山私人诊所。石筱山是著名的骨科专家，他用双手检查了朱枫姨母的骨伤情况后，问她怎么伤着的，朱枫姨母回答说：“是被汽车撞伤的。”老专家摇摇头说：“不，你是被打伤的。”朱枫姨母坦然地笑笑，没有言声。

为了避开日本宪兵队的跟踪，朱枫姨母在治伤期间，住到了我们舅舅朱祖湘家里。

上述两个“版本”的情节出入较大，但并不足怪，事隔几十年后，不同知情人的回忆总会有不少差异。可以确证的一点是，经过了抗日烽火中的磨难与锻炼，朱枫早已不再是许多年前镇海小城中那个深居憩园、腼腆内向的大家闺秀了，也不再是那个独自苦撑着夫家门面，终日以诗书为伴、心如枯井的年轻寡妇了。她在新知这个革命大家庭里汲取新思想，结交新朋友，打开了新的视野，创造出新的人生，因此在刚回上海就陷入牢狱之灾时，才有可能如此镇定、从容地闯过这严峻的考验关口，出狱不久就被中共地下组织发展入党，实现了她的多年夙愿——从一个追求光明和进步的知识女性，成为一名为民族解放和人民革命而奋斗的无产阶级先锋队战士。

说来有趣，徐雪寒回忆中提到的另一位介绍朱枫入党的史永同志，原名沙文威，本书第一章曾介绍过他，他是朱枫1926年夏秋间跟着好友陈逸仙在上海拜师习字的书法名家沙孟海的四弟；“五卅”学潮中到竹洲女师来声援陈逸仙们的那位四中男生和宁波学联主席，也是他。此时他已改名，是中共江苏省委领导下的上海党组织成员，和徐雪寒、张唯一、刘人寿等一起协助刘晓、潘汉年开展工作。记得当年沙孟海应女弟子朱贻荫的请求，为她取了个寓意为真诚地拥抱光明的新名“谌之”和字“弥明”，十几年后，在抗战胜利前夕的夜上海，一面闪烁着金色镰斧的鲜艳红旗下，竟由他四弟史永参与和见证，让我们故事的女主人公“名至实归”了——这是岁月的多情，还是历史的巧合?

日本宪兵队在审讯被捕的新知员工时，为了得到他们所需要的口供，对我们的男女同志都施以酷刑。因为同丰行的负责人张朝同出差芜湖，敌人没有抓到他，连他的新婚妻子、已怀孕在身的彭慧——这位当时并未参加同丰行工作的女教师都没有放过。匪徒们将彭慧吊在屋梁上，用军刀抽打，鲜血染红了衣衫，皮开肉绽，左手的无名指和

上海时期的朱枫（约在1945年前后）

小指都被打断，神经受到极大摧残，留下了终身未愈的残疾与伤痛。在这样的情况下，朱枫“被汽车撞伤”也正说明那场灾祸的惨重，徐雪寒和许多新知老同志在有关回忆录里，都提到这次上海新知办事处的内奸作祟和集体遭殃，是新知书店斗争史上损失最大、教训最深、付出了血的代价的一次挫折。

难能可贵的是，当时还不是党员的朱枫能以革命大局为重，始终把组织和同志们的利益放在个人安危的考虑之上。她和吕逸民夜晚入同丰行密取支票和账本的行动，充分说明了这一点，而且很快就发挥了作用。被捕的同志出狱后，有一部分去了苏北根据地，急需盘缠，在机构遭严重破坏、经费无着之际，朱枫的勇敢行动为大家解决了困难。彭慧获释先躲到张朝同的亲戚家，和丈夫会合后化装出城，转移到苏州乡下待产。朱枫托朱晓光（他也因为出差在外而幸免）带一笔钱，赶到苏州去接济朝同、彭慧，真如雪中送炭，让困境中的夫妇俩极为感动。不久，还是在朱晓光的护送下，张朝同、彭慧和襁褓中的孩子一起离开江南，到了天津，继续从事革命的文化出版工作。

2001年冬天，我在北京清河采访徐波老人时，徐波谈到朱枫潜回派克路同丰行“夜取账本”一事，深为感佩地说：“我至今都弄不明白，当年朱大姐是怎样翻窗而入的，账本和支票都在二楼的会计室里，小楼已被敌人查封，前后门都进不去，楼窗倒是朝着弄堂口，但那么高，一个女同志能有那样的胆量，就已经很不简单了……”听了她的话，我赴上海调查采访的日子里，特地到今天的黄河路上四处打听，一心想找到当年那扇容纳过朱枫颀长身影和不凡身手的楼窗。“黄河”也好，“派克”也罢，路名虽响，却是条短而窄的小街，挤夹在外滩高楼的阴影与车水马龙的嘈杂中。我走过那些顾客盈门、飘出海鲜腥味和川菜麻辣香的酒楼、饭店，也徘徊于晒衣竿与各式缆线网织天空的居民住宅楼前，没有一个人能为我指认那曾经做过新知书店“副业”同丰行的旧日楼窗。唯有映入眼帘的那块指路牌上的“黄河路”三字，似乎在提醒我：那些苦难的、如黄河怒涛般浸透了民族耻辱和血泪抗争的日子，早已过去了。

景华新村 22 号

和同丰行完全消失于今日繁华、热闹的上海外滩不同，20世纪三四十年代曾经隐蔽在法租界巨籁达路地段的中共江苏省委和上海局地下机关旧址，至今还静悄悄地矗立在巨鹿路附近的花园住宅区内——景华新村22号，一座灰色调的西式洋房、单门独户的三层小楼。它建成于1939年，至今也不算落伍的典雅与精致，处处透露出当年“东方巴黎”的气派和情调，就像一个饱经世事沧桑还保持着绰约风姿的老妇人，沐浴在早春的阳光下向来访者敞开心扉，讲述着白色恐怖年月里她曾有过的不平常的履历。

今日黄河路

景华新村外景

事情要从头说起。十年内战时期，由于“左”的路线错误，上海地下党组织遭受很大的破坏，中央红军长征到达陕北后，延安曾派出潘汉年、冯雪峰、刘晓相继到上海摸清残存的组织情况，在秘密又审慎的行动中，他们找到了沙文汉、陈修良夫妇——当时仅剩下的不到百名幸存党员中的两个。1937年11月，刘晓代表党中央在上海成立中共江苏省委，沙文汉夫妇都担任了重要工作，因为他们熟悉上海的情况，又是“一家子”，所以便于掩护，组织研究决定将省委的地下机关放在他们即将搬迁的“新家”里。

这个新家便是景华新村22号，刚刚落成在法租界里的独立门户。还是“孤岛”时期，日本兵不能随便进入；又在富人区，有巡捕看大门，周围环境相对安全，党的机关设在这里不容易引起注意。唯一的麻烦是房租太贵，沙文汉和陈修良都是四海漂泊、身无分文的职业革命者，当时的地下党也拿不出这笔钱。怎么办呢？不知读者是否记得：本书第一章中曾多处提到朱枫学生时代的好友、女师学生领袖陈逸仙，陈逸仙的母亲叫陈馥，出身宁波的大户人家，是个有文化、有气节、全力支持女儿参加爱国运动的进步女性。早在大革命年代，她的家就做过宁波共青团秘密集会和印刷文件的场所，掩护过许多革命同志，女儿的战友们给了她一个特殊的尊称——“众家姆妈”。此时，“众家姆妈”手中还留有几年前她那个有钱的老子过世后分得的一笔遗产，慨然拿出一千五百块银圆交纳定金，并以自己的名字登记，承租了这套月租一百四十元法币的房子，解决了眼前的难题。而她的女儿陈逸仙，就是沙文汉的妻子、刚刚做了中共江苏省委妇委书记的陈修良！

陈逸仙1930年从苏联回国后，即改名“陈修良”。她同在莫斯科学习时相识的宁波沙氏五兄弟中的老三——沙文汉一起，在上海从事党领导的工人运动和学生工作，在出生入死的共同奋斗中，他们结成了夫妻。上海党组织遭破坏，他俩逃往日本，在那里参加了共产国际远东情报组织的工作，后回国寻找组织关系并积极参加抗日救亡运动。新的中共江苏省委建立，上海地下党的工作吸取过去的教训，坚持秘密工作和公开活动严格区分的原则。为遮人耳目，保护省委机关，他们夫妇俩对外改称是陈馥乡下的侄儿与侄媳，为“跑反”来姑妈处避难。1942年年初，陈修良奉命赴延安，途中经过盐阜地区时交通受阻，被刘少奇、陈毅留在新四军军部工作；沙文汉也于同年秋天随江苏省委从“孤岛”撤离到淮南，后又去了浙东根据地。两岁的女儿阿贝（沙尚之）留在婆婆身边，还有陈馥的贴身保姆黄阿翠，三人一起生活，原本就僻静的景华新村22号，变得更加冷清和空寂了。

1945年早春的一天，沙文汉的四弟史永（沙文威）同一位衣着入时的中年妇女，走进了陈馥的家。史永进门就按着老习惯轻轻地喊了一声“众家姆妈”，随即说道：“我给您带来了一个稀客！”

陈馥早年就患有严重的青光眼，长期的焦虑和期待中双目几近失明。因为看不见，老人起身，她趔趄着，摸摸来客伸出的手。望着她

沙文汉、陈修良夫妇和女儿阿贝（沙尚之）

慈祥又衰颓的样子，朱枫的泪水夺眶而出：

“陈伯母，我是朱贻荫，陈逸仙的女师同学朱贻荫！”

“啊，朱家四小姐——”陈馥还记得朱枫在家中的排行，“多少年不见你啦？快坐快坐……阿翠，给客人奉茶！”老太太高兴得什么似的，转过身来又招呼已经五岁的外孙女：“阿贝，快喊你四妈妈！”

朱枫把带来的糖果递给阿贝，阿贝双手接过，大方地说：“谢谢四妈妈！”

望着老同学的女儿，朱枫想起远在天边的湘虎，情不自禁地搂着阿贝亲了亲，还问了一句：“阿贝，想爸爸、妈妈吗？”

阿贝到底是孩子，肚子里放不住话，马上就说：“想啊，我还会背我爸爸给我写的诗呢。”

客人们都被孩子的天真逗乐了。大家一鼓掌，阿贝那清脆的童音便在楼下的客厅里响起来：

稚儿亦解零丁意，竟日牵衣不寸离；
母且从军去万里，父能抚汝到几时？
连天劫火宁无恨，七尺身躯未敢移，
哪得长弓堪射日，来年共唱太平诗。

多亏了阿贝的聪明伶俐，这些寄托着父母报国心和爱女情的诗句竟被她背诵得一字不落、有声有色。该是唱儿歌的年龄，却念如此沉重的“绝句”，在场的大人听了也觉得有些辛酸。

来客和陈馥拉起了“家常”。史永告诉“众家姆妈”，三哥和三嫂在“那边”都有信来，他们一切都好，要她放心。史永还说了上海这边“家里”的一些事情，并告诉老人：“四阿姐”（指朱枫）如今也是“自家人”了，“她会常来看你的，有什么事情也可交给她去办。”

“好啊，好啊，四小姐本来就跟逸仙情同姐妹嘛！”老太太的脸上露出欣慰的笑容。

史永所说的上海“家里”，自然是指留在沪上坚持斗争的党组织。刘晓、潘汉年这些领导同志撤离后，上海地下党的活动更为隐秘。身为中共资深情报员、江苏省委保卫工作委员会委员的史永，当时对外身份是上海建承中学的教员。他和徐雪寒介绍朱枫入党后，将朱枫的组织关系交给了上海地下党情报部门的负责人张唯一，由张唯一直接领导。由于朱枫仍在从事新知书店的副业工作，在上海工商界有不少熟人，她的一个同父异母的妹妹和妹夫又都是国民党中统的人，党组织要求她利用这些社会关系，搜集有用的情报，同时也委托她保管党的一部分经费，有利可图时也用这部分钱来做生意，以求在当时物价上涨、货币贬值的敌区环境中保全币值。

由于朱枫的阅历和社交能力，当然也少不了让她做交通护送和照顾革命家属这方面的事情。朱枫第一次来到景华新村22号，看到陈馥

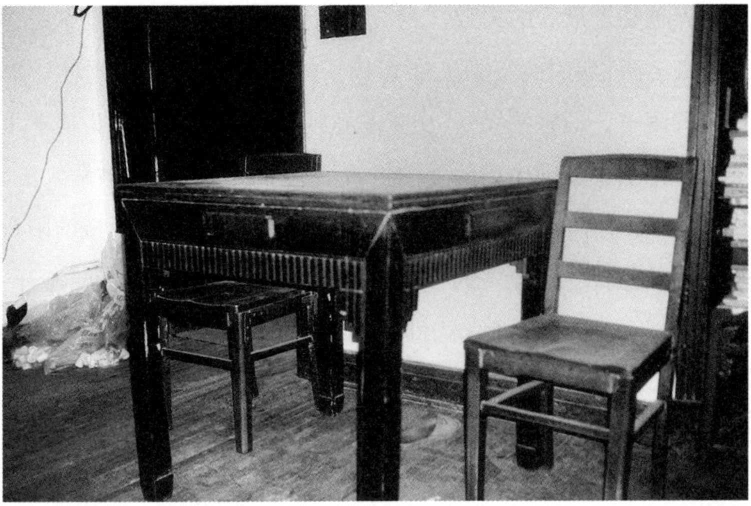

朱枫赠送的红木家具，被沙家保存了几十年

家中空荡荡的，才知道老人在最困难的时候，把客厅里的旧桌椅也卖了出去，只留下了当年入住时省委几位负责人支援的“纪念品”：组织部长王尧山送来的大衣橱、五斗柜和梳妆台，从文委书记孙冶方家中搬来的两个书橱。“客厅是一个家的门面，来人坐在条凳上，跟周围的环境也不协调呀，要是警察来检查……”朱枫嘴上没说，心里却这样想着，因此第二次来的时候，她特地联系了家具公司的人，送来红木做的一张麻将桌和四张靠背椅。

阿贝看到新家具进门，像多了一群小伙伴似的高兴，好奇地搬这弄那。陈馥颤巍巍地迎上前，摸着桌椅光滑的漆面，问朱枫：“四阿姐，这套家什要不少铜钿吧？”

“没事，陈伯母，您权当晚辈的一份孝心收下，”朱枫恳切地说，“您是‘众家姆妈’，我还能不是您的女儿吗？”

一句话说得在场的保姆黄阿翠和似懂非懂的阿贝，都跟着老人笑起来。

敌人越临近最后的失败，越疯狂。1945年5月中旬，日本宪兵队两次搜查上海建承中学，抓走了以校长戴介民为首的八名师生，罪名是“通共闹事，危害治安”。史永是这所学校的教员，因为地下工作的关系，他从不在师生们的爱国抗日活动中露面，尚未被敌人觉察。第二天早晨，他照常去上课，还未进校门，老远看见教学楼的阳台上有学生在向他打“危险”的手势，他机警地拐进一个弄堂躲避开了。回家想想，不能待在原地，当即偕妻携子转移到朱枫在长乐路的单身住处。住了两天，他让妻儿回乡，自己又住到景华新村22号陈馥的家中，一面观察动静，一面组织营救。

几天后，朱枫来报告情况。她通过去年在日本宪兵队坐牢时认识的一位翻译，了解到戴介民和几个被捕师生在敌人的严刑拷打面前，表现得很有气节。他们众口一词，都说爱国人人有责，学校里的反日情绪是师生的自发行动，并无“‘共党’煽动”，尤其是戴校长主动承担“一校之长”的责任，所以，没有涉及任何人。

由于那位翻译知道朱枫是个“生意人”，也想托朱枫做点买卖，所以很爽快地提供了以上情况。朱枫一口答应他的要求，也启发对方说：“大家都是中国人，互相帮忙是应该的嘛！”她看这位翻译还不属于死心塌地的那一类汉奸，便暗示他该给自己留条后路，在日本人面前多为自己的同胞说说话。史永肯定了朱枫的做法，三四个星期以后，我们的同志都陆续被释放出来。

1945年8月15日，日本宣布无条件投降。当朱枫把这个天大的喜讯带进景华新村22号时，陈馥的眼前也好像出现了希望的亮光：“我们胜利了，中国胜利了！”老人兴奋地搂着在身边玩耍的外孙女儿，说：“阿贝，终于盼到这一天了！‘哪得长弓堪射日，来年共唱太平诗’，侬爹妈就要回来跟乖囡团聚啦！”

然而，接踵而来的却是国民党穷凶极恶的“劫收”大员，是蒋管区的政治腐败与民不聊生，是反动派重新点燃的内战烽火，就是不见亲人的影子。直到第二年的春天，一个熟悉的笑脸出现在小楼的门外，来人亲切地喊：“阿贝，还认识伯伯吗？”未等阿贝开口，站在她身后的保姆黄阿翠，惊喜地叫起来：“大肚皮老刘？阿太，大肚皮回来啦……”

“大肚皮”是陈馥一家人给中共江苏省委书记刘晓起的绰号，此时的刘晓已是中共中央城工部副部长，他再次奉命出征，从延安跋山涉水而来，带来了中共中央对上海及周边地区的地下党在抗战胜利以后开展城市工作的新部署。他先向“众家姆妈”报平安，告诉陈馥，她的女儿、女婿都已在华中分局“厉兵秣马”，奔赴各自新的工作岗位，陈修良现在到了南京，沙文汉很快会回到上海。刘晓说：

“众家姆妈，八年抗战，您老人家担惊受怕了八年。现在的天下还是不太平啊，看来，您还得为这个‘家’再操劳它个三年、五年——”

“大肚皮，你是说还得打仗？”老人疑问的表情里，夹着深深的忧虑。

“反动派要打，我们有什么法子呢！”刘晓把话岔了开去，给陈馥留下了陈修良在南京的联络地址，要“众家姆妈”写信给女儿，要她回来“商量和料理家务”。

果然没多久，沙文汉先回来了。他率华中局的城工部从苏北航海偷渡到上海，在船上受了风寒，刚到家就病倒了。几个月前，他和陈修良在淮安城里见过一面，当时，修良已被组织上任命为南京地下党市委书记，正准备去南京江北的六合赴任。夫妇俩刚相逢就要分手，那是个春寒料峭的风雨之夜，沙文汉对妻子说：

“南京的地下党组织曾八次遭破坏，几任市委书记被敌人杀害：

孙津川、黄瑞生、恽雨棠……雨花台上不知牺牲了我们多少好同志。阿福（陈修良的小名），你此行非比寻常，犹入虎穴，千万千万要提高警惕！”

“你放心好了。‘不入虎穴，焉得虎子’，我们奋斗到今天，不就是为了擒那条‘龙’、缚这只‘虎’吗？”

快到不惑之年的陈修良，比之少女时代的陈逸仙成熟、冷静了许多，但眼镜后面的大眼睛，还是那样炯炯有神，仿佛有不熄的火焰在里面燃烧。

沙文汉的心同样难以平静。他是沙氏五兄弟中最富有诗人气质和文学才情的一个，20世纪多难的中国让这位早熟的诗人、来自浙东的农家子弟走上了职业革命家的道路，也以无数坎坷与艰辛哺育和锤炼他在斗争中成长的诗歌。就在这个“风萧萧兮‘淮’水寒”的晚上，为妻子和战友壮行的沙文汉，吟哦出了也许是他一生传诵最广、影响最大的诗句：

男儿一世当横行，
巾帼岂无翻海鲸？
欲得虎子须入穴，
今日虎穴是金陵！

1946年暮春时节，陈修良从南京地下党市委书记的紧张工作中，抽身回到上海同刘晓、沙文汉他们“商量家务”。合家团圆时，最高兴的莫过于母亲陈馥和女儿阿贝了。一别四年，上小学二年级的阿贝已认不出朝思暮想的亲妈了，竟问“侬是啥人”。灰白了鬓发、双目已完全失明的慈母，抚摸着女儿消瘦的脸庞，默默地流泪。陈修良这个江浙红色革命史上叱咤风云的女共产党人、在莫斯科“劳大”学习

任中共南京地下党市委书记的陈修良

时连米夫校长及“二十八个半”的头儿王明也敢顶撞的宁波姑娘，此刻再也控制不住她内心的情感，抱着亲人喜极而泣。

让陈修良欣喜和激动的，还有与朱枫的重逢。早在两年前苏北华中建大整风审干时，担任财经系党支书和副主任的陈修良，在本系学员汤季宏的送审报告上读到他在上海新知书店被日寇逮捕的一段经历，与他同时被捕的同志中有“朱谌之”这个名字。陈修良眼前一亮，脑海中闪过她在竹洲女师读书时最要好的同窗的身影，想起了在朱家大院憩园“潇湘馆”里那个瘦瘦高高、多愁善感却又宽厚、仁爱的“四阿姐”！

自1926年南下广州前，同朱贻荫在沙孟海老师的“若榴书屋”作别，陈修良就再也没有跟朱枫见过面，后来虽曾听沙先生说过她远嫁东北、“九一八”南归后又死了丈夫，再后来的情况就不清楚了。现在偶然从来自上海的地下党同志的履历表上与故人“邂逅”，怎能不叫老同学高兴呢？陈修良心里默默地念叨着：

“朱贻荫啊朱贻荫，还记得我们在憩园假山石旁的那次讨论吗？我说娜拉要从‘玩偶之家’出走，除了参加革命没有第二条生路，想不到，你这个‘大观园’里的‘四小姐’也被抗日洪流卷到革命的队伍里来啰！”

很快，陈修良又从回解放区汇报工作的四弟史永那里，得到朱谌之的更多消息，知道她参加革命后用了“朱枫”这个简单易行的名字，也知道她在上海入党后还经常去景华新村22号照看自己的母亲和孩子，真正成了“一家人”！

法租界巨籁达路附近的西式小楼，见证了两位竹洲女师高才生阔别二十年后的再度相逢，她俩坐在楼下客厅里那张朱枫买来的红木桌前，亲热地手牵着手，有说不完的话。可惜时间是那样短暂，陈修良只在家住了两三天，党所托付的重任和严峻的地下斗争，还在六百华里外那座已成为“龙潭虎穴”的古城里等待着她。

风云际会

中共中央非常重视上海地下党的工作。刘晓回到上海后，即向同志们传达党中央的指示，拟成立上海分局，将原华中局城工部和南方局所领导的各城市党组织合并，负责整个国统区的工作。几个月后，中央发来成立上海分局决定的电报，不久又通知上海分局改为“上海中央局”，统管长江流域、西南各省及平津一部分党的组织与工作，并于必要时指导香港分局。上海中央局仍以刘晓为书记，副书记刘长胜，组织部部长钱瑛，沙文汉任宣传部部长并兼管情报部下设的文化工商统战委员会。沙文汉的家景华新村22号，又成了地下党同志们开会和接头的地方，用“众家姆妈”的话来说，还是“战斗的指挥部”。

新的斗争形势，需要地下党组织在城市经济工作中有更多的开拓

2003年2月陈修良之女沙尚之和朱枫之女朱晓枫相约景华新村22号，回忆革命前辈的峥嵘里程

和作为。为支援革命的一二线工作，上海地下党的同志们利用上海这个全国和当时亚洲最大的金融商贸中心，以及国民党政府“还都”以后的管理混乱和虚假繁荣，办起了不少“副业”：如刘晓一度曾任颇有名气的关勒铭金笔厂经理，“大肚皮”真的当起了“大老板”，刘长胜开了一家米行，王尧山经营一家文具店，上海滩上出现了一批“红色资本家”。在同中外反动势力展开的形形色色的斗争中，经济工作既是一条关系到敌我双方胜败存亡的重要战线，也为开展军事、政治和文化斗争，以及完成各项紧急使命（如援救被捕同志、接济家属和护送工作对象等等）提供有力支撑和物质保证。

1946年四五月间，在华中局做情报工作的徐雪寒，接受组织委派从山东回到上海，筹建一批公开合法的企业，并领导一个采办物资和运输的秘密机构。他将秘密机构的工作交给了从苏北回来的原上海新知办事处负责人汤季宏，办企业的合适人选首先想到了朱枫。这样，朱枫的组织关系便从上海地下党情报部门张唯一那里，又回到老领导徐雪寒的手中。朱枫在跟随徐雪寒积极开展企业经营的同时，还利用“业余时间”继续为张唯一的情报部门兼管经济方面的事务，变得比过去更忙了。

早在1934年，徐雪寒在同钱俊瑞、姜君辰、薛暮桥等人创办新知书店之前，这批志同道合的青年革命者，就创办过中国经济情报社，并参加党领导下的中国农村经济研究会、创办过很有影响的《中国农村》月刊，可以说他是党内一位老资格的经济问题专家和实际工作者。在长期负责党的文化宣传出版事业中，徐雪寒也为新知书店、新中国出版社、远方书店等机构筹集经费、开拓业务、扩大经营，做出过艰辛的努力和突出的贡献。这位比史永还小一岁、上初中时就参加五卅运动的宁波少年，经过多年革命斗争的磨炼，看上去比他的实际年龄老成得多，因其稳健干练、急公好义和对同志、朋友的仁爱与忠诚，在新知同人中间享有崇高的威望，大家都亲切地叫他“徐大哥”。

以徐雪寒为董事长的建华贸易公司，办公地点在金陵东路12号楼上，后来公司扩大业务，改组为联丰花纱布公司。这家地下党经营的“第三产业”，既没有充裕的资金，也没有过硬的后台，全靠决策人的胆识、魄力和全体经营者的合力打拼。由于徐雪寒经常不在上海，经理和常务董事又都是非党同志，担任主管会计的朱枫实际上成了大伙儿的主心骨。为了打开产品的销路，她领着供销人员跑市场，想方设法以低价购进白坯布，染成市面畅销的阴丹士林布，再打上联丰的牌子出售，产品很受顾客欢迎，生意也兴旺起来，“联丰”在竞争激烈的上海市场终于站稳了脚跟。

还像在桂林和重庆时期那样，朱枫每天起身很早，白天忙里忙外、联系工作，晚上挑灯夜战、结账理财。她精力充沛，没有丝毫的

当年的建华（后改为“联丰”）公司就设在这里

架子，心甘情愿地做最苦最累的事情。中华人民共和国成立后长期在外贸部门工作的梁万程同志回忆说：

日本投降后，汉口的生活日用品奇缺，如从上海购办苏广百货运销汉口，获利颇丰。组织上为争取更多的活动经费，决定利用朱枫同志有一位姐姐在汉口开设童装商店的关系，投资经营百货业务。在上海，朱枫同志负责采购，我负责押运汉口交童装商店销售。当时朱枫每次交运十几大件货物，从采购到包装直至装船，都是她一手包办、身体力行，不辞劳苦，认真负责，真是一个能文能武的好同志。

联丰的常务董事许振东，家就住在公司楼上。朱枫进进出出，朝夕相处，同他爱人也交上了好朋友。他们孩子多，有两个常发病，朱枫医药知识丰富，每见孩子生病，都来教他爱人给孩子吃什么药，应该注意什么。在他爱人临产前，因家离医院较远，怕夜间分娩来不及送，朱枫特地来安慰她，答应陪她去医院，必要时她会接生也能帮上忙。有一次，徐雪寒从解放区来上海，住在许振东家里，适逢许太太过生日，朱枫和徐雪寒一起送了生日礼物，还用红纸写了“福寿绵绵”几个字放在礼品上。这留有朱枫一笔好字的纸条，一直被许振东夫妇珍藏着，成了永久的纪念。

不久，还是在徐雪寒（还有他的一位战友陈明）的领导下，他们又开办了鼎元钱庄，由许振东任总经理，朱枫作为公方代表并负责财务。这是地下党经营的又一个副业机构，也是秘密工作的联络点。许振东是位爱国民主人士，为人正直，对国民党接管后的社会腐败现象十分痛恨，受徐雪寒、陈明和朱枫的教育与影响，政治思想上进步很快。他不仅在军警林立、特务横行、白色恐怖笼罩的上海，执掌起地下党办的金融企业，还利用同敌营中人打交道的机会搜集情报。当时，上海市银行一位副总经理是他的朋友，许振东在参加其寿庆活动时，结识了几个国民党的高级军官，其中有山东绥靖区总司令和他的妻子。混熟了，那位司令官邀请许振东去他家中打牌，许振东心里非常厌恶这些鱼肉百姓、发国难财的家伙，并不想同他们来往，朱枫知道后，对许振东说：

“这是送上门的主顾，哪能推辞不就？你权当多结交几个钱庄的客户好了。牌桌嘛，既是生意场，也是战场，关键看你怎么打、跟谁打。依我看，这个‘牌’你得打下去，多留点心眼，要舍得‘输’，才能赢……”

许振东领会她的意思，“欣然”赴会，在同这帮人打“梭哈”（扑克牌的一种玩法）时，常常不露痕迹地耍点小花招：自己手中的牌点子明明比对方大，却故意不摊牌，让主人“赢”得开心，牌桌上的气氛更轻松了，说话也更随便了；而他，就从这些无所顾忌的“漫谈”中，听到不少来自“生意场”和“战场”上的最新消息……每有所得，便及时地向徐雪寒和朱枫报告，给地下党组织提供来自“当局”和“高层”的有关经济、军事等方面的动态。

白色恐怖最严重的时候，沪上夜间实行戒严。那位司令官还特地为许振东的汽车搞了张夜间通行证，以便不妨碍他们的牌局照常进行。当许振东叫苦“局势乱，银根紧，业务不好做”的时候，司令官不仅把自己的钱存入鼎元，还动员其同伙也把钱存进去，真正成了“送上门的主顾”。

朱枫自己也不放过任何一个可以利用的机会。一次，她同在中统工作的六妹夫水某聊天时，水某说：“共产党真是无孔不入，连上海的金融业都钻进去了。”朱枫问他是哪几家，水某说：“我只听说有个带鼎字的钱庄。”朱枫立刻警觉地向徐雪寒、陈明报告了这个情况。经研究，为了迷惑敌人，由朱枫出面，同她的六妹金凤（也在中统工作）联合具名，请当年的恩师、书法名家沙孟海吃饭，作陪的有六妹夫水某和沙孟海的四弟史永。那时，沙孟海正在还都后的南京政府里任职，为蒋介石修家谱，受到蒋本人的青睐，史永也因为大哥的关系，当上了中央研究院总办事处专员，打入了国民党的“心脏”。这样，一个既是师生，又是亲朋的聚会上，气氛自然十分融洽，饭后，朱枫说受友人之托，请孟海先生为友人开的钱庄题写店招，沙孟海欣然应允。就在书法家蘸墨挥毫的时候，朱枫对水某说：

“我这个朋友呀，经商失败，家里人口多，生活非常困难，好容易才借到一笔钱，投资一家钱庄，当上了一个经理，勉强维持生活。”

说话的当儿，沙孟海已写下“鼎元钱庄”四字。朱枫注意到水某见了并没有什么特别的反应，便接着说：

“你上次听到的那个消息，什么带‘鼎’字的……不能听到风就是雨，万一碰巧弄到我朋友的头上，砸了他的饭碗，全家人又要饿肚子了。”

“四阿姐，请放心！别说是你朋友，就是真有……这年头事不关己，谁还会去伤那个阴德呢！”水某拍着胸脯担保说，这事包在自己身上了。

后来，上海的报纸上天天登着用沙孟海手迹“鼎元钱庄”做的广告，这家地下党办的“副业”果然平安无事。

中华人民共和国成立后曾任上海市委秘书长的刘人寿同志，2003年春节期间在他位于上海淮海中路的家中接受本书作者采访时，谈到朱枫这段在白区从事经济和情报工作的表现，情不自禁地联系当下的现实，他说：

> 那时我们把解放区拨给我们（指上海地下党情报部门）的经费交给朱枫保管、经营，比起她工作的公司资金来只是一个很小的份额，但她非常认真负责，每一笔账都清清楚楚，赚钱了全部交给组织，不赚钱自己掏腰包倒贴——这样的好同志，今天到哪里找啊！我曾到她住的公寓去过，在今天的长乐路（过去叫蒲石路）上，紧靠瑞金路。房东是个白俄，楼下是商店，朱枫只租了楼上一间房，包括一个内阳台，没有用保姆，自理伙食，上下班坐公共汽车，生活相当朴素。她因公司业务和情报工作的关系，与商界、政界人物都有些接触，自然有时也注意打扮、穿着得体，很像个阔太太，但更多的时候还是一身阴丹士林布，跟家庭主妇、上海弄堂里的娘姨差不多。

八旬高龄的刘人寿是当年潘汉年、刘晓和沙文汉身边的一员干将，他和张唯一都是上海地下党情报部门的组织者，电影《永不消逝的电波》主人公、地下电台谍报员李侠的原型李白，就是由他负责联系的。这位在战争年代出生入死，却在和平年代（50年代中期）受“潘汉年案”牵连而长期遭罪的老同志，谈起那些难忘的岁月，仍然充满了对革命战友的崇敬与怀念之情，他至今还记得，五六十年前朱枫在为上海地下党组织处理房产和转兑黄金的过程中，精打细算、一心为公的事：

日本投降后，史永同志调到南京去工作，把他所住的房屋交还给上海党组织。组织上让朱枫经手，去将房屋连同家具顶出，得黄金三十两，悉数上交。当时我们的上级机关在香港，香港禁止带黄金入境，我们托朱枫与她单位在香港的代理公司划账，把上海的黄金交她上海公司，由香港公司如数把黄金交我部处理。香港的金条比上海的略大，我们付的是上海金条，香港交我部的是香港金条，这也是她给组织的“优惠”。

这一时期，朱枫在上海的活动，徐雪寒在他的纪念文章中也有所叙述：

1947年春节旧历初四，我得到警报，要我不回家，尽速离沪。经朱枫安排，让我在吕逸民家里躲避。吕是泰康食品公司的股东兼总会计师，有正义感，其夫人是朱枫的同窗好友，他们的家是个安全可靠的地方。我把上海的摊子交给帮助我工作的陈明同志后，由朱枫为我办妥手续，送我上了去香港的轮船。

同年冬，上海的秘密运输机构负责人汤季宏被捕，由于他伪装成商人，应付得法，被保释出来了。我有理由怀疑，释放可能是假的，目的在于找到我们的其他线索。我又知道，汤的运输机

晚年的刘人寿夫妇

汤季宏

构有船只被敌人扣押，部分同志被捕，因担心汤冒险去处理这些后事（会出乱子）以及他的处境，我决定亲自去上海处理。我在找到汤后，要朱枫负责办妥一切手续，送汤上了去香港的轮船，朱枫圆满地完成了任务。

最近，我同汤核实了一件小事：朱枫送汤上轮船时，买的票是舱面上统舱席子铺，海风一吹，汤感到寒冷，抖缩不已。朱枫当机立断，到女厕脱下自己的厚毛衣，让汤穿上。她对同志就是这样恳切真挚。

徐雪寒所说他与汤季宏“核实了一件小事”，该在写此纪念文章的1990年之前。本书作者2003年春节在上海采访时，又是十几年过去了。出于同样的目的，我亦很想见到汤季宏这位已在本书中出现多次的新知同人、朱枫的战友，以便了解到更多关于朱枫的故事。因此，当我拿着写有汤季宏宅址的字条，在偌大的上海市区找到雁荡路6号，站在一座迎街的公寓楼前，按下新式电子门铃上“18”号的按钮时，心中涌起一种热望，盼望着这位当年在寒风抖瑟中接受过朱枫热情相助的革命前辈会出现在我的眼前。我甚至想象着从“孤岛”时期就生龙活虎地战斗在党的出版战线和秘密交通线上的这位“新知后生”，如今也该垂垂老矣，该有怎样的容颜？出乎我意料，“18”号汤宅无人接应，楼门自然也不会向我打开。后来，到了刘人寿老人那里才得知：中华人民共和国成立后一直在上海新闻出版系统做领导工作的汤季宏，离休后同夫人去美国的女儿处住了一段时间，回上海后已于前两年病故。

我带着同样的热望去了金陵东路12号，朱枫工作过的建华贸易公司和联丰花纱布公司的旧址。那是靠近外滩一条热闹马路上的一幢旧式高楼，如今仍然是一处夹杂着单位办公和居民住家的“商住楼”，只是那些单位门前的标牌上再也找不到我想见到的字样了。我还去了刘人寿到过的朱枫单身公寓所在的长乐路，靠瑞金路口耸立着昔日租界上的一排西式洋楼，用今天的眼光看也相当气派。我找到刘老所说的带有俄罗斯风格的那一座，半埋在地下的一楼做了一家餐馆，二楼以上是住家。冬日的早晨，我很唐突地沿着狭窄的楼梯跑上去，刚刚起床的大人小孩正忙着洗漱，只有买菜、买早点的主妇正在出门和进门。我问了几位上了年纪的住户，“想打听1949年前住在这里的一位朱姓女子的情况”，没有一个人能回答我这个同样唐突的问题。

但当我从那些家具陈设早已改变、空间也略显窄小和拥挤的房

1947年，朱枫在憩园留影

朱枫当年住过的上海长乐路

门口经过时，隐约望见迎街的那一面，敞亮的窗口毗连着刘人寿所说的“内阳台”——如果朱枫曾经在这里居住和生活，20世纪40年代中后期那段风云际会的日子里，一定是它含纳女主人紧张、忙碌的身影，见证她在此接待革命战友、观察外面的动静、从事地下工作的种种“场景”了。我由此想起同朱枫共事的许振东在《以无限崇敬的心情悼念地下革命的巾帼英雄——朱枫烈士》的回忆文章中，曾提到过这样一个细节：

> 有一次因有要事找朱枫商量，当时夜深人静，我和爱人陈志威去长乐路她的住处，敲门和呼叫声音较高，朱枫同志连外衣也来不及穿，急忙开了门，表情有点紧张。我们以为她怕我们在门外久等，才急忙开门，因此表示感谢，而她很客气地说：“不要紧，我只是尽可能不让邻居们知道我的姓名罢了。”

显然，此时的朱枫已不仅是为革命效力的一名出色的经济工作者，在党所领导的隐蔽战线的地下斗争中，也锻炼得更加老练和沉着了。

舐犊情深

1942年冬天，朱枫在福建龙岩巧遇参加“台少团”的女儿朱倬，从那里分手后就再也没有见过面。第二年秋天，朱枫和晓光自桂林去重庆，也像几年前奔赴皖南一样，不能带幼子朱明（湘虎）同行，只有狠心仍将他留在晓光的二嫂陈宜身边。1944年湘桂全线撤退，陈宜和负责桂林远方书店的丈夫朱曦光带着孩子们迁往重庆，但这时朱枫已随晓光离开山城，沿江东下来到了上海，思念之情被滔滔扬子江水拉得更长、更远了。

抗战胜利，结束了八年离乱的苦难，盼来了骨肉团圆的希望。1945年年底，朱曦光一家人也从大后方回到了上海，朱枫欢天喜地地迎接他们，将大人小孩安排在英士路（今淡水路）226弄14号一处公寓房内住下。朱明比在桂林见到时又长高了不少，和大他一岁的堂兄朱晖在重庆即上小学，回上海后仍在一起读书。

自幼由姑妈朱英和二伯母陈宜抚养的“湘虎”朱明，早已将这两位亲人当成了“亲妈”。即使在回到上海以后，为了支持朱枫的革命工作，陈宜仍然顶替着这个“亲妈”的角色，始终未向孩子说明真实情况。抗战胜利后的上海，老百姓的日子很不好过，整天忙碌操劳的朱枫，隔三岔五就来淡水路送钱、送物，照料一家人的生活，也是为了多看看孩子，但朱明见到她，还跟朱晖一样叫“阿婆”，因为陈宜是朱枫亡夫陈绶卿与其前妻所生，在“名分”上还是后母朱枫的继女，她的孩子们自然也成了朱枫的孙辈。这样一个特殊的称谓，对于身为人母的朱枫来说，该是一种残酷又难以接受的现实——然而，身

被湘虎（朱明）视为“亲妈”的陈宜（亦即兰芬、阿兰）

处乱世之中的她又有什么法子呢！饱经沧桑与忧患、内心又强烈追求光明与自由的朱枫，早已将旧礼教的“纲常”置之度外，而工作和斗争的需要又让她不可能去尽一个母亲的义务，只有暂时割舍“儿女心”，强迫自己坦然地去面对这一切了。

出乎朱枫意料的，倒是女儿朱倬的去向。1945年8月日本宣布投降后，9月3日，台湾义勇队和少年团的领导人李友邦即派他的副手张士德，随美国太平洋舰队司令柯尧上将乘飞机赴台，在台北升起台湾光复后的第一面中国国旗。9月7日，台湾义勇队总队部由龙岩迁往漳州，准备渡海凯旋。10月23日，台湾义勇队总队先遣部队抵台，协助刚刚成立的地方政府维护社会治安及保管物资。12月8日，李友邦率领包括少年团在内的全体队员返台[1]，朱倬也到了台北。

[1] 抗日将军、台湾义勇队队长李友邦回台后，于1952年被国民党当局逮捕，以“参加叛乱”罪杀害。

朱枫和女儿朱倬（晓枫）在上海临别前合影

朱倬在台北待的时间不长。早在福建前线从事宣传活动时，这个才十四岁的抗日小战士就由于思想进步、表现积极，被义勇队和少年团内的中共地下党组织秘密发展为成员，介绍她入党的是团长李友邦的秘书、语文教师潘超，那是1944年。义勇队和少年团抵台后不久，正在大家准备为“建设台湾”奉献力量的时候，突然接到国民党当局的“解散令”。由于当时岛内的斗争形势非常复杂，同团长李友邦商议后，潘超带着少年团的部分团员又回到了大陆。几经周折，朱倬得知家人都已经在上海，才于1946年2月回到了母亲的身边。

打从记事起，朱倬的生活里就只有战乱和流徙。“九一八”前一年出生在沈阳、原名叫“沈珍”的她，如今真的长大了，个子也赶上了妈妈，在“台少团”这所特殊的抗日学校里所受到的教育，完全印证了朱枫当年在金华送女儿入团时所做的正确选择——她给孩子报名时，特地取了“朱倬”这个新学名，就是盼望女儿在革命大家庭里快快长大、茁壮成材。而此时的上海乌烟瘴气、人心浮动，显然不是女儿的久留之地，尽管做母亲的多想将她留在自己的身边，朱倬也依恋着终于见到的妈妈，但朱枫从女儿的安全和前途考虑，又一次做出了勇敢的选择——把女儿送到苏北解放区去！

当时，朱晓光已由新知书店组织上的安排，长年奔波在苏北、山东解放区和上海之间，做图书、文具和贸易方面的工作，二哥曦光回到上海后，也由组织安排去了解放区。解放区既是上海地下党的“娘家”，也是“白区”广大进步青年向往的地方，何况通往解放区的秘密交通线就在自己人的手里。1946年初夏的一个晚上，由汤季宏安排的一条木帆船将朱倬和几个要好的年轻朋友送离黄浦江岸，赶到码头上来送行的朱枫，向女儿做最后的叮咛：

“明珍，到那边就写信来呀！”

“我知道了，妈妈。”

前一天晚上，朱倬就征求母亲的意见，到解放区以后是不是改换一个名字，因为环境变了，最好取一个比“倬”字更普通、更“大众化”的。女儿的话，让朱枫想起自己早年的“改名”：从“贻荫”到“谌之”和“弥明”，再到“朱枫”，同样是一步步地记录着一个生命在时代蜕变中对光明和理想的追求。回上海后，她对外仍用“谌之”和“弥明”，只有在革命同志中间，才叫她“朱枫”或者“四阿姐”。

那么，给女儿取个什么新名字呢？想来想去，“明珍”二字跳出她的心田，这两个字里既包含着女儿的原名沈珍，又寄托着对未来的希望。明珍带着母亲的祝福去了，她在苏北解放区上了华中建大医疗系，成了人民子弟兵中的一名白衣战士，并在南征北战的烽火岁月里为人民解放事业做出了自己的贡献。直到我见到年过七旬的朱晓枫，这位南京军区总医院的离休干部和内科专家，谈起这段母亲为她送行和取名的往事，心情还很不平静——因为黄浦江边的那晚，也是她今生和母亲所见的最后一面，母亲临别前给她取的名字，也成了她在革命征途上前进和成长的见证。

在朱枫的言传身教下，走向人生新路的晚辈还有不少。方永昌，是朱枫爱人朱晓光的外甥，镇海沦陷前也曾和家人一起在山城云和避难，后来到二舅曦光的桂林远方书店和大舅朱曙光工作的重庆兵工厂当学徒。1946年，朱晓光调往山东解放区鲁南工商局，奉命在敌占区徐州开了家“晋华图书文具社”，刚从大西南回来的方永昌便投奔三舅，在这家文具社做事。1947年秋天，他被徐雪寒调到朱枫工作的上海联丰花纱布公司做会计，不久又加入鼎元钱庄工作，在此期间他受到朱枫的多方照顾。朱枫不仅从生活上关心他，为他添置衣物，安排住行，业务上也手把手地辅导他，让他较快地掌握了管账理财的本领，更重要的还是他“政治上的启蒙老师”。方永昌到了晚年，还在《永恒的怀念——敬悼朱枫烈士》的文章中，如此回忆道：

> 她是我政治上的启蒙老师，教我认识历史前进的动向，注意做机密工作的要点。随着内战局势的变化，反动派在蒋管区的疯狂镇压也不断升级。我这个毛头小伙子对斗争的残酷性是认识不足的。过去在大后方，由于在二舅身边常看《新华日报》和进步文艺作品，无所顾忌；到“联丰”后，我仍将从知己朋友处借来的哲学、政治经济学等书籍，带到公司来阅读，并公然放在办公室的抽斗里。她（指朱枫。——引者注）发现后，及时对我进行了耐心的教育，使我理解到环境的险恶和社会的黑暗，在反动派当政的地方，一定要把“进步”埋在心里，注意隐蔽，不能冒

失。要不是她的高度警惕性和循循善诱的指点，有可能在我身上出事，个人会遭到不幸，党办的企业也将遭受损失。

在“联丰”和“鼎元”，除了日常的财会工作，还要我办理一些“额外”的事项，如通信联络、接济夏衍等同志在沪家属。记得第一次安排我去完成联络工作时，她对我进行了详尽周密的嘱咐，如怎样称呼、如何说话，一一做了交代。还特别关照我要把身份证带上。对她的某些话，我有些不知深浅，但也领悟到这不是一般带个信、送些钱的事，而是体现着一种特殊的关系，是很重要的托付，必须小心翼翼地去完成。

经过一段时间的培养，我逐渐熟悉了环境并能适应眼前的工作了。后来，虽然不常在她的身边，她对我仍然十分关心，不时地从二舅妈（陈宜）那里了解我的情况，转告我应注意的事项，直到她转移去香港工作为止。

顾倬云，是朱枫的外甥女。她的母亲，即镇海朱家大院“六只凤”中的老二宝凤——朱枫同父同母的姐姐朱启文。亲姐妹的感情很深，朱启文和丈夫顾辅仓在武汉经营的大陆童装公司就是由朱枫资助开办的，许多年来一直保持着密切的联系。他俩不仅是朱枫个人生活上最知心的亲人、生意场上最可靠的合作伙伴，也是她从事革命工作最坚定的支持者。

1944年深秋，朱启文听说四妹在上海被日本宪兵队逮捕还被打伤，心急如焚，冒着因大轰炸长江不通航的危险，带着小女儿维珍坐一条木船顺江而下，赶来上海看望。抵沪时，朱枫已出狱，二姐在她身边护理了好长一段时间，等她行动完全自如后才离开，还留下孩子和一位亲戚帮助照看，组成个“三口之家”，掩护朱枫早出晚归继续为地下党做工作。

倬云是顾家的二女儿，从小就聪明懂事，很受四姨喜爱，其学名就是有文学修养的朱枫起的，取自《诗经·云汉》篇中的“倬彼云汉，昭回于天”。1948年夏天，倬云初中毕业来上海过暑假，朱枫让外甥女和自己一起住在长乐路的单身寓所里，抽出时间来陪她逛公园、遛马路、走亲访友，还帮她补习英语、临帖写字。

这个夏天，对成长中的顾倬云来说，无疑是一个重要的经历。上高小时，听老师站在世界地图前讲“中国不会亡”，小小的童心里就萌动了爱国思想的种子；初中阶段，同学间偷偷传阅艾思奇的《大众哲学》、翻译小说《牛虻》这类进步书籍，正处于青春反叛期的倬云，也像许多思想活跃的青少年一样，对沦陷区、国统区的黑暗现实产生了不满的情绪，渴望能够冲破学校和家庭的藩篱，去呼吸外面的新鲜空气。在上海度过的这些日子，虽然朱枫并没有向刚考上高中的外甥女讲多少人生观或世界观的大道理，但倬云还是从四姨整日奔忙于工作、生活俭朴、待人热情爽朗的个性上，明显地感受到一种过去接触很少，但又特别令自己向往和钦佩的东西，那便是作为一个知识女性的自立、自强的精神，以及与此共生的积极奉献于社会的工作能力和开阔胸襟。

朱枫也留意观察着这个外甥女，一年后她从香港写给女儿晓枫的信中，还提到“顾姨（二姨宝凤）的几个孩子中，霞珍（倬云的小名）最可爱，也吃得起苦，去年夏天曾到我处住了一个暑假，她曾吐露对于家庭生活的不满”，因为写信时（1949年9月11日）上海已经解放，晓枫随大军南下并进了上海军医大学继续深造，当时广大知识青年中正掀起了参军和参加革命工作的热潮，所以，朱枫的信中又特别向女儿交代：

你如果写信给她们，不妨诚〈郑〉重地叫霞珍到上海来参加学习与工作。

如果她能来上海，在晓光店里（当时朱晓光也回到上海，任刚刚组建的新华书店经理。——引者注）做事很适宜，门市、邮购或会计她都可以试做，身体好，人也聪敏。

十天以后，在另一封致女儿晓枫的信里，朱枫再次谈及为外甥女介绍工作的事：

今天顾姨父有信来，说起他们也接到了你和晓光的信很是欢喜，霞珍还有一季可以毕业，以后送她来申做事。这事我上月托人带信去也曾提起，现在毫不勉强地同意了，毕竟时势不同，把他们讲正统的人也改变过来了。

长期经商又有众多子女的宝凤夫妇在新旧时代的转变关头，有些迟疑是很自然的。对于女儿的学业，做父母的看得较重也在情理之中，但倬云并没有等到高中毕业“来申做事”。1950年，当战火烧到鸭绿江边，“抗美援朝，保家卫国”的号召化为万千热血青年的行动的时候，她作为武汉市第一批报名参干的高中学生被批准，登上了北去的列车，远离家乡和亲人，开赴北国冰城哈尔滨。由于国家急需专业人才，她没有能够直接上前线，而是像她的表姐朱晓枫那样，被组织上送进了医科大学军干班。经过了六年的专业学习和长期的工作实践，顾倬云已成为我军医务界中卓有成绩的外科专家。

2003年春天，本书作者到北京301医院采访顾倬云大夫。这位古稀之年还在辛勤工作的军中女专家，一再提到四姨对自己的教育和影响。多少年来，朱枫烈士追求光明的一生和为国捐躯的事迹，早已成为晚辈们涌动在内心深处的一股永不干涸的热泉，时时刻刻激励着他们在为人民服务的岗位上严格要求自己，做一个高尚的人、纯粹的人。随着年龄和阅历的增长，倬云对同样是女性和母亲的朱枫也有了更多的理解和领悟，每当回忆起1948年暑期在上海与四姨的朝夕相处，当年一段似乎未曾留意的简短的对话，竟如重锤般叩响在自己的心上——那是朱枫在一个休息日的下午，带倬云去看电影，同去的还有朱明、朱晖小弟兄俩。那天看的是一部美国故事片，片名叫《舐犊情深》。影片的内容，顾大夫已回忆不起来了，只记得讲的是一个关于亲子之情的感人故事。四姨走出电影院的时候，一直没有说话。朱明和朱晖小弟兄俩蹦蹦跳跳地跑在前面，朱枫和倬云跟在他俩的身后。突然，四姨问了倬云一句话：

“霞珍，你觉得小明和小晖有什么不一样吗？”

倬云没有听出朱枫问话中的意思，因为她并不知道小明是四姨所生，身为晚辈的她也不了解四姨在抗战中的经历，和多数不知情的亲友一样，她也真以为小明和小晖一样，都是陈宜表姐的孩子，因此随口答道：

“他们小弟兄俩还是蛮像的，比起来，小晖结实些，小明机灵些。”

“哦——”朱枫应了一声，没有再说下去。原来她的情绪还沉浸在电影《舐犊情深》所带来的冲击中，倬云的反应倒让她又回到了现实之中。

为了多获得一点那部影片的情况，以便更多地了解本书主人公当时的内心活动，我查考了我能查考到的所有电影史料，只获得一条相关信息：

> 《舐犊情深》，美国电影，1931年出品，1932年获第二届奥斯卡金像编剧奖。

右起：顾倬云、朱枫、朱明、朱晖，1948年夏在上海复兴公园

看来，这还是一部很优秀的经典影片。银幕上的骨肉亲情，深深触动了朱枫那颗做母亲的爱子之心和敏感的神经，才情不自禁地说出了那句可能会让听者疑惑其“阿婆”身份的问话来；而在当时，她的内心所泛起的该是一种怎样的酸楚和无奈啊！亲生的儿子近在眼前也不能相认，即使在自己的外甥女面前也不得不把流露出来的一丁点儿真情，再次严严实实地遮盖起来……

不过，事情很快就有了变化。

1948年秋天，朱枫奉调上海地下党在香港办的“合众贸易股份有限公司”。对外的说法，是去香港养病，因为那时由于工作的劳累和个人情感上的原因，朱枫的身体确实出了点毛病，常闹胃疼，需要休养和治疗，换个环境也许会好一点。临行前，她同陈宜商量，把朱明、朱晖两个男孩子都带到香港去读书，由她来照料，可以减轻陈宜的负担；还因为进入解放区的朱曦光和朱晓光兄弟俩，此时都已断了音讯，时局变化很快，做这样的安排，也是为了家人的安全和联络的方便。

不知是海阔天空的壮丽景色放松了旅人的心情、打消了以往的顾虑，还是对即将到来的新生活的期盼促使朱枫重下决心——总之，是在这艘去香港的轮船上，“阿婆”公开了自己的真实身份：她和小明之间的母子关系。朱枫第一次以母亲的名义，将快满十周岁的湘虎揽在了妈妈温暖的怀抱里……

当小明站在海船的甲板上，怯生生地喊第一声“姆妈”的时候，如愿以偿又做回了“亲妈”的朱枫抑制不住激动和喜悦。在她听来，好像那扑打着舷边的飞溅的浪花、那追逐着船尾的海鸟的聒噪声，都变成了海风中回响着的童音：

“姆——妈，姆——妈，妈……”

第四章　枫红香江

特殊的战场

七八年前，朱枫同朱曦光从上海向桂林新知书店运送纸张和书籍时，曾走海路绕道广东，在香港做过短暂的停留。如今，这个华洋杂处的英属殖民地、光怪陆离的“自由港”，随着中国解放战争的迅猛发展和国民党统治的加速崩溃，已成为一个特殊的中间地带和斗争前沿，政治局面变得非常复杂和诡谲。越来越多的民主人士、进步分子和反蒋派别纷纷进入香港并向中共靠拢，寻求支持和帮助，寄希望于同共产党的合作；另一方面，国统区的达官贵人和富商巨贾也开始向香港逃亡，国民党的各类特工机关加紧了在香港的侦察、监视和破坏活动，为他们自己及其主子安排后路。

在这种形势下，中共加强了香港方面的工作。潘汉年1946年9月即从上海来港从事统战和情报工作。1947年年初，上海局派年轻党员万景光利用其在港的社会关系建立了联络点，以跑马地摩利臣山道26号作为上海局驻港办事处。从那时起，刘长胜、刘晓、钱瑛、沙文汉等负责同志曾先后来到香港，与华南局的方方、刘宁一、乔冠华等建立了联系，也得到了香港工委、港澳工委的大力支持和帮助。1948年

3月至1949年3月，上海局执行中央指示，为适应新的形势变化，总结党在蒋管区的工作经验，提高干部的政策水平和战斗力，在香港设点分片举办了十多期学习班，轮流培训了数以千计来自沪、宁、汉、中南、西南和包括台湾在内的各地党员干部。在港的许多中共知名人物，如潘汉年、章汉夫、方方、连贯、许涤新等都曾来学习班讲课、做报告。来自白区地下斗争第一线的学员们通过学习中央文件、开展“小整风”，对党的工作重心即将由农村向城市转移、迎接解放全中国的伟大斗争有了更加充分的思想准备。由南京地下党市委书记陈修良负责起草的《南京建党工作总结》和她所做的题为“公开工作与秘密工作”的经验介绍，也在学习班上推广交流，产生过较大的影响。

在此期间，上海局驻港办事处还会同上海和华东局在港搞经贸活动的企业部门，开辟了香港至仁川的海上交通线，接受中央所委派的任务，将一批又一批在港的进步人士和重要工作关系安全送往山东、华北和东北解放区，参加新政协会议、全国劳模大会、首届文代会，为迎接新中国的成立做准备。1949年5月以后，刘晓返回解放区，上海局驻港办事处由沙文汉领导，重点开展对台工作，加强了情报搜集与策反活动，如参与策动了“两航”（中国航空公司和中央航空公司）人员的驾机起义、炮航“联荣”号全体官兵起义等等。

朱枫的“老家”——新知书店总店，自1946年春天从重庆“复员”回到上海，重建出版发行阵地，出版了范文澜主编的《中国通史简编》、侯外庐等著《中国思想通史》、王士菁著《鲁迅传》等一批有影响的进步书籍。1947年恢复门市部后，为躲避国民党淞沪警备司令部的查禁，也开始向东北解放区和香港转移。1948年4月，新知书店香港分店开张那天，邵荃麟代表中共香港工委前来指导，沈钧儒、马叙伦、郭沫若、茅盾、翦伯赞等在港知名人士纷纷赠送条幅表示祝贺。郭老的赠诗曾传诵一时：

出任三联副总经理的沈静芷，左为“新知”老同事张朝同

新知书店香港分店

焚书今日不要火，
杀儒今日无需坑。
懂得乘桴浮海意，
要为文化作干城。

爱憎分明地表达了这位新文化巨匠对国民党当局摧残民主文化的愤慨和抗议，给国统区坚持进步文化出版工作的同行和战友以热情的声援。不久，周恩来副主席致电香港工委，要求生活、读书、新知三家革命书店集中人力、物力，尽快进入解放区。为贯彻中央指示，香港工委决定三家兄弟书店全面合并，正式成立“生活·读书·新知三联书店”。1948年10月26日，三联书店召开成立大会，从桂林后期就负责新知总店工作的沈静芷入选新成立的管理委员会，出任三联书店副总经理。半个月后，他带领三联书店的部分同志离开香港，远赴东北解放区。

就在沈静芷离港前的那天晚上，他和夫人戴琇虹一起去尖沙咀看望老领导徐雪寒，因为那时在华东局做财经工作的雪寒同志常来往于华东解放区和上海、香港之间，他的夫人朱光熙和老母亲也从上海转移到了香港。沈静芷来徐家的时候，徐大哥已离港北上，却意外地见到了分别多时的老同事朱枫。战友重逢，自然非常高兴。当晚，他们谈了很久才分手。第二天一早，沈静芷夫妇还没有出门登程，朱枫就赶到他们在九龙乐道的住处来送别，还特地带来了她连夜编织的一双毛线袜。她将毛线袜递给沈静芷的时候，说：

“香港的天气都冷了，昨晚我看你衣服单薄，想到你们去的东北，该是冰天雪地了，保暖很重要，连夜赶织了这双毛线袜送给你。”

“朱大姐……”望着朱枫因熬夜有些发黑的眼圈，沈静芷感激得不知说什么才好。1938年在武汉加入新知时就认识朱枫的他，手里攥着那双既厚实又暖和的毛线袜，心里却在念叨：“这里面编织的可全是大姐的心意呀！”从桂林到重庆，从新知办事处到珠江食品店，现在又从上海到了香港……无论走到哪里，无论做什么，朱枫总是把集体利益和关心他人放在最重要的位置上！作为新知领导者的沈静芷，是深深了解朱大姐的人品和才干的。这双朱枫亲手编织的毛线袜，跟随他到了东北解放区，又跟随他进了北京城，度过一个又一个寒冬，修修补补穿了许多年，也舍不得将它丢弃。

有关朱枫在香港工作的情景，也保存在她的两个老朋友、十年前在浙江金华就结识的张一之和夏云夫妇的记忆里。张一之（又名张毕来），是一位老资格的共产党人，也是一位著名的“红学家”，中华人民共和国成立后任全国政协常委。1939年年初他和华云游奉中共浙江省委之命协助李友邦建立抗日武装“台湾义勇队”，他的爱人夏云，刚从皖南新四军教导总队八队受训毕业，也调来金华担任“台少团”

的辅导员，成了朱倬的老师。他们在那里工作到1940年年底离开，同朱枫阔别多年以后，又在香港不期而遇了。

张一之在《忆朱枫同志》中这样记叙他同朱枫的“意外”相见：

1949年春天，我从南宁到香港，邵荃麟同志叫我在香港等着去上海。后来，他自己要去北京，把我交给了张铁生同志，让铁生同志送我去解放区。我等了好久，始终没有机会，心里很着急。我住在九龙，有一天，一位女同志来找我，我一看是朱枫同志，喜出望外，我没有想到她当时也在香港。她知道我是等着去上海，就对我说，他们有船。过后不久，她又来找我，叫我和她一块去香港本岛看一个朋友。在港九渡轮上，她叫我猜这老朋友是谁，我一时说不上。朱枫笑笑说：“上岸就知道了。”上了岸，她带我走进一家咖啡馆，座厢里站起一个人，西装革履，满面春风，伸出手来说道：“久违，久违！”我一看原来是蒋伯铭同志，当年在浙东一起做地下工作的朋友，现在叫陈明。他说：“你要去上海，不成问题，我们有船。”后来，我就坐了他们的船离开香港去上海。送我上船的时候，朱枫说她暂时不会离开香港，夏云从南宁到香港时，可以来找她，她留了一个地址，让我转告夏云。后来，夏云到香港时，也是通过朱枫、陈明的关系到上海的。

朱枫在香港所给予我们的帮助，不仅仅是同志间的关怀，更是当时地下党对过港干部关心的体现。我到香港后就知道，组织上有专人负责帮助过港干部。那时候，从蒋管区到香港的同志很多，各有各的任务，困难也很多，一一得到解决并非易事。朱枫和陈明他们做的正是这样的工作，看似平常、琐碎，实际上意义重大。

夏云的回忆文章《亦喜亦忧过香港》，对此有更为生动、具体的描述：

> 1949年夏天，我带着还没满月的婴儿和两个较大的孩子，离开南宁去香港。按毕来（张一之）信中给的地址去找朱枫，到了一个像书店又像是公司的地方，满以为立刻就能见到朱枫，谁知人家回答说“没有朱枫这个人”。见我大失所望又初来乍到、拖儿带女，那人就带我到附近一家旅馆，说：“你先住下，再慢慢找人吧。”我住是住下了，心里却十分不安，找不到人，手里的钱也不多了，怎么办呢？想来想去，一夜没有睡好。
>
> 第二天一早起床，还来不及打理孩子，就见窗外走廊上迎面走来两位大姐，其中一个就是朱枫，可把我乐坏了。坐下之后，朱枫对我说：“毕来已经去上海，你放心，且住几天，一有船就把你送到上海去。光熙也要去。”说到这里，她才介绍同来的就是朱光熙大姐。接着她又同我谈起别后的情况和香港的现状，又问我的身体和小孩子怎么样，临走时还给我留下一笔钱，解了我的燃眉之急。
>
> 后来，她又多次来看我。最难忘的是离开香港去上海的那天，我带着孩子走下码头的时候，大姐来了，她招呼两个人帮我拿行李抱孩子。船开了，我在船上望着大姐，她站在那里招手微笑。这个情景，深深印在我的脑子里，总觉得大姐当年的微笑仿佛在说：“让我们分别在革命的道路上向前迈进吧！”

朱枫在香港做的既是地下党的财经工作，也有秘密交通方面的任务。她任职的香港合众公司便是华东局的下属企业，办公地点在香港本岛的皇后大道，住宿的地方则在九龙弥敦道，天天上班要乘轮渡，工作非常辛苦。她把两个孩子送进了靠香港仔附近的务实中学小学部读书，学校校长是一位共产党员，徐雪寒夫人朱光熙也在那里教书。与朱光熙同事的另一位女教师林如云，在四十年后所写的《忆朱枫大姊》这篇纪念文章中，也从另一个侧面为我们留下了本书主人公这一时期的生活影像：

> 我认识朱枫大姊是在1948年冬，那时，香港务实中学小学班来了两个从内地出来半途插班的学生——朱明与朱晖。一天，徐雪寒夫人朱光熙约我散步，与她同行的是一位娴静、朴素、谦和、两眼透射着睿智目光的大姊。光熙同志介绍说，这就是朱枫，朱明的妈妈、朱晖的婶母。她给了我深刻的印象。
>
> 那天，光熙同志与我都抱着自己一岁左右的女儿，三个人徐步走到香港仔山边一个荒芜的小公园，拍下了一张珍贵的照片。照片里的朱枫，还在勾织她的毛线制品，一分钟也不浪费。出人意料的是，不过三个星期，我竟然收到一件送给我女儿的礼物——一顶红艳艳的勾着枫叶的精致小帽。不用说，这是朱枫大姊的艺术作品。可见朱枫大姊喜爱艺术，也重情谊。
>
> 1949年秋，我离开了务实，搬到九龙弥敦道，住在华东财委设在香港的几家企业的宿舍里。不知是什么时候，朱枫大姊也搬来与我们同住，她早出晚归，从不打扰任何人，但一碰面，却又那么亲切，真像一个大姊姊。在香港那个寸土千金的地方，她只占有一间挨着厨房的小房间，很小很小，但却被精心布置过，叫人一看就赞叹居室主人热爱生活、善于安排生活的风格。在朱枫大姊心里，虚荣与奢华都已被抛弃。

一双御寒的毛线袜、一顶红艳艳的勾着枫叶的精致小帽，事情虽小，却处处流露出朱枫为人的真挚与热忱，即使在工作最忙碌、斗争最紧张的时日里，她也没有忘记为自己的同志多尽点心力、多送点温暖，“一分钟也不浪费”。

家书抵万金

从1948年深秋抵达香江，到1949年11月27日衔命离开港岛，朱枫在这紫荆花盛开的南国港城生活了整整一年时间。这一年，是中国大陆上翻天覆地的一年，摧枯拉朽的一年；也是长夜将尽，雄鸡高唱，东方破晓的一年。随着辽沈、平津、淮海三大战役连连告捷，天津、北平、南京、杭州、武汉、西安、上海、福州等重要城市先后解放，独裁统治二十二年的蒋家王朝垮台了、覆灭了；象征着新中国诞生和人民革命胜利的第一面五星红旗，从天安门广场上冉冉升起……几乎每一天都有令全球瞩目、神州雀跃的事情发生；几乎所有来自北方的消息和新闻，都是那样令人欣喜，那样激动人心！“烽火连三月，家书抵万金”，喜爱和熟悉古典诗词的朱枫，比以往任何时候都更感同身受地体验着唐代大诗人杜甫写于战乱流离中的这两句千古传诵的名诗，虽然时代所赋予它的内涵已完全不同。

在这短短的一年里，朱枫也给家人和友人写了许多书简。由于邮路不畅，每当有便船和熟人离港可以捎信的时候，她再忙再累也要“奋笔疾书”，以一手早年训练有素、此时更加挥洒自如的“行草”，向自己无时无刻不思念和牵挂的亲人倾吐心声、报告平安和送去问候，因为这是远在天涯的她同内地的至爱亲朋取得联系和沟通的唯一方式。对于一个重感情、爱家庭，因肩负责任而难以释怀又期待着亲人理解和支持的知识女性而言，这些清晰地表达出内心情愫和生活印记的文字，也成了她给予亲人和留在人间的最宝贵的纪念。

香港时期的生活照，后排右四为朱枫，前右四为儿子朱明

现存最早的一批家信，是她抵港后为安排上海家人的生活、报告自己和晖明小哥儿俩的近况写给陈宜的。此时的陈宜带着几个更小的孩子和朱晓光的母亲在上海“留守”，物价飞涨，社会动荡，生活很不容易。朱枫请在沪的一位公司同事陆先生的太太负责就近给陈宜提供费用，每月两次，结算后再由她从香港工资中扣还；后来为应付物价飞涨，改为陈宜跟公司在沪的一位周会计“随时计算、随时领取”。朱枫在最初的通信中就详列了自己在港的收支情况，“月薪四百元”，付了房租、水电、伙食、交通费，以及孩子们的“学食费及买饼干肥皂贴付等”，大约还剩一百元。她向陈宜交代“物价贵，你不必担心”，“家用每月可在八十元计算，不要超限，也不必过省，营养总要顾到的”，“算好了买什么，打一张购物预算，米柴油盐咸菜经常要多备些，另（零）用钱可不必多留，免得一天一天打折扣”。为了让陈

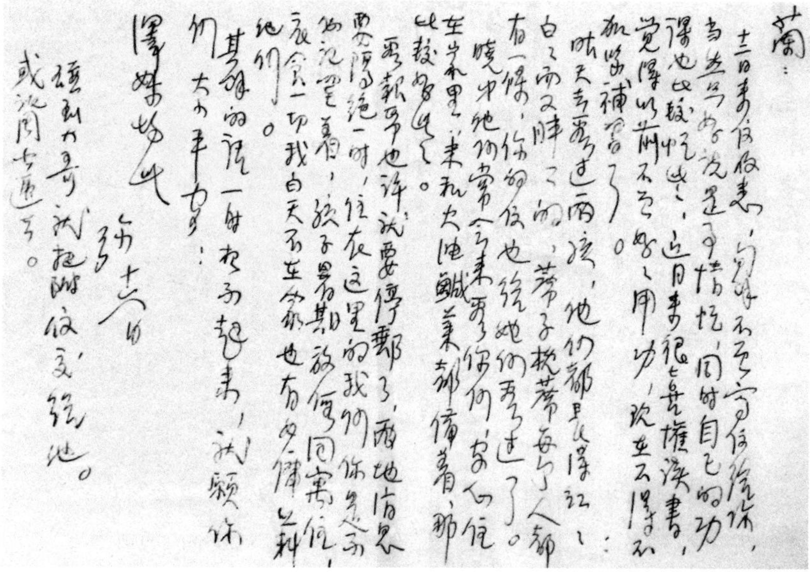
蘭：
十二日来信收悉，[illegible]不必[illegible]信给你，
为[illegible]说是[illegible]情况，同时自己的功
课也比较忙些，近日来很是埋头读书，
觉得以前不多[illegible]用功，现在不得不
加紧补习了。
昨天去看过两孩，她们都是[illegible]：
白白而又胖胖的，[illegible]每个人都
有一条，你的信也给她们看过了。信
[illegible]她们常会来看你们，家人住
在[illegible]里，来和大阿姨[illegible]都住着，那
比较好些。
[illegible]也许就要停邮了，要她消息
要隔绝一时，住在这里的我们你[illegible]
[illegible]记挂着，孩子[illegible]期放假同寓住，
衣食一切我白天不在家也有人负担料理
她们。
其余的话一时想不起来，祝愿你
们大小平安：
[illegible]好些
[illegible] 十六日
[illegible]祝福附候，[illegible]给她
或[illegible]阅[illegible]。

朱枫发自香港的家书（致上海陈宜）

宜安心，她还特别强调“有另外支出，你尽可告我，我给你多留些，从我部分省下来”。

就是这样一个无微不至地关怀着家人、又一贯慷慨大方地帮助同志和朋友的热心人，在对待别人所给予她和家人的“特殊关照”上却有着鲜明的态度与严格的分寸。在致陈宜的另一封信中，身为会计和财经工作者的朱枫有明明白白的交代，反映出她情感世界的高洁与矜持和她待人处事的练达：

……

杨先生送你的东西你收了之后不必过意不去，但如果他要给你钱用，你可婉言拒绝拒收。除非我有信给他或者他要求在还这里的账。

我们不应太受人惠。当然，一些物质上的赠与〈予〉，单纯

友谊性的表示并非化〈花〉钱过多的东西是可以收受的。他与我同事多日，彼此感情不错，但对你说，我不在申，他也同样可给你钱用，这话我不能同意。

自从我来港之后，他对我更好，来了很多信，内中有两三封提到叫我不必寄钱给你而由他负担你的另〈零〉用，我是完全拒绝了。因为我不想要他做经济上的帮助，虽然他并无恶意（而且善意），我心里还是有顾虑，何况我的薪水收入，可以维持，只要自己不浪费就是。

就在这封写于1949年2月18日的家书里，朱枫还对陈宜说："阿菊他们现在不知在哪里，我很想写信给王朴，如果你知道或者他们来上海，你告诉他们我在香港的地址，叫他们写信来，有机会到公司来看我。"阿菊是陈宜的亲妹妹，朱枫亡夫陈绶卿与前妻所生，抗战前就跟她的姨父在国民党的电台里学技术，1938年朱枫带陈宜和家人在湘西的流亡路上曾同已是国民党警务电台人员的阿菊匆匆相遇。抗战胜利后，阿菊和同在警务电台工作的丈夫王朴也回到上海，亲人们又团聚了。不久，他们随警务机关去了台湾。朱枫向陈宜打听阿菊和王朴的情况，很快就有了回音。同年五六月间，阿菊从台北给朱枫写信，通报她和王朴的近况，并说她刚生了孩子，不能去香港看妈妈，欢迎外婆去台北他们家小住。

朱枫同1946年进入解放区的女儿朱晓枫的联系，是在上海解放后才实现的。作为解放军中的医疗队员，晓枫渡江后进了上海军医大学继续深造，1949年年底分配到南京军区总院工作。现存她处的母亲寄自香港的来信中，最早一封写于1949年8月29日，在此之前，朱枫已跟女儿通过两封信，因为时间仓促写得都很简短；这一封较长，是因为她得知女儿交了男朋友，急着想多询问和了解一点儿女儿的生活和学习的情况，一颗慈母心中的喜悦、关切和挚爱，溢于言表：

……听说，你和白豪相爱，他是怎样一个青年，因为你不曾告诉我，晓光也只是随便提一句，所以我不能发表意见。感情上很自然的，只要相恋的对象是志同道合而个性适合的人我是很高兴听到的。

有空的时候，你不妨写一封比较详细的信来，告诉我是怎样的经过与现在的情形，白豪也在学医罢？那么，你们在技术水准上可以比赛研讨了。

到现在我还不知道你学的是内科或是外科？学得怎样程度，能不能单独处方或施行外科手术？

上次的信，你说得对，“学一门技术不容易，但是我有信心和毅力——事实上要完成它。”看了很高兴。

愿你永远进步，永远健康！

…………

此时的朱晓光也南下到了上海。他与朱枫1946年8月分手于沪上，被新知书店派到山东解放区去发展事业。随着华北、东北大片国土的解放，他的工作也从胶东到辽东、从华北到东北，红旗插到哪里，书店就办到哪里。像当年在皖南新四军中组织“流动供应队”一样，朱晓光同他的新老战友在幅员辽阔的东三省，利用各线铁路客运陆续恢复的有利条件，开办车站书亭和列车售书，既流动供应图书，又逐城开店设点，甚至应朝鲜人民政府和当地华侨的邀请，将书店办到了平壤。他们在中共东北局的大力支持下，在解放战争前线，奇迹般地重排出版《资本论》三千部，影印《鲁迅全集》三千五百部，共计十万巨册，发行到整个东北解放区和部分兄弟解放区，推进了解放战争时期的思想和文化建设，成为我国出版发行史上的一个壮举。

1949年4月下旬，百万雄师横渡长江，5月底上海解放。晓光随中宣部派出的南下工作组，代表中央出版委员会在上海筹建新华书店。此时的他才三十出头，因长年奔波在外，积劳成疾，患了肺病，骨瘦如柴，医生叫他卧床治疗，他却以革命为重，毅然参加上海图书出版发行业的接管工作，和汤季宏等新知老同事胜利会师后，很快建立起上海市新华书店，并被任命为首任经理，兼任国际书店上海分店经理。从1934年起就在党的领导下为传播革命文化出生入死、艰苦奋斗了十五个春秋的朱晓光，到了这时才实现了他的人生夙愿，按当时“经过长期革命考验的老同志入党可不要候补期”的规定，被党组织直接批准为中国共产党正式党员。

三年多没有见过面的晓光与朱枫，终于有了通信的机会。这对年岁和经历都相差较大，却因时代的动荡而相濡以沫的患难情侣，在劳燕分飞、南北千里的长期阻隔中，也产生过“情感危机”甚至分道扬镳，两人都陷入了痛苦之中。当时间和空间“沉淀”了这一切，主客观条件都有了变化，通信又使他们能够推心置腹、坦诚交流的时候，两颗依然执着相思的心，撞击和升华出了更加耀眼的美丽火花……朱枫写于1949年8月29日的一封长信中，相当充分地表达了这位投身革命的知识女性似水柔情中闪烁着爱的炽热和坚毅，即使在“个人问题”上也像那个大转折年代所要求的那样不断“清理”和“批判”旧我，同时也在追求“快乐”和“真情”地坦白胸襟：

梅：

八·八来信告我肺部病况之后，常以你的健康为念！

你说，像你这样的年龄害肺病已不是严重的问题，这句话讲得不对。现在你正壮年，痨菌的繁殖很快，假如自己忽视了它的

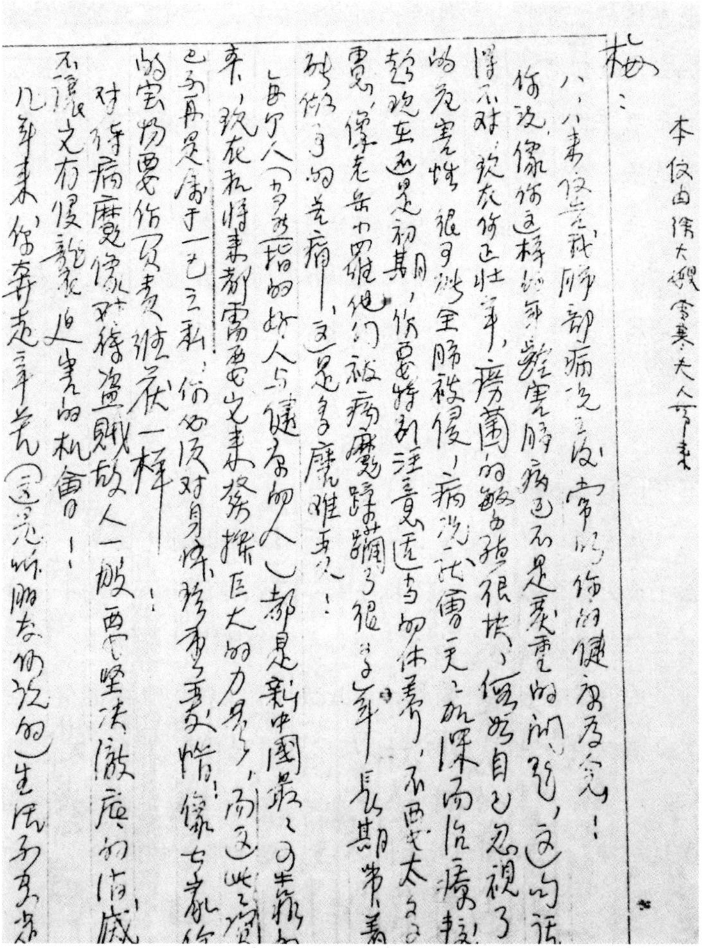
本信由傅大嫂雪寒夫人带来

梅：

八、八来信说我肺部病况之后，常以你的健康为念！

你说，像你这样的年纪害肺病已不是严重的问题，这句话说得不对。我知道你正壮年，痨菌的繁殖很快，假如自己忽视了它的危害性，很可能全肺被侵，病况就会一天一天的深而恶化转趋。现在还是初期，你要特别注意适当的休养，不要太劳累，像老岳他们被病魔蹂躏了很多年，长期带着残你了的老病，这是多么难受！

每个人（当然指的好人与健康的人）都是新中国最宝贵的财富，现在和将来都需要以之来发挥巨大的力量，而这些宝贵已不再是属于一己之私，你必须对身体珍重才对，像七家伙的宝物要你负责保护一样——！

对待病魔像对待盗贼敌人一般，要坚决彻底的消灭，不让它有侵袭或迫害的机会！

几年来，你奔走三年多（这是你所做的）生活不安定

朱枫致朱晓光的“情书”，信中有这对爱侣真诚坦荡的内心剖白

危害性，很可能全肺被侵，病况就会一天天加深而治疗较难，趁现在还是初期，你要特别注意适当的休养，不要太多地操虑，像老岳老罗他们被病魔蹂躏了很多年，长期带着不能做事的苦痛，这是多么难受！

每个人（当然指的好人与健康的人）都是新中国最最可靠的资本，现在和将来都需要它来发挥巨大的力量，而且此资本已不再是属于一己之私，你必须对身体珍重爱惜！像公家给你的宝物要你负责维护一样！

对待病魔像对待盗贼敌人一般！要坚决彻底的消灭它！不让它有侵袭迫害的机会！

几年来，你奔走辛苦（这是听朋友们说的）生活不安定，当然不能好好照顾身体，心境不畅，这也可能是因素之一，这一点我是很抱歉的！问题处理得不好，你我都苦了好几年，我在不能排遣的时候也会放怀痛饮，以致酿成胃溃疡，直待出血之后，才完全戒饮，经过长期的注射与保养，现已痊愈。汉兄（指徐雪寒。——引者注）在理解我对你还有深情之后，他也责备我做错了这桩事！他说应该让柳读书去，她自有她的前途。不过那时候，我以为既成了事实，不必拖泥带水，柳对你也有感情，自己的幸福建在别人痛苦的基础上总觉得不对。现在想来，这也是不彻底的办法，感情不能有丝毫勉强，为什么让应该快乐的人们，长期陷在不愉快的心境中，要痛快，只有认清立场、速战速决！当时没有那样做，现在只好向你抱歉了。

不过，过去的事情毕竟不需要再用脑力去想它了，摆在我们面前的是待办的事与应该研究的问题，有限的精力再也不该浪费啦！

我赞成你说的，谈个人问题是只许快乐不许痛苦！那么，是你说的话，你应该永远记住！

末后，你告诉我，你将以云和五岱洋时的心情迎接我，看我以什么态度接受你！从头到尾看这封信是带着重重的意气的！不过，我倒并不以此怪你，反而因为在这封信里找到了宝贵的真情，增加了无限快慰！现在我回答你一句话：“我将以最好的态度接受你！”这话虽说得不具体也不可能具体，但你总应该满意了，因为这不是随便说说而已。

十几年来，尝尽了人生甜酸苦辣的滋味，也因此心里更明白是非曲直，对一个同志同道的人我想不会再像以前那样闹意气。蔡畅的八互精神，是应该记住而做到。

人是朝着前进的方向走，不断地反省与批判使背上的包裹随时随地在清理与抛弃，从前带出来的浓重的优越感和可笑的自尊心都已抛掉了，自己常常想，不懂的事情那么多，懂得的又那么不透彻，还有什么值得骄傲呢！过去你常说看不起你，以后要向你学习啦。

在这封托徐雪寒夫人带到上海的“情书”里，朱枫也倾诉了她想回沪工作的心愿，希望给生病的晓光以“精神上的安慰”，但眼下还走不开，“好在时间不会太久，天南地北，让我们想想过去的好处吧”——

我常常想起霞浦路吃茹粥，五岱洋种菜挑粪，嘉陵江畔月黑风高的晚上，你从安乐旧木桥边来，我在集中营探访时的感觉和宪兵队出来后你对我的感情……还有在安陆云梦通过封锁线，我曾经黑夜掉在田塍下面，你一次次把我拉上是那样温情地，这都使我不能忘却。我相信，在你的脑里也一定有可以想念的地方。

如果一定要想，就想想这些吧，这会使你愉快的。

一张五彩照[1]是拍二寸时附赠的，本人面孔绝没有那样红白鲜艳，也没有涂脂抹粉修饰它。四十岁以上的人，你是能够想象她的苍老与改变，照片只是神态与面貌相似而已。

…………

这封写满了五页纸的长信，不但使爱人朱晓光深受感动，也让时在上海念军医大的女儿朱晓枫看了以后，更加理解和尊重母亲和晓光之间的感情。一个月后，晓光给朱枫回信说：

（你的）信是这样长而（有）感情，确实带给我以温情。彩色照片很神气，虽然不希望本人的装束会那样，这个影子却令人喜悦。……

晓枫看了你给我的信，很是高兴，（她）给我的信称为爸爸，我似乎还有一点老不出呢。当然，这笔账颇不好算，如果算清楚了，也使人痛快。过去的日子不痛快透了，而所有的波折也是因此而起。以后，就毫无这些顾虑了，我们的后半生该有了快乐。

“我们的后半生该有了快乐”！看似平常的一句话，却是相距千里的晓光对三年多没见面、虽经“是非曲直”但对他仍然“深情”如故的爱人朱枫最真实、最信赖的表白；也包含这对革命情侣和患难夫妻对他们即将到来的共同生活和家庭幸福的热烈期待。用朱枫自己在回复晓光信中的话来说：“九月二十三日信及珍女、豪的信都已收到。

[1] 这张朱枫寄给朱晓光的“五彩照”被珍藏了许多年，成为朱枫烈士传世的遗像，亦即本书开篇前的第一幅图片。

在好久没有得见你们来信只是看到别人有家信来，忽然接到那么多的信，这确是无限愉快的！‘家书抵万金’，万金又哪里能抵得！”

朱枫牺牲后，香港的同事们在整理她的遗物时，发现了她所保留的亲友来信只有四封，其中三封为朱晓光所写，包括这一封在内。另外一封是“豪的信”——女儿晓枫在上海军医大的同学、当时的男友白豪写的。他向没有见过面的“伯母”问候，报告了他和晓枫的学习和分配工作的情况，也被做母亲的朱枫收存起来了。

接受任务

就在朱枫盼望着早点结束在香港的工作，回到内地去与家人团聚、全身心投入新中国怀抱的时候，一个新的工作任务正悄悄地向她走来。这是那个非常年代里一项光荣而又有特殊意义的重要使命，也是一次艰巨、危险、有可能会付出巨大代价的生死闯关。为了清楚地说明事情的来龙去脉，有必要引用一段2003年早春本书作者在上海刘人寿家采访时，这位革命老人忆及当年在香港与朱枫的交往：

> 1948年年底，我部上海电台被敌人侦测破坏，我和几个同志于1949年年初奉命先后从上海撤至香港。朱枫闻讯后，请我和她相识的小黄看了一场戏。5月上海解放，潘汉年同志来电报，要董慧（潘汉年夫人）和我返沪，我因有未了事宜，耽误了几天，不料，蒋美对上海进行封锁，航运中断。张唯一同志决定我乘贸易部门与解放区做生意的船经青岛回上海。那天，是朱枫送我和侯德华上船，并介绍我与带队的属上海市委的万景光同志相识，一同返沪。此后即未与她见面。

刘老这里说的朱枫介绍他认识的“属上海市委的万景光同志”，即1947年年初上海局委派其在港设立办事处的那位党员干部、租借摩利臣山道26号秘密联络点的“户主”，人称“小万”——那时的万景光三十出头，人很精神，也显得年轻，因此，沙文汉、刘晓等领导人都亲热地喊他“小万”。他和妻子冯修蕙都是广东人，在粤港的社会关系很多。毕业于上海复旦大学的这对年轻伉俪，因为抗日救亡而走向革命，早在学生时期就加入中共。此时，万景光在香港的对外身份为国新公司副总经理，而实际上以他充沛的精力和丰富的斗争经验，在刘晓、张执一和沙文汉的直接领导下，主持着办事处的内外事务，尤其是1949年5月以后加紧开展的对台工作。朱枫是何时认识万景光的，又是怎样通过他接受了那项重大又秘密的使命？从现存资料中寻找有关朱枫和万景光的联系，有确切线索可循的便是以上刘人寿的这段谈话。

“小万”，这位在国民党“保密局”人员眼中“妖魔化”了的人物，被他的对手们称为“中共对台湾秘密工作的魔手”“中共对台湾工作的主角”，究竟是怎样一个人？他如何出现在朱枫人生历程的转折关口并施以了怎样的影响？带着这些问题，本书作者于2003年4月初，在离天安门不远的一座机关大院内，采访了当时还住在机关宿舍里的万景光遗孀、八旬高龄的冯修蕙女士。

冯修蕙女士出身富商名门，其父冯少山长期担任广东商会会长，是一位著名的爱国民主人士、中国民主促进会的创会人之一。早在抗战之初，“千金小姐”冯修蕙就和她的复旦同学万景光，作为“两广同学抗敌后援会”的骨干，在中共上海地下党的领导下，为上海人民支援新四军、向抗日武装输送募捐款和各类物资奔走呼号，跟国民党、三青团中的顽固派展开针锋相对的斗争。太平洋战争爆发后，他们夫妇俩奉命转移至苏（州）常（熟）太（仓）游击根据地，继续为党工作。抗战胜利后，万景光积极投身上海的爱国民主运动，1945年

冯修蕙老人

12月30日在上海科学社召开中国民主促进会成立大会，创会代表有马叙伦、周建人、许广平、雷洁琼、刘大杰、柯灵、赵朴初等二十六位知名人士，冯少山和万景光都名列其间，恐怕他俩是“民进”创会者中唯一的一对翁婿了，可见，当时还是“小青年”的万景光的活跃程度和在这些社会贤达与各界名流中的影响。正是因为他的工作能力和社会背景，万景光被中共上海局书记刘晓派往香港建立上海局联络点（办事处），时在1946年年底。

冯修蕙老人介绍说：万景光到香港后，利用其父执吴叠卿在香港开设的永春堂药店作为通讯联络点，并在摩利臣山道26号租房作为宿舍和办事处；职业掩护方面，万景光通过岳父冯少山的友人、曾任“国大代表”的陈大勋律师的关系，同陈在香港德辅道合开了一家荣记行（后改为国新公司），自任副总经理以便公开活动。1947年1月初，上海局副书记刘长胜到香港，指导办事处开展工作，后来，刘晓、钱瑛、张执一、沙文汉以及陈修良等领导同志来港后都曾在这里居住、主持各项工作。1949年5月以后，刘晓返回解放区，上海局驻港办事处由沙文汉领导，办事处的隶属关系也改为华东局对台工作委员会第二工作队，工作重点转向对台工作，全力推进情报搜集与策反活动，为配合人民解放军的军事行动做积极的准备。

冯修蕙本人是1947年三四月间抵港的，担任办事处的机要工作。这位当年中共上海局驻港办事处的女机要员，谈起那段为迎接全国解放而加紧工作的日子，声调平和而饶有兴味。她说，1948年3月，钱瑛同志来香港筹办白区干部学习班，到办事处的那天早晨，她正在厨房的煤炉旁点火，因为从未干过这样的家务活，弄得两手漆黑、一屋子煤烟，人也被呛得披头散发、涕泪交流。不速之客钱大姐站在门外，笑着对她说：

“万太太，早知道你这样狼狈，我把上海的煤油炉子带来就好了。”

满头银丝、南国口音很浓的冯修蕙老人告诉我：“当时秘密工作的要求很严，同志间多是单线联系，万景光和谁来往，我从不过问，景光也从来不说。我的工作是每天翻阅香港的中英文报纸，从大量政治、经济、军事和社会新闻中挑选有价值的材料编写成简报，送交张唯一处，由他会合其他情报来源，提炼、整理后再向上级汇报。办事处工作人员很少，有一处秘密电台，设在另外一个隐蔽点上。报务员是一位从八路军中调来的北方汉子，姓田。这位老田同志一句广东话也不会说，因此从不出门。他也自做饭菜，‘厨艺’比我还差，曾闹过土豆不削皮就切成丝下锅炒的笑话……”

当我问及上海局驻港办事处的对台联络工作时，修蕙老人回忆说：

早在1947年台湾人民反蒋抗暴的“二二八起义”遭到残酷镇压以后，台湾地下党的谢雪红、杨克煌等同志撤退到香港来，他们在刘晓、沙文汉等负责人的亲自指导下，召集在港的台湾籍同志组织学习班，总结斗争经验教训，在报刊上发表纪念文章，披露事件真相，驳斥国民党反动派的御用宣传。1948年3月，张执一同志曾去台南市跟台湾地下党的何世平会面并布置工作。同年5月，台湾地下党领导机构台湾省工委（**“中共台湾省工作委员会”的简称——引者注**）专程来香港石塘嘴参加华东局主持的台湾工作会议，会议做出了《关于形势估计和台湾解放的几种可能方式和相应的任务》的决议。会后，省工委书记蔡孝乾到摩利臣山道向刘晓、张执一等同志汇报。蔡孝乾回台后，向台湾地下党进行了传达并派交通来港联系工作。这以后，配合解放战争势如破竹的发展形势，对台的情报和策反工作，成了办事处工作的重心。

修蕙老人接着回忆：1949年初春，上海局通过何世平的父亲、老同盟会员、国民党立法委员何遂，与时任福建绥靖公署副主任的吴石中将建立了联系。同年6月，吴石调任“国防部”参谋次长，在随国民党政府迁台前曾来香港，万景光代表党组织同他会晤。不久，吴石又派副官聂曦来香港送情报。由于吴石在国民党军政界的特殊地位，这样的联系方式所冒的风险太大，必须从香港派可靠人选去承担起秘密交通的任务，因此，上海局驻港办事处才开始实施这项重要的工作。鉴于这项工作的特殊机密性，除了万景光和他必须请示的上级领导以及当事人外，谁也不知情。

“朱枫的名字，我是在烈士牺牲以后才听说的。在我的记忆中，没有见过她。她去台湾联系的两个人，吴石与蔡孝乾，我只见过蔡孝乾，就是在那次台湾工作会议以后，蔡孝乾来办事处汇报工作时见到的。蔡孝乾此人个子高高的，白白的脸庞，四十来岁，听说在党内的资格很老，是台湾共产党的创建者之一，参加过长征。”冯修蕙老人如是说。

万景光、冯修蕙夫妇（20世纪50年代在北京）

万景光于20世纪80年代病故于北京，香港时期领导他做策反和情报工作的上海局几个负责同志，刘晓、沙文汉、张执一，都已过世。可以说，有关“小万”向朱枫布置任务的具体细节，今天已很难有人做确切周详的描述了。但从以上的介绍和其他相关的线索、资料中，我们还是能够大致地“链接”起朱枫接受赴台任务时的一些情况：

一、朱枫和万景光的工作联系，应在1949年上海解放后刘人寿自香港返沪之前，因为朱枫送刘人寿上船时曾介绍万景光与之相识，她本人当同万已有所接触。另据有关资料，万景光在1949年初春也回过一次上海，他同吴石的第一次见面，就是这次返沪时通过已跟共产党合作的何遂安排进行的，冯修蕙所说同年9月吴石来香港，应是吴与万的第二次会晤。当时福州已经解放，吴石到了广州，接到了被委以“国防部”参谋次长的新任命。他在去台赴任之前还来香港同中共联系，可见其倾向革命的态度是非常坚决的。当时，万景光即向吴石表示：台湾是国民党退守的最后据点，希望他为“解放战争的最后一仗”做出自己的贡献；同时也许诺，中共方面会派出联络人员去台湾跟他接应，时间不会很迟。

二、朱枫家书中最早提及与台湾有关情况的，是1949年2月18日给陈宜的信，信中，朱枫向陈宜询问其妹阿菊和妹夫王朴在台湾的消息，对这两位随国民党机关迁台的亲属表示了关切。朱枫此举是出于单纯的人之常情，还是兼有为日后接受任务而埋下的“伏笔”，我们不得而知。确切的是，当时已任台湾省警务处电讯管理所主任的女婿王朴（又名王昌诚），不久就有了回音，说阿菊于年初生了男孩，欢迎婆婆去台小住，并为朱枫办好了入台的手续。朱枫在同年9月24日致朱晓光的信中有这样的话：“阿菊夫妇很想我去，入台证也寄来了，真是幻想。”如按字面理解的话，这时的她似乎还没有去台的意思。但到了10月7日致晓光的信中，她的口气就有了变化：“兄尚须去菊处小住，须两个月方与妹聚首，请勿为兄操虑，保健为要！”这里的“兄”是朱枫自称，“妹”代表晓光，“去菊处小住”，指她已接受了去台湾的任务——显然，有继女阿菊和女婿王朴这样一个合法的掩护身份，为她赴台履行秘密使命创造了最理想的客观条件。那么，任务是不是在9月24日至10月7日这十来天内下达的呢？

三、要回答这个问题，先来看徐雪寒同志的一段回忆。他在纪念朱枫的那篇文章中写道：

> 1949年5月，上海解放，我参与接管工作，才知道朱枫已调香港工作。六七月间，接到她的来信，说华东局有关部门要调她到台湾去，问我的意见。我知道多年以来，为了革命工作，她与爱人和女儿天各一方，渴望回来团聚。我答复她说：可以将个人

愿望如实向组织说明，但最后还应服从党的决定。以后就没有再得到她的信息。

9月，我的爱人带领一家老小回到上海，告诉我朱枫已奉命将去台湾，临行前将两个男孩托她带来大陆。朱枫终于像人民解放军那样慷慨从命。我们敬佩她并默默祝祷她工作顺利，平安归来。

按徐雪寒的说法，早在1949年六七月之前，朱枫已经知晓有这样一个任务。如果雪寒的说法成立，朱枫9月24日致晓光信中说的“阿菊夫妇很想我去……真是幻想”这句话中的“真是幻想”四字，应是表明自己的“政治立场”或者是“虚晃一枪”的掩饰之词，因为在这次行动中，组织上为了保密，已做了对外宣称“调朱枫回上海”的安排，她自己也于9月初将身边的两个男孩子托徐雪寒夫人朱光熙带回内地。因此可以做这样推测：朱枫对于接受这样一个重大而又危险的任务，是有一个思想斗争的过程的，也做了比较充分的准备，并非是仓促和匆忙间的决定。这个考虑、准备和上级研究、批准的过程，在后来的几封家书中也有所提及。我们下面还会叙述。

四、1949年4月下旬，中国人民解放军跨过长江天险以后，以排山倒海之势横扫盘踞中国南部的国民党残余势力。虽然当时人民海军与空军尚未建立，对国民党控制的沿海诸岛一时还鞭长莫及，而且蒋介石把自己的大本营已移到台湾，凭借着海空优势加强了守备力量，但一心“宜将剩勇追穷寇，不可沽名学霸王”的毛泽东还是抓紧了解放沿海诸岛和进攻台湾的部署，同年10月下旬和11月初先后发动了夺取福建沿海金门岛和浙江沿海登步岛的战斗。两场仗打下来，部队损失惨重，跨海作战的难度使中共的决策者们进一步认识到了技术条件和其他准备工作必须充分的极端重要性。在这样的情势下，担负着配合军事行动的情报和策反工作，也就更加紧张、急迫地提上了议事日程。

总之，在1949年这个同每个中国人的未来都休戚相关的“两种命运的决战”之年，在中国共产党所领导的人民解放战争即将取得全国性胜利，祖国的统一大业有可能随着“解放台湾”这个目标的实现得以完成的时候，朱枫这个经历了十多年革命斗争锻炼和考验的共产党员，因为所处环境和自身条件的契合，成为当时中共华东局对台工作委员会派遣赴台情报联络员的理想人选——正是这个带有历史必然性的行动，因其“隐蔽战线”的特殊工作性质，让本书主人公在一路坎坷与艰辛中追求光明和进步的平凡人生，揭开了最富有传奇色彩的章节。与此同时，她也用巾帼不让须眉的过人胆识、满腔热血和忠诚，在这场极不寻常的生死搏斗中谱写了一曲巾帼英雄的慷慨悲歌。从人生遭逢的意义上来看，这既是一种时代的“差遣”、命运的“抉择”，也是她见义勇为、果敢无畏的个性，在“使命”和“崇高”这两块万古不朽的试金石上，撞击出了生命中最耀眼的火花。

因此，10月7日那封写给晓光的信中，朱枫报告了自己“尚须去菊处小住”的行踪后，随即以劝勉和安慰的语气，对翘首盼望她回沪团聚的爱人说：

> 两月后，我将以更愉快的心情与妹相见，并以此告沈女（沈女，即女儿晓枫。——引者注）。……妹如须<需>去别处，请勿为我滞行。这时候，个人的事情暂勿放在心上，（即使我来了，你已北行我绝不怪你）更重要的应先去做。

与数月前去信征询老领导徐雪寒的意见已有所不同，此刻，朱枫明确表示了“个人的事情暂勿放在心上，更重要的应先去做”——显然，她“像人民解放军那样慷慨从命”的主意已经拿定，我们的主人公义无反顾地接受了由万景光传达的上级党组织的秘密使命：

赴台与担任国民党“国防部”参谋次长的吴石将军联系，密取由吴将军提供的情报；她的另外一个联系人，则是台湾地下党的负责人、省工委书记蔡孝乾。

出　发

朱枫是中共华东局在香港贸易机构“合众公司”的财务主管，在公司里担负着“当家人”的角色，将手边的诸多事情移交，需要有适合的同志来接替；另一方面，新的工作任务又是她自己所不熟悉的，必须在短时间内加强学习和训练，以适应特殊斗争的要求；此外，将朱枫从原单位“借调”出来以及赴台行动方案的最后审批，也需要一些时间。因此，1949年下半年以后，她一直处于“待命”状态中，为随时“动身”做了各种准备。

将在香港读书的两个男孩子安置好，是她要做的第一件事情。来港后的两个学期里，十岁的朱明和十一岁的朱晖进步很快。他们不但适应了陌生的环境，第一个学期的终考，朱明还考了全班第七名，这对一个还不太会讲广东话的内地插班生来说，是很不错的成绩了。朱晖成绩稍差一点，但在文娱体育方面表现出色，学校的游艺会上初来乍到的他也参加了跳舞表演。小弟兄俩还学会了游泳，生活上的自理能力也增强了，“孩子很乖”“学校里的老师都夸他们活泼而聪敏”“皮肤晒得黑黑的，结实得很”……这些朱枫都在给陈宜和晓光的书信中津津乐道过，关爱与欣喜之情溢于言表。由于孩子们寄宿的务实学校，离她的住地九龙很远，朱枫拜托在该校任教的徐雪寒夫人朱光熙平时多加督促与照料，她自己则利用每个休息日同孩子们在一起，逛公园、看电影，指导课外阅读和补习功课，好像是对她多年来未能尽到当母亲的责任要做一番“补偿”似的，小明和小晖在香港的那大半年里，朱枫为他们的教育和健康成长没少耗费心血和气力。

第二个学期快放暑假的时候，学校里的情况有了变化，许多好老师走了，朱光熙大姐也准备返回内地，再把孩子们放在那里显然是不合适的，朱枫开始考虑孩子们的去向。本来想送他们去上海，晓光也希望她这样做，但陈宜这时已从上海带着几个小小孩去了北平，因为她的丈夫朱曦光早在几个月前就随中央直属机关自西柏坡进了北平城。古老的京城即将成为新生的中华人民共和国首都，时任中央出版委员会出版科长的朱曦光，正受命筹建新中国的第一家国际书店，陈宜抵平后，这对同样阔别多年的夫妻团圆了，在北平城里的东总布胡同安家落户，开始了全新的生活。朱枫在接到陈宜的来信后，立即回函跟他们夫妻俩商量：把小晖和小明送到北平来，是否更好些？在给爱人朱晓光和女儿晓枫的信中，朱枫还强调了她喜欢北方的气候和风土人情，说那里的“朴质淳厚，对孩子的身心有帮助”。在9月24日写给晓光的信中，朱枫更是明确地表达了对六天之后就要举行开国大典的红色首都的向往：“多么有趣的地方啊！我也遥想着，只是不能去——想想而已。”

小明和小晖是9月初跟徐雪寒夫人朱光熙一家、上海局情报工作负责人张唯一夫妇，一起乘香港至青岛的轮船回内地的。从青岛下船后，朱光熙带着家人去了上海，小明、小晖由张唯一夫妇带到了北平，交给了曦光和陈宜夫妇。朱枫在给他们的信中说：

兹托　刘老太爷带上晖明两儿到请照收，并向　刘老太爷父女郑重致谢！

“刘老太爷”是张唯一的代称，大概因为他的外貌比实际年龄显

朱枫与朱明、朱晖小哥儿俩在香港

老，上海地下党的同志们都叫他“老太爷”，他的夫人姓梅，此时以“女儿”的身份在他身边打掩护。最有意思的是此信末尾的“郑重致谢”该如何落实？朱曦光和陈宜在“照收”了万里归来的两儿之后，是这样表示他们对张唯一夫妇的感谢的：“靠山吃山”的曦光，从他负责出版的被称作“干部必读”的包括《共产党宣言》《政治经济学》在内的十二种经典著作的新书中，拿了一套“干部必读”给张唯一送去，“老太爷”非常高兴地收下了。曦光在他晚年刊印的回忆录《八十自述》中记述了这件事情。紧接着的下文，就是有关孩子们在京转学情况的回忆：“下半年开学在即，原中央军委子弟学校在西直门新建华北小学招生，作为中央直属机关干部子女，小晖、小明、红星（朱曦光和陈宜的第二个孩子。——引者注）三人，机遇凑巧，都入了学，全部按供给制发了单衣、棉衣。初冬时节，孩子们穿上新棉衣，一家七口人嘻嘻哈哈在中山公园照相留念。”

朱枫要做的第二件事，是移交工作和为完成新任务而进行的“业务准备”。从现存的朱枫家书中，也多少能够看出一点这方面的情况。大约是写于1949年10月中旬的一封致晓光的信（这封信在“文革”中曾被抄家者抄走，发还时只剩一页残片）有这样一段话：“我们现在赶紧学习，所以礼拜天也没空，早晚抽闲也看书报，真是时间太宝贵了，尤其是我。”在其他几封信里，则多有“做夜工”“开夜车”的记录。此时的朱枫已四十四岁，人到中年的她没有丝毫的暮气，不但在读书学习方面能抓紧去做、身体力行，对于很多新鲜事物也都依然怀抱着相当的热情。9月24日给晓光的那封信末尾，在交代完所有的事情、落款和签署日期以后，还特别附了一句：“你会跳舞吗？（我）真想学习呢。”

朱枫要去的地方，对一个肩负着秘密使命的中共地下情报员来说，无疑是每走一步都有“雷池”和“龙潭虎穴”的险恶之所在，时时刻刻都需要高度的提防戒备、全方位的斗智斗勇，一不小心出了差错就会引来杀身之祸，给组织和个人带来无法挽回的灾难性损失。原因很简单，因为那里是“困兽犹斗”的国民党统治的最后巢穴，已经输掉整个大陆的“蒋家军”绝不会甘心自己的失败，必然会以最严密的防范措施、最严厉的镇压手段来对付一切危害其安全的敌对和嫌疑分子，更不用说从中共对台工作的前哨阵地上派遣来的“红色间谍”了。

为了将这次赴台联络的风险降到最低点，万景光只给朱枫写了两封致吴石将军和蔡孝乾书记本人的短信，并且确定了未来通讯联络中使用的隐语，诸如：“花茶”代表海军、“绿茶”代表军舰、“烧碱”指陆军、“水碱”指军火、“樟脑”指空军、“樟脑丸”指飞机等等。要把这些隐语一一记在脑子里，并能熟练地掌握与应用，自然也是一门丝毫不能马虎的功课。朱枫夜以继日地忙碌着。在一系列紧张的准备工作和耐心的等待之后，华东局有关组织的领导经过反复研究，审核、批准了这次行动方案。

出发的日子一天天临近了。10月25日，朱枫将自己在香港的最后一张留影寄给晓光。这是一张拍得很生活化的全身照[1]，朱枫身穿浅色短袖旗袍，安详地坐在一张铺着方格台布的茶几旁，身后是一面墙壁连着与阳台相隔的矮廊柱。她在照片背面，工整地写下几行娟秀又挺劲的硬笔小楷：

她已深深体验着：
“真实的爱”与
“伟大的感情”，
　　从此，
将永远快乐而健康！
　给
梅　留念

　　　　一九四九. 十. 廿五

一年前朱枫刚到香港的时候，不但有严重的胃病，心里也闹着因为与晓光之间的感情“问题处理得不好”而带来的“不痛快”。而此时的她，情况完全不同了：身体已经康复，体重增加十多斤，同时发出的信上说自己“胖了，衣服都紧紧的”，那“不痛快”的心病也随着同晓光通信互诉衷肠而化解了。正如照片背面的题词所说，她的确是“快乐而健康”的，脸颊丰腴，眉宇间洋溢着徐雪寒所说的英秀之气，还增添几分镇定自若的笑意，宁静而深邃的目光仿佛在凝望着她日夜思念的远方亲人，又像在审视和思考她即将踏上的新的征程。作

[1] 朱枫从香港寄给爱人朱晓光的照片及照片背面的题诗，见本书《引子》部分的附图。

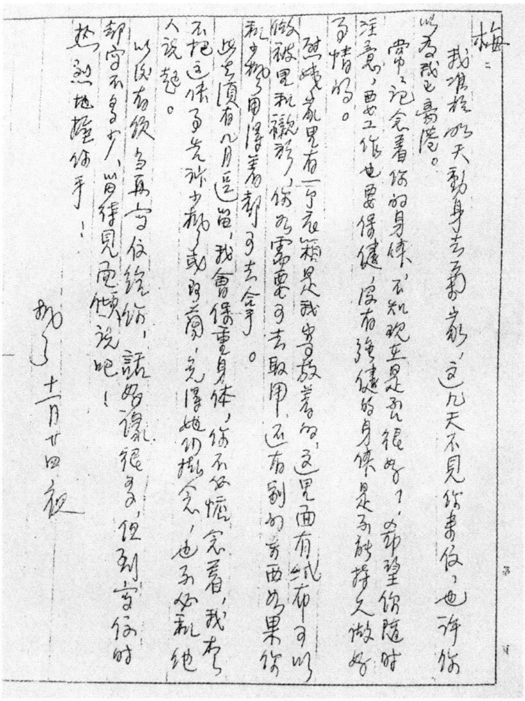

朱枫从香港寄出的最后一封家书

为一个闯过多年风雨、重重难关的革命战士，又是一个情感丰富而细腻的知识女性，她清楚地意识到自己胸中升腾起的是一种怎样的情怀！朱枫在桂林新知书店时期的战友许静、吴康宁曾感慨过“大姐在求知领域里是个不知疲倦的人。她的书法特好，对于诗词也有颇深的造诣，可惜由于战乱未能留下一些足资纪念的珍品”，其实这几行写在照片背面的文字，便是她一生中留下的唯一一首“诗词”，就它的作者从一个封建家庭的叛逆到在人民解放事业中奉献出自己一切的精神境界而言，也堪称高度浓缩和真正融合着她全部生命体验的一件“珍品”了。

十天后的11月4日，朱枫又在给晓光的信中吐露自己的心情：

今日有许多信从上海邮来，可是没有寄给我的，好不怅怅。我知道你一定以为我也许走了，就不必再写了。

好吧，就在心里想念着，想念着，想念着，一直想到再见的时候，会更增加愉快的！

又过了两旬，出发前夕写下最后一封家书，朱枫这样向爱人晓光道别：

梅：

我准于明天动身去菊家，这几天不见你来信，也许你以为我已离港。

常常记念着你的身体，不知现在是否很好？希望你随时注意，要工作也要保健，没有强健的身体是不能持久做好事情的。

……此去须有几月逗留，我会保重身体，你不必惦念着，我想不把这件事告诉小枫或阿兰（指陈宜。——引者注），免得她们挂念，也不必和他人说起。

以后有便当再写信给你，话好像很多，但到写信时却写不多少，留待见面倾说吧！热烈地握你手！

枫　十一月廿四夜

第二天清晨，在维多利亚港的天星码头上，合众公司的几个同事，还有在香港结识的新朋友温志华和林如云夫妇，一起为朱枫送行。送行者中除梁万程这位上海时期就是地下党的老朋友、老同事知道朱枫的真实目的地外，其余的人都以为她是调回上海去了。林如云在几十年后纪念朱枫的文章中说："临别之际，她微笑着，有点激动，我只以为她怀着回沪与家人团聚的喜悦，却没有理解这是一个深入虎穴，冒死出征的战士的壮烈情怀。”

南国的深秋，天还不算冷，港岛山峦上的层林中，已看得见初染的红叶了。朱枫将随身带的薄毛衣披上，站在这艘名叫兰沙丹尼轮的船舷边向岸上的送行者挥手告别。兰沙丹尼轮是长跑香港和上海的一艘英国海轮，朱枫一年前从上海到香港来的时候乘坐过，半途还在台湾的基隆港停靠了半天。此刻，船过大鹏湾，向台湾海峡的方向驶去，风浪渐渐地大起来。朱枫还记得1940年秋天她同曦光为桂林新知书店送印刷纸张的那次旅程，平生第一次乘海轮，经过台湾海峡时晕船呕吐得非常厉害。第二回乘海轮是带小明、小晖来港，有了以前的经验，情况似乎好了许多。现在是第三次经过这条隔开了大陆与宝岛的辽阔海域了，站在甲板上浏览风景的朱枫，对船身的颠簸已经没有多大的感觉了，眼前的海天茫茫、烟波浩渺却使她心潮难平——

因为此情此景，让朱枫想起几年前在上海景华新村“众家姆妈”陈馥的家里，与已经改名叫陈修良的老同学陈逸仙的久别重逢，陈修良从国民党“还都”后的南京回沪参加上海地下党的工作会议，老同学见面没有多谈工作上的事情，但修良念给朱枫听的一首小诗却给她留下了很深的记忆。那是修良和沙文汉抗战胜利后在苏北淮阴分手时，文汉送给即将调任南京地下党市委书记的妻子的，虽然只有短短的四句，却包含很深的情意、很大的精神力量；对赴台途中的朱枫来说，同样是非比寻常又切合实际的激励与壮行：

男儿一世当横行，
巾帼岂无翻海鲸？
欲得虎子须入穴，
今日虎穴是金陵！

朱枫沉吟着铿锵的诗句，体会着诗中的意味。大海依然在她身前身后横无际涯地翻腾着，但她已经不再是这寂寞航程上一个孤单的旅人了——她的内心是充实的，她思念着战友和亲人，憧憬着即将到来的斗争与胜利。海风吹拂着她新理的发卷，她将肩头的毛衣收紧，在渐渐低垂的暮云下，她那修长而坚定的身影，又像是一只勇敢的海燕，掠过汹涌的波涛，冲向阴霾密集的海天深处，哪怕那里酝酿着的是一场惊天动地的暴风雨……

第五章　巾帼岂无翻海鲸

外婆来到阿菊家

兰沙丹尼轮在大海上颠簸了两天两夜，于1949年11月27日抵达基隆港。

阿菊抱着未满周岁的孩子，和丈夫王朴一起坐着警务机关的吉普车，从台北市内赶到码头上来迎接朱枫。当朱枫提着箱包走下舷梯的时候，阿菊老远就喊起来：

“妈妈，妈妈！我们在这里——”

“阿菊！啊，昌诚！你们都来了！”朱枫也高兴地招呼着几年不见的女儿和女婿，看到还在襁褓中的小外孙更是高兴。临行前，她特地在香港的老字号金店给外孙定做了一块金锁片，锁片上还镌了一头带犄角、有卷毛花纹的可爱小金牛，孩子是己丑年年初生的，属牛。外婆亲吻着孩子红扑扑的小脸，给他挂上这象征着吉祥和富贵的小金锁。

王朴开车，朱枫抱着小外孙和阿菊坐在后座上，久别的亲人有说不完的话。

虽说阿菊并非朱枫亲生，母女俩的关系还是很好的。陈绶卿死的

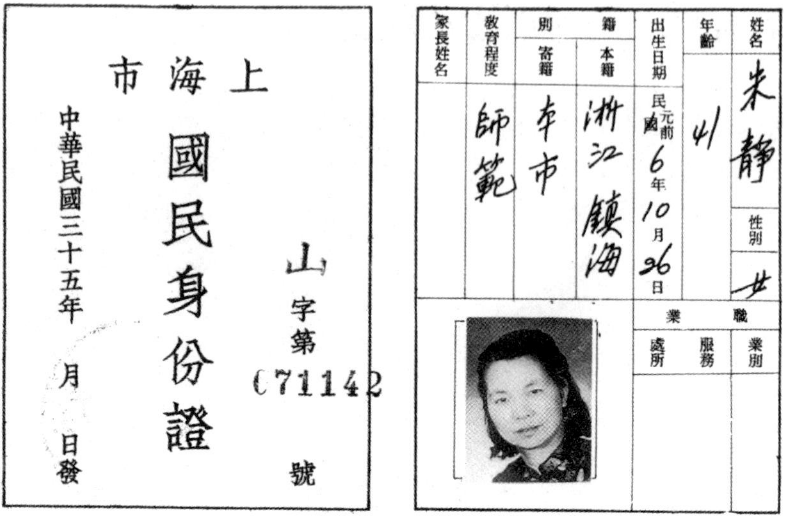
上海市
國民身份證
山字第C71142號
中華民國三十五年 月 日發

姓名	年齡	出生日期	籍別 本籍	籍別 寄籍	教育程度	家長姓名
朱靜	41	民國元前6年10月26日	浙江鎮海	本市	師範	

性別	職業 業別	職業 服務	職業 處所
女			

朱枫身份证

那年，阿菊才十六岁，身为继母的朱枫将亡夫所留下的全部财产分割为四，给了陈绶卿原配夫人所生的子女每人八百大洋，这在抗战前是个不小的数字，其中也有年龄最小的阿菊一份，继母公正和大度的做法当时很为家族中人所称道。阿菊从小要强、好学，为了她今后的前程，朱枫又通过五妹雪凤的关系送她去上海学无线电。八年离乱中，朱枫带着家人在湘西的流亡路上，曾邂逅跟随国民党警务机关后撤的阿菊，彼此都有意外的惊喜。1946年秋天，朱枫、陈宜同也从西南回到上海的阿菊夫妇团聚了。

那次团聚是在陈绶卿长子陈方元的家里，当阿菊说起她和丈夫王朴又要跟随机关搬迁到台湾时，亲姐姐陈宜拉着妹妹的手说：

“怎么才见面，就又要分手呢？阿菊，你总是这样跑、跑、跑……”

“——也许这就是命吧？”阿菊指着她和丈夫身上都穿的警服，又无可奈何地补充了一句：“何况这也是‘命令’呢，我们哪能不去！”

“好在台湾也不远，看看那里的风光也好啊！”大哥陈方元乐呵呵地附和着。

“是啊，下次回上海，一定给你们带台湾糖！”阿菊也高兴地说。

没想到内战爆发，一别三年，母女俩再相见时，中国的变化真可用“换了人间”来形容。也许不变的只有亲情，朱枫从香港给女儿和女婿带来了许多吃、穿、用的东西，阿菊和王朴也在他们居住的台省警务机关家属宿舍里为朱枫安排了一个舒适的生活环境，热情地邀她多住一段时间。朱枫说：“这次来主要是看你们和小宝宝，也有一点生意上的事情需要在这边联络。因为上海那边的公司急着调我回去，过大年前是一定要走的。”

第二天一早，女儿和女婿都上班去了。朱枫跟家中带孩子的保姆招呼一声也出了门。她坐公交车去了基隆，走进一家叫“三荣行”的南北货店，说自己是从香港来的，有位刘老板托他带封信给这里的郑先生。话音还没落地，店堂里走出一个面皮白净的高个子，很客气地对她说：

“敝姓郑，您是陈太太吧？路上辛苦了！”

根据出发前万景光的安排，朱枫是以“陈太太”的身份和“朱谌之”的原名来台湾活动的，“刘老板”是万景光的代号。显然，朱枫眼前的这位“郑先生”，就是她要联系的台湾地下党的最高领导人——中共台湾省工委书记蔡孝乾了。一丝笑容从她眼中掠过，蔡孝乾将远来的客人引进店堂的内室，两人亲切地交谈起来。

蔡孝乾，又名蔡乾、蔡前，1908年生于台湾彰化，其父为一米店账房，祖上是领导反清起义的国姓爷郑成功带往台湾的三百福建家族之一。他六岁起在日据时期的台湾公学校受了八年的日语教育，毕业后留校教了一年书，1924年十六岁时由其父和台湾文化协会资助负笈

蔡孝乾（1964年），采自房建昌作《蔡孝乾与台湾共产党》（《文史精华》1998年10月号）

上海，进入中共创办的上海大学社会科学系就读。在左翼教授任弼时和瞿秋白的熏陶下，蔡孝乾参加了社会主义青年组织——上海台湾青年会，此后即在沪从事革命活动，也曾返回台北发展组织，进行左翼宣传，1928年同在沪的台湾籍青年林木顺、林日高等组建台湾共产党。1932年，蔡孝乾在福建漳州参加工农红军张鼎臣部，到达瑞金后在列宁师范（团校）任教，后参加反帝联盟，负责日据地区人民部的工作。1934年年初，在瑞金召开的中华苏维埃第二次全国代表大会上，蔡孝乾当选为中央执行委员会委员。他是唯一一位参加了两万五千里长征的台湾籍共产党人。

延安时期的蔡孝乾曾任反帝联盟主席，美国记者斯诺夫妇和史沫特莱的笔下都曾记录过这位会讲日语的红一军团政工干部、后在八路军总部负责管理日俘和对敌宣传工作的敌工部长。1941年，在延安召开的东方各民族反法西斯代表大会上，他以"蔡前"之名作为台湾代表参加，当选为主席团成员，1944年，中共"七大"上当选为中央候补委员。抗战胜利后，蔡孝乾接受中共中央派遣，以台湾省工作委员会书记的身份返回台湾发展地下组织并主持工作。当时“台工委”隶属华中局（后改为华东局），蔡孝乾1945年9月自延安出发，三个月后辗转到达江苏淮安，同任华中局书记的老领导张鼎臣、组织部部长曾山见面，商讨赴台事宜并请调曾在抗大受训的台湾籍干部张志忠等人。是年底，蔡孝乾、张志忠等赴台干部在上海集中，由上海地下党领导人刘晓、张执一等负责，组织他们学习了一个月，1946年3月开始，这批同志陆续潜回台湾，同年5月，在台湾正式成立中共台湾省工委，蔡孝乾任书记，陈泽民任副书记兼组织部部长，张志忠任武工部部长，洪幼樵任宣传部部长，“台工委”由蔡、陈、张、洪和林英杰五位委员组成。

蔡孝乾本人于1946年7月进入台湾，离台已十八个寒暑的他，对战后初期台湾的政治和社会情况颇为生疏，因此在发展组织方面，侧重联络老台共产党员，行动十分谨慎。1947年，台湾人民反蒋抗暴的“二二八”起义爆发前，“台工委”所召集和新加入的党员仅七十余人。“二二八”起义遭国民党政府的残酷镇压以后，台湾民众对蒋介石独裁政权反人民、反民主的本质有了更深的认识，憎恨与不满情绪也有所增长。“台工委”在华东局指示下潜赴香港召开工作会议，总结经验教训，拟订新的斗争策略，进一步深入山地农村和城市基层，放手发动群众，也加强了同中共大陆情报部门的联系，积极配合人民解放战争的形势发展，为迎接解放台湾而做好各项准备工作。至1948年6月台湾地下党已发展到四百多人，分设三十多个地方支部，到1949年年底党员人数又迅速扩大到九百七十余名。

然而，退守海隅的国民党政权为了巩固它在台湾这块最后根据地上的绝对统治，凭借手中的专政工具和从大陆撤退下来的骨干力量，正以十倍增强的警觉和“困兽犹斗”的凶残，来对付和扑灭任何一点可能“引爆”在它脚下的“火星”。尤其是自1949年5月“台湾省主席”陈诚颁布“戒严令”以后，为严防“匪谍”渗透，国民党当局大力推行其法西斯化的“保甲连坐”制度，岛内的白色恐怖日益浓厚，“宁可错杀一千，也绝不放走一个”的故伎重演、变本加厉。同年10月至11月间，在“保密局”因追查一份流传在南部某学校内的涉共刊物《光明报》而进行的大搜捕中，跟踪到一个化名“老钱”的嫌疑人犯并将其在高雄擒获。这位落入敌手的“老钱”不是别人，正是担任“台工委”副书记兼组织部部长的陈泽民。这个不幸的消息很快在党内高层传开，给蔡孝乾和五人委员会的其他同志带来了很大的不安。

“陈太太”的到来，让蔡孝乾感到些许的宽慰，但形势的严峻已很难使他释怀。

朱枫向蔡孝乾转达了“刘老板”的问候和有关“生意”上的事情，并告诉他：自己住在台北市内的女儿、女婿家，大约逗留两个月，她所担负的密取重要情报的任务希望能得到“老郑”的帮助，下次见面最好能改在进出更方便的地方进行，因为她是以“母亲”和“外婆”的身份来女儿、女婿家看外孙的，不能让家人和邻居生疑心。

蔡孝乾向朱枫通报了岛内的最新事态，国民党自不久前取得“金门大捷”以后，正大肆宣传鼓噪“国军”的神威和“坚守台湾、抗俄反共”的决心，反动气焰非常嚣张，同时也派出大批特务、军警和情治人员，加紧了对全社会的监控和管制，四处侦察和搜捕地下党人和异己分子，所以，我方的行动已相当困难，不能有丝毫的麻痹大意。蔡孝乾也告诉朱枫，党内已经有重要人物被捕，他和一些同志的安全受到威胁，正在做随时撤离城市、隐蔽山林的准备。说到这里，他沉吟了一下，对朱枫说：

“陈太太，我有一位内亲是大陆籍人，在台居住已很不方便，想尽早送她出去。听说贵婿在警务部门公干，有没有可能帮她办一张出境证呢？或者请‘大舅’办也行。”

“大舅”是吴石的代号，“老郑”知道“陈太太”秘密使命的另一个关系人。

朱枫没有迟疑，便答应下来：只要有可能，就一定帮这个忙。

谈完话，蔡孝乾同朱枫约定，今后每周三同一时间接头，下次的地点改在台北市内一家叫“建昌行”的联络点内，那里离朱枫的住地不算远，走过几条街就能到。

蔡孝乾要了朱枫女儿家的电话号码，他随手从口袋里掏出一张刚刚发行的新台币，将电话号码记在那张十元面值的钞票上。

在吴石将军府上

朱枫赴台秘密使命的另外一个重要关系人，是不久前才走马上任的“国防部”参谋次长吴石中将。一个在国民党政府中权高位重、声名煊赫的军界大员，一个资深学富，历任陆军大学教授、第四战区参谋长、国防部史政局长、福州绥靖公署副主任，曾受蒋介石本人赏识，并在非常时刻委以要职的智囊人物，怎么会在国民党政权迁台前后，倒帜反戈，杀出营垒，成为中共华东局特派员密取情报的工作对象和资料来源的呢？在叙述朱枫跟吴石中将进行极其危险又是非常重要的接触之前，我们有必要了解吴石这个传奇性历史人物至今尚鲜为人知的生平履历。

吴石，字虞薰，号湛然，1894年农历八月十五生于福建闽侯漯洲乡，这里是光绪皇帝老师、探花陈宝琛的家乡，读书风气很盛。据说，吴石的父亲在清朝末年也中过举，却一辈子没有做官，只在乡里设馆教书兼行医，一介寒儒，对子女要求很严。吴石在家中排行第

资深学富、难得的人才、儒将吴石

二，八岁进父亲任教的乡公学读书，1908年，十四岁的吴石以优异成绩考入以提倡新学和富有革命性而著称的福州名校开智学堂。三年后，武昌首义，深受革命思潮影响的该校学生组织“北伐学生军”挥师北上，吴石与同乡好友吴仲禧毅然报名入伍。学生军于辛亥年年底开抵南京，参加了1912年元旦中华民国临时大总统宣誓就职的隆重典礼。吴石和吴仲禧一起见到了他们景仰的革命伟人孙中山，还光荣地担任了开国典礼的警戒任务。

1912年8月，吴石和吴仲禧同进武昌军校就读，两年后又一起被选拔进保定军校，与各省学生军中选拔出来的参加过辛亥革命的张治中、李宗仁、白崇禧、何键、吴国桢、黄绍竑等一批军界新秀同属第三期。在人才济济的保定军校，无论年终考试还是毕业考试，吴石总是考第一，这使他全校闻名。后来他又东渡日本，留学日本炮兵学校和陆军大学，在两校毕业时也都名列第一，这更轰动了两国军界。他有强烈的爱国心和正义感，抱负远大，勤奋好学，不仅文科、理科、军事科学成绩优异，而且马术、枪法、操练等术科也出人头地，因此，他赢得“十二能人之称”（能文、能武、能诗、能词、能书、能画、能英语、能日语、能骑、能射、能驾、能泳），在同侪中享有很高的声誉。

1934年吴石学成归国，被聘为中国陆军大学教官，同时加入参谋部第三厅一个专门机构研究日本国情及搜集军事情报。在教学上，吴石的渊博学识和敬业精神，受到学生们的欢迎和同行的尊重，研究工作中也做出了很大成绩。“九一八”事变后，他利用自己搜集的大量资料，潜心研究，历时三载，写成《日本作战之判断》一书和有关日本政治、经济、海空军总动员情况的材料十余种，合编为《参二室蓝皮书》。此书初出时无人重视，“八一三”淞沪抗战，日本侵略军的一切兵力部署、攻击指向，以及部队番号、编制等，均与“蓝皮书”所述相符，有关当局才认识到吴石是个难得的智囊。其时，他所编《兵学辞典》也广受好评，一版再版，被国内外军界人士视为“最优良之军学参考”。

全面抗战开始后，吴石任参谋部二组（厅）第一处处长，专事敌情研究。南京撤退后，国民党大本营西移武汉，吴石以二组副组长代任组长，仍兼第一处处长，独当情报研究一年之久，恪尽职守，劳瘁备至。当时，苏联为支援中国抗战，曾派情报人员多名到参谋部与吴石合作，他们对吴石的勤奋、扎实和料事如神的判断能力相当钦佩；尤其是当日本对苏发动“诺门坎战役”时，苏方利用吴石提供的情报，粉碎了日军的进攻，因此，对吴石的情报研究工作有很高的评价。

由于蒋介石奉行片面抗战政策，战局的发展令吴石深感失望，他的军事才干和工作实绩也得不到应有的重视。1938年国民党退守陪都重庆，白崇禧任桂林行营主任，特邀吴石赴行营任参谋处处长。次年秋，吴石参与了长沙第三次会战的准备工作，负责草拟作战实施计划。此次会战战场广阔、持续时间也较久，国民党军取得一定的胜利，桂南的昆仑关大捷更使杜聿明将军一举成名，而在战役的指导方面，吴石功不可没。

1940年年底，柳州战役后，吴石调任第四战区中将参谋长。他渴望在战区参谋的领导岗位上更有所作为，但国民党军队内部的腐败无能和当局所实行的反共政策，尤其是制造皖南事变“兄弟阋于墙”使他深感不安。其时，吴石读到毛泽东的《论持久战》，十分佩服共产党人的高瞻远瞩，他曾在武汉听过周恩来的讲演，同叶剑英有过交往，都留下了良好的印象，因此当军统分子对郭沫若介绍前来参加四战区文宣工作的一批进步青年施以打击、排挤，说他们“思想左倾”是“危险分子”时，吴石给予了坚决的抵制，并争取到了司令长官张发奎的支持和庇护。在他与同样官至中将却早已秘密加入中共的吴仲禧久别重逢以后，也常对这位好友流露他针砭时弊、愤世嫉俗和怀才不遇的苦闷心情，思想立场在渐渐地转变。

1945年7月，为迎接和开拓抗战胜利后民主建国的新局面，在重庆的一批国民党民主派人士筹组三民主义同志联合会（简称“民联”），开展民主运动。同年8月下旬，毛泽东亲赴重庆同蒋介石谈判，签订《双十协定》，国际国内形势发生了有利于人民的变化，民主空气更加活跃。民联于10月28日正式成立，对蒋介石集团反人民性质有所认识的吴石，同国民党内著名民主人士、时任立法委员的何遂等人一起秘密加入民联。1946年，吴石冒险发展从美国归来的侄儿吴长芝，在上海开办大兴贸易公司作为联络点，掩护民联展开地下工作，并提供活动经费。当时内战战火已经点燃，被南京政府任命为国防部史政局局长的吴石，利用职务之便设法搜集国民党军事情报，由民联转送中共地下党组织，在这场人民与反动派的殊死搏斗中，开始了他人生命运的重大转折。

三年解放战争，吴石在向中共有关部门提供军事情报和协助策反方面，做了大量卓有成效的工作。1946年秋，经吴石出面牵线，给吴仲禧谋得了国防部监察局中将监察官的职位，使这位资深中共地下党员有机会到各地视察部队，为他做情报工作大开方便之门。1947年年初，军统特务蔡某因吴仲禧查他部下的案，反诬吴仲禧贪污舞弊，监察局长彭某（陈诚嫡系）也乘机排斥异己，打算扣押吴仲禧。吴石得知后大发雷霆，认为这是向他发难，亲自派车把吴仲禧接到自己家里住下，并当面责问彭某："没有查到真凭实据就扣押高级将领，是哪家王法？"彭某无言以对，吴仲禧得以在国防部这个国民党的中枢部位继续"监察"其军事动向，为我军解放华中、华东，夺取淮海、渡江等重大战役的胜利，提供了许多极有价值的重要情报（如"华中剿总司令部"的敌我双方兵力位置要图、"徐州剿总司令部"机要室的作战地图和相关部署、汤恩伯江防总部由汤签署的给沿江守备十个军军长的作战命令等等），立下了足以彪炳千秋的奇功。有人说，朱老总是拿着国民党军队的"作战计划"打败它的，话虽说得夸张，却"事出有因"。

1949年年初，吴石开始直接向地下党提供军事情报，通过何遂介绍，先后同中共中央社会部、华南局和华东局取得联系，并在上海、福州、香港等地与地下党同志会晤。当他听说毛泽东也亲自看到他通过地下党电台送去的重要情报时，感到特别高兴，决心为人民解放事业继续出力。此时他已从福州绥靖公署副主任职上离去，改任国防部参谋次长，同年6月，吴石到广州并即将赴台。临行前，他去香港，在何遂家中同地下党同志再次联络，还递交了两份重要情报，并安排了赴台后的工作关系。

当朱枫带着万景光给吴石的亲笔信，走进台北杭州南路一座普通的宅院，几乎有点怀疑自己走错了地方，因为这里还挂着“××电力公司招待所”的牌子。原来，吴石初到台北时，不仅国防部机关还没有随国民党政府从重庆迁来，连军官宿舍也还没有准备好，这里是借给他一家人暂时栖身之所，现在他和夫人、孩子已经搬进大安区的新居，这处老房子尚未退还，便成了一个不容易引起外人注意的秘密联络点。

这是一个冬日的午后，12月初的台北已有些许寒意，门外还下着淅沥沥的小雨。吴石请“陈太太”在会客间坐下，亲自为客人奉茶。朱枫将“刘老板”托带的短简郑重地交到他手里，吴石一边看信，一边说：

“陈太太，劳您久等了。两次来电话联络都是内人接的，我因为有小恙住院今天上午才出来。”

“哦，吴次长哪里不舒服，好些了吗？”朱枫关切地问。

“血压有点偏高，吃了药已经降下来，不要紧的。”吴石收住话头，立刻转入正题，向朱枫询问起“刘老板”方面的情况。

朱枫谈了万景光交代她的事情，说“总店”非常重视吴次长所做的工作，9月吴派专人送港的那批“维生素C”（情报）服用效果很好，希望吴先生再多准备一些，自己在台还要逗留一段时间，能否每个礼拜来吴府上拜会一次？

吴石点点头，说这次因为住院联络仓促，临时安排了这处旧宅，下回要请“陈太太”去新居做客，他和妻子要尽地主之谊，并同朱枫约定了具体的时间和地点。

接着，吴石谈到了岛内空气的恶化，当时正逢“国府”和老蒋本人迁台，全岛都弥漫着一种紧张又慌乱的气氛，各个机构都在忙着安置，诸事繁杂，“刘老板”需要的东西，他还在搜求与整理之中，下次见面会托请“陈太太”带第一批东西走的，其余还要费些工夫。

朱枫拿出蔡孝乾交给她的一张照片和字条，低声说道：

“还想请吴次长帮另外一个忙。‘分店’（指在台地下机构）里有位刘桂玲小姐急着回大陆，想办一张出境证，不知吴次长能否交给手下人办一下？”

吴石接过那照片和字条，照片上的女子很年轻，字条上写着姓名、年龄之类的自然情况。将军想了一想，说：“好吧。”

一个星期后的周末，下午4点钟光景，朱枫走进了位于台北大安区的高档住宅群落。这里环境幽美、恬静，一幢幢新建的高级官舍掩映在绿树高墙里。吴次长的公馆一进门是间会客厅，紧连着餐厅，显得十分宽敞，往里有两间卧室和一间书房，因为是新居，置办的家具并不多，整个住宅给朱枫的印象就像它的主人那样不事修饰——这回吴石仍同上次见面一样，穿着便服，戴着眼镜，简朴而随和。他将妻子王碧奎介绍给“陈太太”，王碧奎是个家庭妇女，但读过书，作风相当利索，她知道来的客人很重要，互相寒暄了几句后，便将朱枫请进丈夫的书房，让他们安静地谈话，自己坐在客厅里打起毛线来。

吴石的书房也很宽大，因为靠墙壁的都是高高的书架，有几个还没来得及打开的装运书籍的木箱子也占不少地方，再加书桌上摞得老高的原稿和卷宗，反而显得挤了一点。朱枫注意到书架上的新旧书籍，除了中国传统文人必读的经、史、子、集等线装书外，也多有日文书、英文书和新文化读物；最醒目的还是各种军事书刊和政治、历史、经济等学科的典籍文献。此外，从古至今的诗词歌赋各类选本也琳琅满目，似乎在告诉来客：它们的主人是位文武兼备，集军事家、学者和诗人于一身的儒将。

事实也的确如此，在国民党将领中，像吴石这样学富五车、阅历既深又勤于研究著述且成绩超卓者，纵有，也不会太多。早在抗战

吴石和夫人王碧奎、少子吴健成
（1949年秋在台湾）

前，他就出版了《兵学辞典粹编》《孙子兵法简释》《克罗塞维茨战争论之研究》《东游甲乙稿》等著作，完成了《左传兵法》的初稿——可惜此稿在桂柳会战中遗失，赴台后他还一直计划着动手重编。抗战期间，他又写了《新战术之研究》《新国防论》《游日纪行》《战史旅行实录》《参谋业务》等重要论著。近年来，在四处奔劳中，仍辑有“抗日新战法”“抗日回想录”“历朝武学集解”等多种选题的资料，准备有暇时即可整理成书。此刻，朱枫在吴石书房里所看到的，正是这样一位潜心向学又时刻关注着国家前途、民族命运的神州赤子的工作环境和他的精神世界。同第一次见面相比，她对吴石将军更增添了几分了解和敬意。

吴石把自己准备好的几份情报文件交给朱枫，其中，有国民党空军各大队番号、驻地、飞机种类、架数等记录，炮兵团、战车团的数量，所装备的大炮、坦克多少；××区各部队官兵人数、××司令部等几个主要军事机关的长官名册、××军××师等各部队枪械数量表册；××防区军事态势图；等等。这些都是吴石以资深参谋的眼光，通过各种关系和不同管道，刻意搜集、精心汇编的绝密资料。他早已将文件封好，只概略地向“陈太太”讲了几句，朱枫自然知道它们所具有的价值和机密的程度，小心翼翼地接过，放入随身携带的坤包里。

当朱枫和吴石谈过话回到客厅里，这个将军之家的小主人、吴石和王碧奎的一对小儿女刚刚放学归来。吴石叫孩子喊“朱阿姨”时，朱枫从这两个背书包的小学生身上，仿佛看到了小明和小晖的影子，油然想起，他们这时也该放学回家了吧？是在遥远京城的那一座四合院里玩耍，还是在伏案做功课？北国的天空在这个季节里该飘下银屑似的雪花来了……“多么有趣的地方啊！只是不能去——想想而已”，朱枫的心头又闪回她曾在给晓光的信中说过的那句话。

将军夫妇热情地留朱枫在他们家用晚饭，夫妇俩都是闽人，自然以有福建特色的汤水菜肴来招待远客。席间，朱枫和两位主人拉起家常，才知道他们还有两个大孩子在大陆读书，长子韶成在南京学理工，长女兰成在上海读医科。朱枫插话说：

“我也有个女儿在上海学医，说不定她们还是同学呢！”

…………

这次见面以后，每逢星期六下午4点钟，朱枫都到公馆去，将吴石准备好的文件、图表等密件取回。到了第二天，周日上午10时，朱枫准在“建昌行”跟“老郑”接头，把书面材料交到蔡孝乾手中，还将吴石口述的一些重要信息告诉他，同时也听取这位“台工委”负责人通报最近的情况。

一切都进行得相当顺利，那些绝密的军事情报通过地下党安排的交通管道送回香港和内地。转眼间元旦已过，旧历新年的脚步也一天天临近。就在朱枫即将完成特派员的任务，喜悦又渴盼地计算着归期的时候，最令人担心的事情发生了。

“老郑”被捕

1950年1月下旬，也是一个星期天的上午，朱枫像往常一样在10点钟之前来到“建昌行”。出乎意料，“老郑”没有露面，店里人说他托人带来一张字条，是给“陈太太”的。朱枫接过那字条，上面写着：

> 陈太太：老吴的生意亏本了。眼下市价低落无法推销，我拟外出，您不用等我了，请早日成行，切盼！郑字。（刘小姐事，请告诉大舅不用办了，谢谢。）

朱枫知道“老吴”系“台工委”武工部部长张志忠的代称，“亏本”即被捕的意思。蔡孝乾是在告诉她：继“台工委”副书记陈泽民被捕后，又一位地下党负责人出事了。情势危急可想而知，蔡孝乾自己已隐蔽起来，不能来接头了。他要朱枫火速撤离，越快越好。

括号里的“刘小姐事”是指蔡孝乾曾交办的申请“出境证”一事，朱枫正想告诉蔡孝乾那件事已办妥，过两天就可以去“大舅”（吴石）处拿证件，现在情况发生了变化。

其实，早在一个星期以前，朱枫已开始做离台返乡的准备。由于台湾和大陆之间的航线和邮路均已切断，别说人直接回上海已不可能，写一封信寄给晓光和晓枫都非常困难。她经过仔细考虑，给远在上海的同乡好友朱慰庭及其夫君吕逸民写了一封短简，信是竖行书写在一张从笔记本上撕下来的横格纸上的：

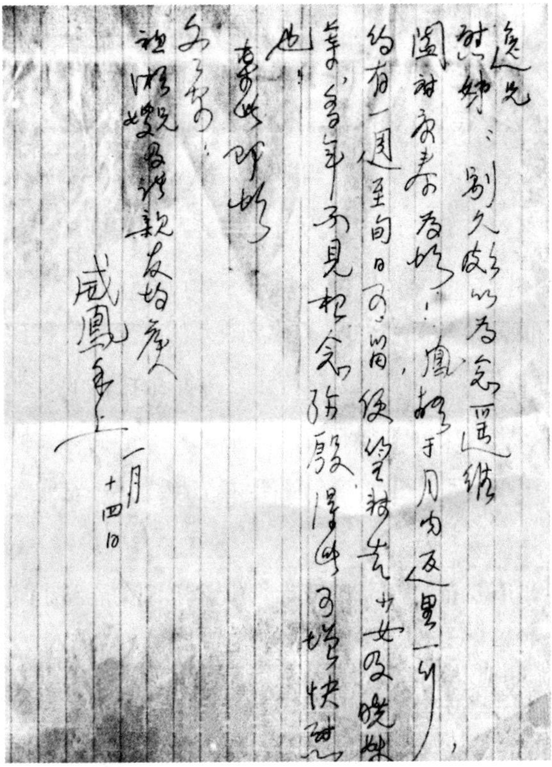

朱枫从台湾发出的最后书信及“威凤”签名

逸兄、慰姊：

别久颇以为念，遥维 阖府康泰为颂！凤将于月内返里一行，约有一周至旬日可留，便望转告小女及晓妹等，多年不见想念弥殷，得此可增快慰也！

专此即颂

冬安

祖湘嫂兄及诸亲友均候

威凤手上　一月十四日

这是朱枫从台湾发出的唯一一封“家书”，也是至今我们所能看到的烈士留在人间的最后手迹。“凤将于月内返里一行”，朱枫以此见告阔别已久又常在念中的逸民、慰庭夫妇，请他们将这个“可增快慰”的消息转告爱人晓光和女儿晓枫。想当年，朱枫从日本宪兵队监狱出来时就是在朱慰庭家养伤的，1940年为新知书店购买印刷纸张她变卖了存放在上海银行保险柜的三克拉钻戒，也是托吕逸民先生经办的。吕氏夫妇经营的泰康食品公司后来还成了新知人的朋友和合作伙伴，为上海地下党做过不少事。他们是朱枫可以将性命托付的生死之交，又是社会关系多、带有中间色彩、有固定地址可寻的商家，因此，将这封向亲人和组织报告平安与归期的重要书信相托，一定是最适合也是最可靠的。

朱枫原来计划在台北还要有“一周”至十天的停留，就能踏上回家的路，同隔海的亲人团聚了。显然，她没有想到“归程”会走得那样艰难与险恶，也没有想到即便是这个“简单的便条，要从蒋帮最后巢穴的台湾带出来也不容易，写于1950年1月14日，托人带到上海投邮已经是3月4日了”——爱人晓光在许多年后整理《朱枫烈士书信集》时，特地在这页信纸的原件旁加注了几行字，因为信封上的邮戳留下了那个让他揪心的日期；晓光还接着写道：“谁会想到那时候她已落入了敌人的魔掌！”

令人感慨的，还有这份“绝笔”的走势与章法。尽管寥寥数语，又在匆促中写就，朱枫对挚友的深情与信赖、对亲人的思念与关爱……无不充溢其间，仿佛是她对晓光说过“个人的事情暂勿放在心上，更重要的应先去做”那句话所做的补充与印证——在“更重要的”已经完成之后，她的拳拳之心和眷眷之情也顿生“彩凤双飞翼”，迫不及待地升空展翅，飞向茫茫海天，排成了这一行行归鸿似的汉字！

同早年沙孟海先生称赞朱枫“一位幽静的姑娘写出一手端秀的小

楷”相比，此刻我们所看到的是一个战士心迹的挥洒自如、一种意志和精神境界的超凡脱俗，是磨炼了二十多个寒暑的质朴与俊朗、砥砺过万水千山的坚强与成熟……这封信的署名“威凤”恐怕也是曾经给女弟子改名取字的孟海师所想不到的，在朱枫所留下的其他书信和墨迹中也从未出现过。镇海朱家大院“六只凤”，朱枫老四，小名桂凤，她常以“桂凤”“静凤”或一个“凤”字落款自称，而此刻却在“凤”之上又增添了一个“威”字：笔触端庄、遒劲、从容又镇定，似银钩铁划，虎虎生风；更像是我们“眉宇间有英秀之气”的主人公，从那个阴霾密布的冬天里投映出的无畏目光和飒爽英姿——也许，此刻激荡在朱枫心头并牵动着她万里情思的，正是孟海师三弟沙文汉的那首震天撼地的壮行诗：“男儿一世当横行，巾帼岂无翻海鲸？”……

朱枫没有能够赶在“月内返里”，向她通风报信、要她火速撤离的“老郑”却在1950年1月29日这天晚上从南部返回台北市内的居处时，被埋伏在那里的国民党“保密局”人员抓获了。

蔡孝乾自两三年前来台以后，一直同他的小姨子住在一起。他的小姨子马雯鹃是个十六七岁的苏州姑娘，还在台北的一所中学读书，她同姐夫蔡孝乾以假姓名和“兄妹”身份在台北古亭区的一条街巷里租了一间房。因为这个缘故，一个四十岁出头的中年男子与一个妙龄少女“形影不离”，竟成了“老郑”在别人眼中的一个“特征”——在“保密局”为搜捕中共地下党人所进行的秘密大清查中，国民党特务们就是以此为线索从全台北市每一区的户籍登记册中仔细地寻觅、对照，终于在古亭区××街××巷的一家户口登记中发现了“可疑之点”：那家户主邓昌华年约四十岁，同住的妹妹邓莉只有十七八岁，这个情况与他们已掌握的“老郑”的“特征”十分相似。特务们获悉后，立即赶到“邓昌华”家，看到的却是人去楼空，但从屋内物件被翻检得很零乱的情况来看，主人走得非常匆忙，问邻居说是才走了两天。

搜捕者便在“邓昌华”家十几个榻榻米的住房内潜伏下来，耐心守候了四个昼夜，第五天晚上楼梯上响起脚步声，有人开门而入，躲在黑暗里的特务们扑了过去……

“邓昌华”正是蔡孝乾所用的另一个假名。蔡孝乾1月22日那天给朱枫留下那张字条后就离开了台北。他原想从台南逃出台湾的，到那里以后才发现无路可走，只好重回台北再想办法，就在他想去古亭区的住处取钱和衣物的时候，中了敌人的埋伏。

“保密局”的特务们欣喜若狂，他们知道这回“落网”了一条“大鱼”。

以毛人凤为局长的“国防部保密局”，这个专事镇压共产党人和异己力量、策划恐怖阴谋破坏活动的国民党情治机构，它的前身就是臭名昭著的特务头子戴笠所把持的“军统”；1946年3月戴笠飞机失事摔死后，“军统”改头换面并归属了“国防部”。在国民党军队溃败大陆的两三年里，“保密局”这条维护蒋家王朝法西斯独裁统治的忠实鹰犬，倚仗其总后台蒋介石本人的撑腰和美国盟友的“合作”，运转其庞大的组织系统和遍布全国的“杀人机器”，在平津、在西安、在南京、在上海、在昆明、在重庆……在国民党政府丢失任何一个内地的重要城市之前，都曾穷凶极恶、令人发指地上演过一幕幕可以名之为“末日疯狂”的人间惨剧，大肆屠杀共产党人和爱国民主人士，罪恶的黑手不知沾满了多少革命志士和人民群众的鲜血！

而在国民党政权退守台湾后，为了汲取大陆失败的教训，巩固脚下最后的“反共复国基地”，惊魂甫定、痛定思痛的蒋家父子所做的第一件事，便是整肃和强化其情治部门的组织与职能。早在1949年七八月间，老蒋就亲自出马，召集各特务机关负责人及其嫡系，秘密成立了由蒋经国、唐纵、郑介民、毛人凤、毛森等人为委员的核心组织“政治行动委员会”，统一情报工作。不久，蒋经国又被任命为“国防部总政治部主任”，直接控制情治机构、负责监督机密事务。毛人凤为首领的这群“保密局”鹰犬，也开始在小蒋的指挥下更加卖力地为其主子效命。他们凭借台湾岛上的“戒严”体制和“保密防谍”的尚方宝剑，到处抓人、杀人，制造了无数起冤案。著名作家柏杨在《柏杨回忆录》中谈到那个“恐怖时期”的捕风之盛，说“一个人因身上插着红花在新公园被捕，一个士官因不小心掉了帽徽被捕，但很多人都是因为‘偷听“共匪”广播’”。柏杨自己被捕是因为说了几句不该讲的“共军纪律严明，不拿人民一针一线”之类的“反动话”。与他同监并被判了十五年、后来连生死都不明的中学教师杨启仲，仅仅因为从他宿舍里发现了一本艾思奇的著作……

不久前，一位大陆学者告诉本书作者，他在台湾某大学里担当客座教授时，曾听该校一位中年教授谈起少年时期国民党残酷镇压人民群众给他留下的“恐怖记忆”。那是在美丽岛的南部，当时还是中学生的这位台湾农家子弟亲眼看见，国民党军警押着一队从大山里抓来的“政治犯”走过村道，使他吃惊的不是这些犯人的衣衫褴褛和遍体鳞伤，而是抓人者防止他们逃跑的方式：绳索捆绑和镣铐相加之外，竟有一根长长的铁丝刺穿这些犯人光赤的足踝，将他们一个一个像晒鱼干儿似的“串联”在一起……

与在大陆时期的“最后猖狂”相比，退守孤岛后的毛人凤们显然有了长足的“进步”。不仅因为丢掉江山的恼恨和穷途末路的绝望让这群嗜血“鹰犬”更加无所顾忌，云谲波诡的非常年代和海岛孤悬的特殊环境也为他们施虐和报复手段的“登峰造极”创造了更好的条件。他们对跟随国民党渡海的无辜青年如柏杨、杨启仲以及成千上万的原住“草民”尚且如此，对真正的“匪谍”和“通共者”当然绝不会心慈手软。

中共台湾省工作委员会的五位领导成员中，第一个被捕的是副书记兼组织部部长陈泽民，前面我们曾提到过。1909年生于福建的陈泽民同蔡孝乾一样，也是个颇有资历的知识分子，早在30年代初的左翼作家联盟时期，他就在上海参加了共产党。1947年3月以后他和蔡孝乾、洪幼樵等作为华东局派遣人员分批来台，建立“台工委”并发展地下组织。他被捕时，敌人已经知道他的真实身份。这位有十几年党龄的老党员开始坚不吐实，毛人凤下令对其动用酷刑，被踢断三根肋骨、打折一条左臂，几度昏死。特务们为了获得口供，将血肉模糊的要犯送进医院疗伤，又押来他的妻儿劝降——在敌人的软硬兼施下，苏醒后的陈泽民供出了有关“台工委”领导成员和各地方支部的一些情况……

一个多月后，“台工委”的武工部部长张志忠被捕。又过了一个月，书记蔡孝乾和宣传部部长洪幼樵相继落入敌手。化名“老刘”的洪幼樵，是在基隆准备开赴香港、澳门的轮船上被“保密局”侦查队捉获的。张志忠是特务们发现其住处和行踪后，开着吉普车在台北某公园外的马路上将骑在自行车上的追捕对象撞倒逮捕的。

张志忠，原名张梗，1906年出生于台湾嘉义县一个贫农家庭，学生时期即投身抗日活动，加入台湾无产青年会。1933年遭日警逮捕，后越狱逃往大陆。抗战全面爆发后，张志忠进延安抗大学习，毕业后分派八路军129师冀南军区敌工部，经受了多年战火锻炼，积累了丰富的对敌斗争经验。据由他介绍入党、曾任台北学委书记的吴克泰回忆，早在“二二八”起义时，已先期赴台的张志忠即领导过台湾南部的民主联军，指挥过攻打嘉义县政府和飞机场等战斗。以蔡孝乾为书记的“台工委”成立后，担任武工部部长的张志忠深入基层发动群众，组织“武装工作队”，为配合人民解放军渡海作战做各项准备工作。他作风踏实，不辞辛劳，为开辟兰阳地区党的工作，吴克泰曾陪同他到自己家乡罗东、苏澳一带考察，吴在他撰写的《张志忠：台湾地下党的铁汉》这篇文章中说："他走路时，身子往前倾斜一点，走得很快，我虽比他年轻十多岁（这年我二十二岁），却怎么也跟不上他。这使我确信，他是在抗战烽火的战场上锻炼出的一双铁脚板。"

吴克泰于1949年3月受台湾地下党委派，回大陆解放区参加第一届全国青年代表大会，会后留在北京，再也没有能够返台。直到1987年赴美参加"二二八"四十周年纪念会，一位曾因"台工委案"被捕坐牢的杨克村老先生专程从台湾赶来洛杉矶同他相会。这位杨姓老人受两位已故知情者的"临终嘱托"，将埋藏在心底几十年的有关张志忠被捕和牺牲的情况告诉了吴克泰。

原来，1949年年底，张志忠和他一起从事地下工作的妻子季沄发现危险后，立即搬到友人李振芳家居住。李是党外同情者，一直在掩护张志忠夫妇，但国民党特务还是查出了他们的行踪，不仅逮捕了张志忠夫妇，将李振芳也抓了起来。张志忠被捕后，特务审问他，要他招供。张坚贞不屈，连声说"你们打死我好了"，连特务、狱吏都拿他没办法。杨克村老先生郑重地对吴克泰说，因为掩护张志忠夫妇而被判了十五年刑的李振芳，在临终前特地嘱咐他："张志忠和季沄是坚持到底、坚决不投降的。他们没有出卖任何同志，是英勇牺牲的，此事一定要向北京报告。"李振芳夫人卢碧霞虽然没有被捕，但也从丈夫那里知道了实情，她临终前也将杨克村叫去，做了同样的嘱咐。

这位死里逃生、最后传话的杨克村老人，当年也只是一个地下党的外围同情者，却以"涉共罪"被捕，在牢里蹲了十五个春秋，白了少年头。半个世纪以后，他仍不忘难友遗愿，又漂洋过海，通风报信，送忠魂"回家"，真可谓一个"当代版"的"柳毅传书"的动人故事了。

吴克泰文中对于张志忠狱中斗争的事迹有更为翔实的叙述：

后来，我在北京遇到了叫苏东兰的小同乡，他曾同张志忠在台北市南昌街的保密局监狱里坐过牢。他说，张志忠看见有人关进来就大声叫喊：“早说早死，晚说晚死，不说不死！”（张志忠同志的这句话在台湾左派中流传至今）他经常喊口号、唱革命歌曲来鼓舞大家。狱吏对他又怕又尊敬，说他是共产党里真正的硬骨头，好样的。有一次，蒋经国亲自到监狱里来向张志忠劝降，很有礼貌地问：“张先生，你有什么困难需要我帮助的吗？”张志忠很干脆地回答：“你如果想帮助我，就让我快死！”不久以后，蒋经国第二次来劝降，问的同样是：“张先生，你有什么困难需要我帮助的吗？”张志忠再次坚决表示：“让我快死，就是对我最大的帮助！”1954年3月16日，张志忠同志在台北市川端町刑场英勇就义。（**一说张志忠牺牲日期为1951年4月3日。——**引者注）

中共中央组织部经过长期的调查核实，于1998年1月将张志忠同志和夫人季沄同志追认为烈士，并通知了他们的遗属。张志忠夫妇在天之灵有知，也一定会感到欣慰吧。

历史是一面明亮的镜子，映照出志士忠心赤胆的同时，也记下了叛徒卑劣的行迹。

同张志忠的表现恰恰相反，蔡孝乾这位“台工委”最高负责人在惊慌失措地潜逃后又麻痹大意，中了特务们的埋伏，当晚即进了“保密局”的刑审室。“老郑”没有能经受住敌人的高压和利诱，在生死考验面前，不到一个星期就变节转向了。

特务们在蔡孝乾身上进行严密的搜查，发现了不少有价值的线索，其中最引起他们注意的是一张面值十元的新台币，钞票背面的边角上写有一个电话号码。审讯人员要蔡孝乾交代电话号码的来历，在终于被攻破了“心理防线”之后，他嗫嚅着开了口：

“是我……负责联系的一个大陆来的女干部的电话。”

“她叫什么名字？”审讯者立刻追问。

“……朱谌之，我们也叫她陈太太。”

为了证实他的口供，审讯者拿起电话筒，叫蔡孝乾给“陈太太”家打电话。

蔡孝乾只好照办，电话接通后，他问接电话的人：“陈太太在家吗？”

那头回答：“她两天前乘空军的飞机到定海去了……”

飞离虎穴又入狼窝

朱枫接到蔡孝乾留给她的“报警”字条后，立即去吴公馆跟吴石商量。

她告诉吴将军，“分店”出了事，“老郑”已通知她尽快离台。由于基隆港船已停开，她走海路的计划不能实现了，听女婿说台北和舟山之间有军用飞机往来，那里离大陆很近，她想走这条线，不知吴次长能否给想点办法。

吴石回答说，空军方面熟人是有的，也许能用得上。

面对风云骤起，吴石当然也在考虑自己的安全问题。朱枫说，到目前为止，“生意”上的事情都做得很顺利，吴次长不必担心。她同“大舅”、同“老郑”都是单线联系，“老郑”是“分店老板”，绝对可以信赖的；即便哪个环节上出了差错，也不至于影响大局。

坐在吴石那间堆满了书籍和稿本的书房里，他们谈了很久。

吴石说，去年赴台前，他曾在香港跟一位知心朋友告别，这是一位从小和他一起长大的军界朋友，也是自己的同志，很了解他，也非常关心他。老友知道他肩负的使命，特地问他："有没有把握？如果风险太大，不去台湾就此留下，转赴解放区。"

"您当时是怎样回答他的呢？"朱枫问道。

"我说，自己为人民做的事太少了，现在既然有这样的机会，个人的风险又算得了什么呢？"吴石正了正鼻梁上的眼镜，接着告诉朱枫："正是为了避免嫌疑，我和太太才带着两个小儿女一起到台北。两个大孩子都在那边读大学，当然不能影响他们的学业和志向。"

朱枫听了吴石的话，从内心里感动，因为她自己赴台前也有这样一个思想斗争的过程。以吴石的高位和经历，能把"多为人民做些事"放在个人安危的考虑之上，甘冒天底下最大的"风险"，实在是太不容易了。她诚恳地对这位忠心耿耿的民主斗士说：

"吴先生的精神令人钦佩。来台北的两个月，我从您这里学习了很多，也给您和夫人添了不少麻烦，真不知道该怎样感谢你们……"

"陈太太，见外了，我们是自己人呀——"将军把"自己人"三个字咬得很重。

"我去那边，吴先生可有什么托付吗？"朱枫又问。

"陈太太见到'刘老板'，请告诉他我在这边的情况，就说吴某人不会让他和'总店'失望的——"吴石深邃的眼神在镜片后面闪烁着，他的声调低沉而有力，朱枫能够感觉到他话语里的分量。停了一下，吴石又继续说：

"对了，'刘老板'认识我刚才说的那位知心朋友，他也姓吴，是我的小同乡和老同学，请'刘老板'向他转达我的问候，也好让他放心。"

就在他们说话的时候，吴太太走进书房，对吴石说："聂副官来了——”

“噢，来得正好，你请他进来吧。”将军吩咐道。

走进书房的是吴石的老部下，姓聂，单名曦，三十岁出头，人很精干，有一张五官端正、轮廓分明的脸。他做过吴石的副官，吴石在南京任国防部史政局长的时候，聂曦任该局总务组长，后来又跟着吴石到福州做事；来台北后，吴石介绍他到东南长官公署任职，现在是交际科科长，上校衔。朱枫受“老郑”之托请吴石帮办“刘桂玲”出境证一事，吴交给聂办，事已办妥，他是来送证件的。

其实那证件无须办了，“老郑”在给朱枫的字条上已有所交代。朱枫到吴公馆后也将新情况告诉了吴石，但吴石考虑到朱枫本人即将离台，刚才还谈及“交通问题”，本来就要请聂曦帮忙的，正巧他人来了。

吴石向朱枫介绍聂曦，说：“陈太太，聂上校跟我多年，是我最得力的助手。办这张刘小姐的出境证，他可没少费力气啊。”

朱枫连声表示感谢。吴石拍着聂曦的肩头说：

“聂老弟，还得辛苦你一趟呢。陈太太有急事要回舟山去，想搭乘空军的飞机，你上次跟王参谋去定海是坐飞机去的吧，能不能给联络一下？”

聂曦习惯性地并了一下脚跟，既认真又半开玩笑地回答：

“卑职遵命！既然长官提到了‘王参谋’，在下要是面子不够，就出这张‘王牌’。”

后半句话，逗得吴石和夫人都笑起来。朱枫开始有点莫名其妙，后来才知道王参谋是吴太太王碧奎的堂弟，叫王济甫。他原在空军军官学校当教官，迁台后新调空军××司令部任参谋。他和聂曦都是吴公馆里的常客，彼此很熟，聂曦曾跟王参谋一起坐空军飞机去舟山岛办事。朱枫找吴石“帮忙”，显然是找对了人。

朱枫离开吴公馆之前，王碧奎还托她带一只手表给自己在上海读医科的女儿，还将儿子在南京的地址告诉了朱枫。朱枫说，她到上海就会约见吴小姐的，她的女儿已从上海毕业分配到南京工作，她原来就打算去南京“探亲”，现在“更要去了”。

两天后，朱枫接到聂曦打来的电话：

“空军那边已联系好了，2月4日动身，我一早来接您去机场，同王参谋一起送您上飞机。”

朱枫放下电话，心中悬着的一块石头也落了地。

去舟山接送兵员的运输机，准点从台北军用机场起飞。当飞机越飞越高、舷窗下急速沉降的绿野与城镇很快被“切换”成蜿蜒的海岸和无垠的碧波时，两个月来在台北的紧张生活也像浪花翻滚似的在朱枫的脑海里飞掠、浮现：阿菊一家人、“老郑”与“大舅”、吴公馆和“建昌行”，还有刚刚在舷梯旁挥手告别的两位送行者，聂上校和王参谋[1]……朱枫默默地念叨着这些亲人、同志和朋友，祝祷着他们的平安无虞，也想象着同他们的“后会有期”——那该是在蓝天下哪一块解放了的国土上呢？是在上海、在北京，还是在终归要回到人民怀抱中的台北？

舟山群岛的轮廓，渐渐清晰地映入了她的视野。这串撒落在东海“碧玉盘”上如同珍珠、玛瑙般的大小岛屿，对于生长在镇海县城朱家大院的“四阿姐”来说，既熟悉又陌生。说熟悉，是因为舟山同镇海仅一水之隔，朱枫的父亲朱云水曾任“浙东渔民协会”主任，闯荡东海数十年，算得上是个富甲一方又呼风唤雨的人物，抗战初期，他还在省保安处的支持下组织和领导过当地的民团，可惜这位“憩园”

[1] 王参谋，即吴石夫人王碧奎堂弟王济甫，空军上尉，后因吴石案被捕，判刑五年。

老人早几年已过世，临终前也未能同离散多年的女儿见上一面。朱枫本人从未到过舟山，对她来说，这座家门口的中国沿海第四大岛，又被称为千岛之岛的土地仍然是陌生的，在敌方的重兵盘踞之下更成了“畏途”。几个月前国民党吹嘘的“登步岛大捷”就发生在这片海域，国民党军以丧亡三千五百人的代价守住了一座十四平方公里的小岛。从那时到现在，蒋介石仍在不断加强舟山群岛的防卫，原驻军六万人激增到十二万人，全岛兵力达五个军部、十六个师，增加了炮兵、战车，加修工事并实行海上封锁，舟山本岛上的首府定海城几成一座戒备森严的大军营。

朱枫也没有想到“老郑”的被捕和变节，她所信任的“台工委”书记竟是个软骨头。虽说蔡孝乾交代朱枫的电话号码“迟”了几天，打电话到阿菊家时扑了“空”，但敌人终于知道了“大陆派来的女干部”的真实身份和“坐军用飞机到定海去了”的行踪。因此顷刻之间，一道缉查和追捕“在逃女匪谍朱谌之”的密令，已送至定海县城内的警备司令部，所有的交通关卡都被严密地控制起来。一张铺天盖地的罗网在这座本来就不大的船形岛屿上撒下，每一个“网眼”都闪动着饿狼似的凶光、张开了血盆似的大口；刚脱身“虎穴”的朱枫，又踏进了一个危机四伏、步步险恶的“狼窝”……

原想投奔定海县城的一位亲戚家，然后寻找民船扬帆渡海——不知是亲戚不在家呢，还是定海城里的局势不容许她停留，总之，朱枫临时改变了主意。她没有在县城落脚，而是去了舟山岛最东头的渔港沈家门，在那里依靠五妹雪凤的关系，得到一位名叫顾孙谋的朋友相助，此人是当地最具规模的一家医院存济医院的院长。有资料说朱枫被安排进存济医院暂住了十多天，实际情况直到2010年年底才由顾院长的后人披露：“朱家桂凤四小姐是在我家里被带走的，当时我家住缪家路15号，离中大街路北的存济医院不远。”顾孙谋的三儿子顾学勇如是说。当年他十五岁在舟山中学读初一，朱枫住他家时，他大姐顾荷琴一直陪着这位“相貌好、派头大的朱四小姐”。为了确认朱枫烈士是不是在他家被捕，几年前他还特地跑到上海向大姐核实过。[1]

阔别十多年的故乡就在烟波迷茫的对岸，去上海的水路也大约只要天把工夫，恨不能插翅飞过这大自然的鸿沟，然而两个敌对的世界已将它变成了难以逾越的“阴阳界河”！眼看春节一天天临近，身处乱世的游子早已不再吟诵“每逢佳节倍思亲”了，但人在“归途”中的朱枫还是饱受着“望眼欲穿”和“夜夜梦回”的煎熬。每天清晨，天气再寒冷、天色再阴晦，她都要去码头边打听有没有渡海的民船，得到的回答都是“没有”。

而向她张开的“厄运之网”，却一天一天在收紧。挨家挨户搜索全岛的警务人员将怀疑的目光投向了存济医院院长家这位来路不明的陌生妇女，暗中核对他们已经掌握的资料，可以断定就是“保密局”所要追捕的“要犯”，立即采取行动。1950年2月18日，旧历正月初二，一个朔风怒号、寒流袭来的日子，隐蔽了两个星期的朱枫被捕了，当即被押解至定海县城里的看守所严密关押起来。

再说台北这一边，正当“保密局”的特务为他们所抓获的“匪谍要犯”而弹冠相庆和邀功争赏时，到手的“大鱼”蔡孝乾却出人意料地“逃跑”了。

事情发生在他变节招供后的第二天，这个贪生怕死的家伙带着“保密局”干员去他小姨子马雯鹃隐蔽的台共同情者黄天家抓人，黄天是蔡孝乾的同乡，家住台北中山北路附近的一幢日式房屋里。到黄

[1] 顾学勇的回忆，原载2010年12月30日《东南商报》，题为《舟山原存济医院院长后人披露朱枫烈士被捕经过》，作者毛雷君、洪伟。

天家已傍晚，男主人不在家，就在特务们满院子吆喝、乱窜，要女主人交出她丈夫和躲藏的“女共匪”的时候，蔡孝乾利用他对黄家地形的熟悉和天色的昏暗，从敌人眼皮底下溜走了。

气急败坏的特务们，将黄太太同她的四个十几岁的小儿女和一岁大的小外孙统统抓进了牢房，还派人在黄家埋伏等待男主人回家。同时，为重新抓回蔡孝乾，“保密局”更加紧了对蔡的小姨子马雯鹃的追缉，因为从蔡孝乾身上曾搜出马雯鹃的假身份证，身份证上有本人的照片，特务们又获悉她有“出境”企图，因此到警务部门把所有登记申请出境者的照片拿来与之核对，结果发现一个叫“刘桂玲”的年轻女子出境登记用的照片，跟马雯鹃一模一样，显然“刘桂玲”系马小姐的另一个化名。这个重要收获，给特务们的追踪工作带来了新的希望。

再查“刘桂玲”的出境证，是以“军眷”名义交办的，所填关系栏内有“刘永椝高参之女”的字样，本人去向是“由台湾到定海”；在申请文件的右角上还留着一张代办人的名片，上面写着“东南长官公署总务处交际科长聂曦”；刘小姐的住处，则是“杭州南路××巷××号”。根据以上三条线索，特务们很快查明：“刘永椝高参”并无此人，“杭州南路”的那个地址现属“××电力公司招待所”，目前是座空房。唯一能够直接追寻、核实情况的对象，看来只有受人之托前来办证的“交际科长聂曦”了——吴石身边的青年军官，就这样进入了“保密局”侦查人员怀疑的视线。

“我是吴次长的旧部，常到吴家去。这张出境证，是吴太太托我办的。我并不认识刘桂玲，因为要作为军眷办，我便造了‘刘永椝’这个假名，地址也填了吴次长家原来住的地方。出境证领来后，交给了吴太太，其他情况我都不清楚。”

当聂曦上校被“保密局”传讯时，面对着自己的名片和“刘桂玲”的出境申请件，不得不做了以上的“证词”。

于是，特务们追查的目光开始投向吴公馆的女主人——王碧奎女士。这位将军夫人、家庭主妇，怎么会跟化名“刘桂玲”的“女匪干”“老郑”的小姨子有联系，受其嘱托“弄虚作假”办理出境证的呢？！她哪儿来的胆量，又是出于何种动机？！

巨大的问号和惊叹号，像颗颗危险的炸弹一样，被高高地悬挂起来。嗜血的鹰犬们嗅到了猎物的味道。

亲自督办“台工委”案的“保密局”头子毛人凤在得悉吴石夫人王碧奎“涉嫌”后，立刻向上峰做了报告。其实此前，他们刚逮捕蔡孝乾时，也曾从蔡身上查到笔记中有“吴石”的名字，但蔡不承认同吴有什么关系，毛人凤们也不敢对一个堂堂参谋次长轻举妄动，“保密局”特务中早年做过吴石学生或部下的也不少，而此刻有了如此“诱人”的新线索，怎么能不叫毛人凤们“剧烈心跳”和“赶快行动”呢！很快，上面就做出了反应，由“国防部”参谋总长周至柔亲手批了“先取证据再办吴石”的密令。

1950年2月27日晚上，侦防组的特务敲开了吴公馆的门，说是有要事请吴太太王碧奎去“保密局”走一趟。吴次长当即提出抗议，但特务们出示“传讯证”，以“涉及重大案件”为由将他顶了回去，并随即布置了对吴宅的监视。吴石无可奈何，原先就患有高血压症的他当晚难以入睡，血压升得很高、很高。

吴太太被带进“保密局”，在令人不寒而栗的审讯室里，面对虎视眈眈的目光，可怜她一个妇道人家哪里见过这样的世面？当特务们问到“刘桂玲是何人？同你有什么关系？你为什么要帮刘桂玲申办出境证？……”一连串晴天霹雳似的问题，将她逼到了墙旮旯，只好说她并不认识什么“刘桂玲”，为陌生人办证是受一位来自香港的“陈太太”所委托。特务们追问她有关“陈太太”的情况，王碧奎当然说不清楚，她也的确不知道。出于保护丈夫的心理，一个柔弱的女子只能死死地踩住脚下的底线……

毛人凤们终于获悉了“老郑”“陈太太”和“大舅”之间的联系，一道火速将朱枫从定海送到台北来的通缉令再次发出。然而，当定海这边的看守人员打开囚禁朱枫的“优待室”时，却发现他们缉拿的“要犯”已不省人事，生命正处在紧急与危险之中。

生死之间

朱枫是在2月26日夜间吞金自尽的。

被捕之后，她料到台北方面一定出了问题，否则不会到舟山来抓她。羁押定海看守所的这些日子，她的思想一直在激烈地斗争着，“以死相拼”的念头早就萌生了，但严密的看管让她找不到机会。这天深夜，因受风寒患重感冒的朱枫发高烧，口渴难忍，摸索着起床到对面桌上取热水瓶，黑暗中不慎跌了一跤。她抬起头来，看到紧锁的门缝里仍透着一线光亮，门外并没有什么动静，在忧虑与病痛的双重交缠中，终于横下一条心来……

她用滚烫的手指，将贴身挂的一块金锁片扯带着金链条取出，又撕开海勃绒大衣的肩衬，那里有她密藏的一只金手镯。她用牙咬、用手掰，把金锁片和金链条分开、手镯折为两段。然后，一面屏息留神门外打瞌睡的看守，一面将这几件金制饰品，和着一杯热水分四次吞了下去。

吞咽的过程是艰难的，刀割喉管似的剧痛和翻江倒海似的胀坠感，相继向她袭来。决心一死的朱枫以超凡的毅力挣扎着、忍耐着，默不出声。她自幼听说过爱国名将、同林则徐一起抗英的两江总督裕谦的故事，那是一百多年前的鸦片战争中，发生在她家门口梓荫山麓

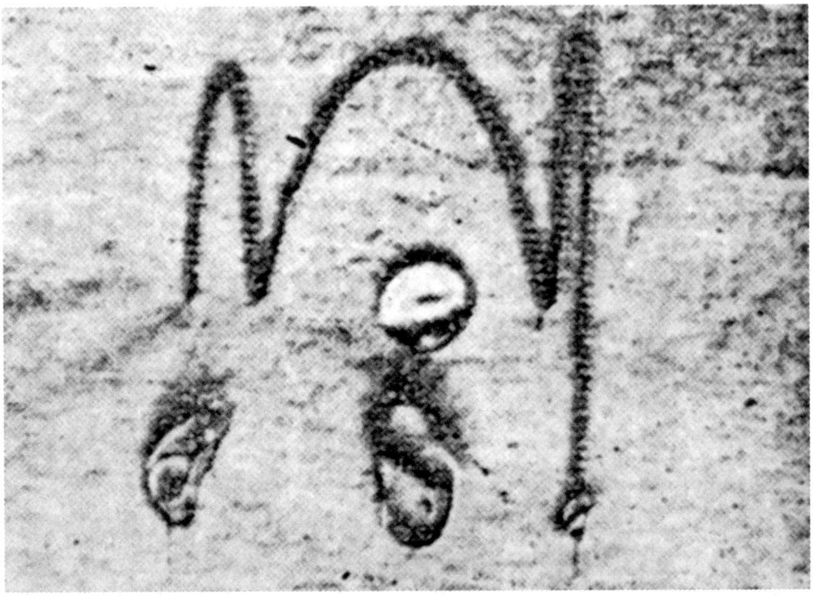

朱枫所吞金首饰，采自李资生《吴石间谍案破获始末》(香港《新闻天地》1950年7月)

的悲壮一幕：这位督师镇海并“誓与城共存亡”的封疆大吏，当英军攻陷城池，他被亲兵簇拥着退至县学孔庙的时候，将怀中用黄巾裹着的授印和一封遗书交代给左右，然后从容镇定地整顿装束，遥对京阙方向行完跪拜礼，纵身跳进了大成门前的泮池……但裕谦并没有死，他是在被部属救起后送往邻县余姚的途中，又乘人不备，吞金而亡的。与他同时牺牲的还有自缢殉职的镇海县丞李向阳、阵亡在定海前线的三位总兵葛云飞等。为纪念“靖节公”和其他先贤，后人在招宝山下建起昭宗祠，每年8月的烈士殉难日里，镇海官民都要在那里举行公祭。朱枫上小学的时候，也常跟老师、同学去参观凭吊，那些当年闪烁在炮火硝烟与腥风血雨里的忠肝义胆，早已像故乡风物一样刻骨铭心地化作了她最深的记忆——在生命垂危、备受煎熬的此时此刻，这一切是否会又浮现在她的脑海，给她的灵魂以最后的指引和遁入大化的召唤呢?

…………

第二天清晨，看守人员打开囚禁室的房门，目击的景象使他大为吃惊：

高烧未退又强忍着腹中剧痛的朱枫，在床上蜷缩成了一团，面色发青，人已昏迷。撕开了肩衬的海勃绒大衣上，还残留着金首饰折断后的碎渣。

看守人员连忙向主管者报告，请来医生查看，很快明白了事情的原委，赶紧实施抢救：强制灌下泻药后，却并不见效。就在这时，台北方面也在催促着“要人”，一架飞机将生死未卜的“重犯”从定海押送回台北。

飞机在台北机场一着陆，守候在那里的“保密局”人员立即用救护车将朱枫直接送往××总医院，毛人凤们知道留“活口”的价值，怎么也要让朱枫活下来。先给她照了X光片，清楚地看到那四件金东西还在胃里，大夫们研究后决定，还是继续用泻药，如果不行再开刀。结果是服药一夜以后，再照X光时，发现异物已从胃部进入肠道，又过了一天，东西全部排出，医生和特务们都松了口气。

死神没有收留我们的主人公。回到台北的朱枫仍然要以另一种方式去抗争——那是也许比“死亡”更为艰难地“活着”：在她最不情愿待的地方，再次经受人间最严酷的考验。

夫人王碧奎的被捕只是毛人凤们对付吴石本人的第一招。自从“保密局”传讯和扣押聂曦上校之后，吴将军的可疑身份已经暴露。就在吴太太被捕的第二天晚上，特务们再次敲开吴家的大门。

听到勤务兵的通报后，身穿睡衣的主人从卧室里走出来。不速之客已站在会客室里，还是昨天来的那一拨儿人，为首者很有礼貌地说：

“吴先生，这么晚来打扰您，是因为您太太的事，上峰说还必须请吴先生亲自去一趟才能够解决。”

这是意料中的事，吴石坐在沙发上没有多考虑，便站起身来：“好，我这就去。”

说完就回房间换衣服，穿上一套草绿色的军便服，然后招呼隔壁的女儿，小声地要告诉她什么。这时候从会客室一直盯到卧室里来的两个特务，连忙上前干涉，要他有话就公开说，不能耳语。吴石很不高兴地挣脱两个家伙的纠缠，走回会客室坐下：

“我不去了，你们能将我怎么样？”

刚才站在客厅里说话的那个领头的，又软中带硬地回答说：

“这是我们的公务，请吴次长见谅。要是不去的话，上峰有命令，我们可以采取任何必要的方法完成任务。”

他说完这话就掉头出门，一辆黑色轿车早已停靠在门外。另外两个小特务随即紧挨着吴石，摆出一副挟持的架势。这时，女儿学成从卧室里冲出来，一把拉住爸爸，大声号哭起来。吴石强压着自己激动的情绪，慈爱地摸着女儿的头，安慰她说：

“学成，别怕，爸爸去了，妈妈就会回来的。你在家里带好弟弟，好好念书啊！”

留下身后女儿呜呜地哭泣，吴石跟着那两人坐进黑色轿车的后座，车门关上开走了。

这时，那特务头目又带人回到内室和书房，进行了仔细搜查，书桌上和皮包里的文件，哪怕是一个极小的字条都翻了一遍，所有可疑的东西都被抄走了。

吴石公馆会客室，吴将军在此被捕

以上吴石被捕的经过，是国民党情治单位在审理完“吴石、朱枫间谍案”后，于1950年7月在香港《新闻天地》周刊上发表的“破案始末”长文中透露的。但据当时负责抓人的“保密局”侦防组长、后来升任“情报局”督察室主任的谷正文1994年写给台湾《传记文学》编者的一封题为《关于吴石案的一些补充》的信（发表于该刊第66卷第1期）说：在“保密局”逮捕吴石之前，“吴先一日已服用多粒安眠药，当时又以左轮枪自戕，乃就捕。”——如果此言属实，那么，吴石的被捕情形就有“第二种版本”了，应该做如下的修改：

在厄运降临的紧急关头，吴石这位勇敢的抗日将军和爱国民主人士，也像朱枫那样义无反顾地选择了“以死抗争”。他是在夫人被捕的当晚，就服用多粒安眠药，打算结束自己的生命——想必是由于“保密局”已经对吴宅进行监控，他的异常很快被人发现后，立即入室逮捕，意识尚清醒的吴石又拔出左轮枪，对准自己……

然而，将军的努力没有能奏效，手枪被人夺了下来。命运，同样给他安排了一条比“死亡”更崎岖难走的路。

与吴石被捕差不多同时，著名报人龚德柏因为公开发表批评蒋介石政策的言论，由蒋本人亲自下令，“保密局”特务将他从台北家中抓进了监牢，一关就是七年。这位1891年出生于湖南，外号“龚大炮”，被李敖称为“中国报学史、世界报学史上最特立独行的报人”，以他的七年囹圄之灾和狱中见闻写了一部《蒋介石黑狱亲历记》（以下简称《黑狱记》），其中对“吴石案”有关的人和事也有零星的记叙。此“秘密书稿”和宝贵史料直到龚德柏死后多年，才被同样特立独行、敢于直言的李敖所“秘密取得”，并于1991年3月在其主办的《求是报》上独家刊出，世人自此才得以窥见几十年前“自由中国”的歹徒们在暗无天日的台湾岛上所经营的让“希特勒的德国亦当自愧不如”的“保密局黑狱”的些许真相。

龚德柏于1950年3月9日被捕，只比吴石晚了一个多星期，他所住的四号牢房就在吴所住的三号隔壁。“保密局”监狱前身是日据时期的军人监狱，原先的单人牢房“约九英尺长、四英尺半宽”，折合公制五平方米的面积都不到。这样狭窄的地方，因为国民党抓人太多，“第一晚就睡了四人，第二晚增至六人，第三晚又增一人，以后均为七八人，有时增至十人。这样睡的问题已非常严重。但至5月10日，我被他人挤得连坐都不能坐，只得站立三小时。‘自由中国’进步至如此地步，希特勒的德国亦当自愧不如了。幸而只一星期，救星下降，即“国防部”次长吴石经医生检验，血压高至二百余度，非得安眠，有即日脑溢血而死之危险。但吴为要犯，非明正典刑不可，所以特别由吴石所住之三号，调出若干人，由四号调我、由十号调罗泽闽至三号，共凑成七人。此七人局势维持数日，又成为八人。”

以上摘自龚氏《黑狱记》中《住的问题》一节。关于“保密局的非刑”和作者的写作动机，他有如下的交代：

除老虎凳、坐飞机外，还有火刑。即把火在犯人身上烧，烧过还不招供，则把火放入口中。据说台共四大首领之一张志忠，曾受过此刑。张于四十三年五月间，在桃园监狱同我住过数天，惜当时忘记向张证明此事，殊以为憾。

此外，是否还有别的刑法？我不知道，不敢乱说。

……（我）只恐我的死不为世人所知，则未免使死我者太占便宜，所以还希望活着出牢门，把我的故事与牢中离奇古怪的事，告诉世人。因为世人只知道有特务，但特务有这等牢狱，使希特勒的牢狱亦为之减色。台湾在牢狱进步方面，竟能占世界的第一位，世间殊少有人知道。欲为之记录以传于世，不但是我的希望，而且也是一切“享受”其牢狱风味的人一致的希望。所以我对于这种任务以为责无旁贷，务使希望能完成此任务，免使多数人失望。

可惜在这位“责无旁贷”者的笔下，并未留下当年同监的“要犯”吴石和朱枫的形影，恐怕是因为他们的身份过于“特殊”，即使像龚德柏这样的资深报人和同牢难友也不敢或不能与之接近。在龚的笔下，只记录了“吴石案中之牵连者”、另一位中将级军官陈宝仓的狱中情况。

陈宝仓，1910年生于河北，保定军校毕业。抗战时期他同吴石一起服务于第四战区，曾任张发奎麾下的副参谋长。抗日战争胜利后，陈宝仓从广西奉调回重庆，随后被派往青岛，以国民政府军事委员会军政部特派员身份负责主持中美盟军接受日军投降仪式。后来，改组为“联勤总部第四兵站总监部”中将总监。据说，他在赴台之前，就有投奔北平解放区的打算，当他从上海撤退至广州时，亦曾和当年第四战区的老同事、中共地下党员吴仲禧接触，表示了向共产党靠拢的愿望。吴仲禧做了他的思想工作，说如去台湾可向中共方面提供军政情报，后来仲禧与好友吴石见面，也将这个情况见告，要他抵台后可以同陈联络。

谁知在“保密局”特务的记录卡上就留有陈将军“通共嫌疑”的案底：1949年年初他经过去在第四战区结识的左倾文化人柳倩介绍，跟时在北平的民革成员、进步教授邓初民通信联系，此事已引起特务们的注意。因此吴石案发后，陈宝仓也成了侦查对象，很快特务们又从被捕的吴石副官王正均[1]的供词中，得知陈、吴之间确有秘密文件的传送，陈宝仓遂被捕入狱。审讯者拿出在吴石家搜查到的一份有关台湾兵力配备情形的手抄件，系陈宝仓所写，核对笔迹后，陈无法隐瞒，只说自己并不知道吴石“通共”，以为他索要资料仅为“参谋研究”之用，审讯者自然不信，于是大打出手。在龚德柏的《黑狱记》中有这方面的记叙，并称他为“似共非共，惨遭毒打的特殊人物”。

让“希特勒的德国亦当自愧不如”的蒋家鹰犬们，为了创造青天白日旗下“占世界第一位”的恐怖黑狱，可谓不遗余力又无所不用其极。我们在前面叙述过，蔡孝乾被捕后带着“保密局”干员去台共同情者黄天家抓人，他自己趁天黑逃跑，气急败坏的特务们把黄天的一家大小全都抓进了监狱，并埋伏在黄家，将回家的男主人捕获。黄天是彰化县溪州人，出身地主之家，早年因看不惯日本人对农民的剥削而同农民组合的领导人简吉结交，中共“台工委”建立后，又因为简

[1] 王正均，吴石副官，福建人，因“吴石案”被捕后，于1950年7月被害，年仅二十七岁。

吉的关系，也常常接待和掩护蔡孝乾和他的小姨子马雯鹃（此女后来也被捕和“自新”，最后成为蔡孝乾之妻，这已是后话了）。为了逼黄天供出蔡的下落，“保密局”的特务们使出“绝招”：将黄天的两只大拇指绑在细麻绳上，再将绳索挂过屋梁。当麻绳拉起时，黄天双脚一离地，全身重量都落在那两只皮开肉绽的大拇指上，痛得他撕心裂肺地喊叫、屎出尿流，惨不忍睹……就这样招出了蔡孝乾躲在阿里山竹崎的下落，黄天本人却依然惨遭枪决，他的妻子和五个儿孙也被关了半年到一年半，弄得家破人亡。

而“保密局”一心要追捕的蔡孝乾呢？在逃跑两个多月后，这个已成“软脚蟹”的台共领导人再次被捕。这回毛人凤们不再掉以轻心了，他们用尽了一切可能的手段逼其就范，本来就开始转向和出卖同志的蔡孝乾，彻底败下阵来，死心塌地做了叛徒。由于他的叛变投敌，台共的高层干部大部分被国民党“肃清”，台湾左翼分子和左翼机关也纷纷遭逮捕和破坏，包括地下党员在内的被捕人数达一千八百人之多，造成了台湾现代史上的“扑杀红色时代”。蔡孝乾投敌后，加入了国民党，并在“保密局”里干起了特务的勾当，从“保密局”设计委员会委员，升至“匪情研究室”少将衔副主任。“台工委”中的另外两个叛徒陈泽民、洪幼樵，也当上了国民党的上校。

具有讽刺意味的是，很长一段时间内，毛人凤不让蔡、陈、洪在“保密局”内办公，而是另外安排地点并严加警卫，以防中共地下人员对他们施以报复。这三个投敌分子却不以为然，抗议说：“我们都投降了，还监视我们干什么？”当局虽经解释也不管用，为安抚他们只好撤下警卫，给每人配两条德国大狼狗。据说，当时台湾经济紧张，这些狼狗天天要吃肉，每月所耗相当于一位少校的薪水——其实，当上了“少将”和“上校”的蔡孝乾他们，不就是国民党所豢养的几条专咬共产党人的“断了脊梁骨的走狗”吗？

叛变后当上了国民党“少将”、“保密局”要员的蔡孝乾

就连同样是共产党叛徒出身、被人称为“战栗老爹”和“台湾情报界最大特务”的谷正文，在他撰写的那篇《关于吴石案的一些补充》中提到蔡孝乾时，也用一种不屑的口吻评价道：“蔡孝乾久经中共长征及对日抗战，吃尽苦头，故返台后即生活腐化，思想动摇，失去领导能力”——这句话里的那个“故”字用得不通也欠准确，但“生活腐化，思想动摇”却是实情，活画出了蔡孝乾及其同伙从胸怀远大的革命者堕落为可耻叛徒的主观“动因”，亦可谓自报家丑的“过来人之言”了。

我们的主人公朱枫，身陷这座虎狼般的“保密局黑狱”，又有怎样的表现呢?

仍然是那位当年“负责抓人的谷正文少将”于90年代向社会公开的“绝密资料”——“国防部”历年侦破“匪叛乱案”汇编，留下了部分的答案。我们在本书开头曾引用过该“汇编”之“吴石案”专章中，“对本案之综合检讨”项下一段关于中共女特派员朱枫的议论：

> 朱匪于被捕瞬间吞金企图自杀，证明其对应付事变，早做准备；匪干（指朱枫。——引者注）此种维护重要工作，不惜牺牲个人生命之纪律与精神，诚有可取法之处……

这是以“斩尽杀绝”共产党人为职责的国民党情治机关，对它不共戴天的敌人和对手所做出的难得“褒扬”之词。除此之外，还有这样几节跟朱枫有关的文字：

> 共匪运用女匪干朱谌之与我台省警务处电讯管理所主任王昌诚（王经查明无罪，恢复公职）之至亲关系办理入境证，及寄居王家，以掩护身份进行工作，此种大胆深入之方式，颇切合秘密工作之要求。
>
> 共匪运用党性坚强，学能优良之女匪干，担任交通联络工作，极易减少外界之注意与达成所负任务。
>
> 朱匪行踪飘忽，思想顽固……

与最后这句说朱枫“思想顽固”相“印证”的，是前面我们提到的“保密局”在了结“吴石、朱枫间谍案”后于1950年7月在香港发表的“破案始末”长文中透露的一个情节：当“保密局”在对吞金后的朱枫“实施紧急救治，始获保全性命，旋即一面予以疗养优待，一面进行政治说服”，企图以“攻心”与“感化”来劝降她，结果呢？却是——

> 朱谌之，这位太太，曾经用十行纸写了一大本的回忆录，评

述她参加共党的历史经过。她对于在共党内部所有的相当高的地位，是引以自慰的。

由于可以想象得到的原因，朱枫在狱中所写的这“一大本的回忆录”（也许是她一生中最宝贵的文字、对过往岁月与心路历程最真实的总结）当年未曾披露，也不可能为她的敌人们所披露，因此至今我们也难以得见。但我们从刚才转引的那个杀人如麻、血雨腥风的白色恐怖年代所留下的“只言片语”上，不也同样清晰地看到了“闪烁”其间的一个甘为革命抛头颅、洒热血的女共产党员的忠肝烈胆吗？

无独有偶的是，吴石将军也在这座人间黑狱里留下了一份长长的《自白书》。

《自白书》是用毛笔写在一本画册纸页的背面上的，那画册叫《元赵文敏九歌书画册》，八开本，一共写满了六张纸，近两千字。以“我家累世寒儒，读书为善，向为乡鄙戚友敬爱，先君生余已届晚年，所期许者甚深”开头，记叙生平经历与抱负、所学与所著，一个爱国忧时、忠慎勤勉、术业有成的戎马书生和军事学者的形象跃然纸上。将军自知性命不保，唯恳切期望他以毕生之力所搜求的中外兵书、作战史料，尤其是跟日本有关的军事著作能得到后人的重视，这些书籍资料虽然散失很多，但仍有相当部分留在福州乡间，因此“亦望将来儿辈为我整理保存，如能请诸友好协助，为我设小规模图书馆以作纪念，保余爱书与好读之美习传诸后人则何幸如之”。[1]

身为丈夫和父亲，吴石在这份“最后的家书”中，也向他的夫人王碧奎和儿女们倾诉了内心的款款深情：“余年二十九方与碧奎结婚，

---

[1] 此吴石狱中遗书复印件，系由吴石之子吴韶成先生于2003年夏向本书作者提供。

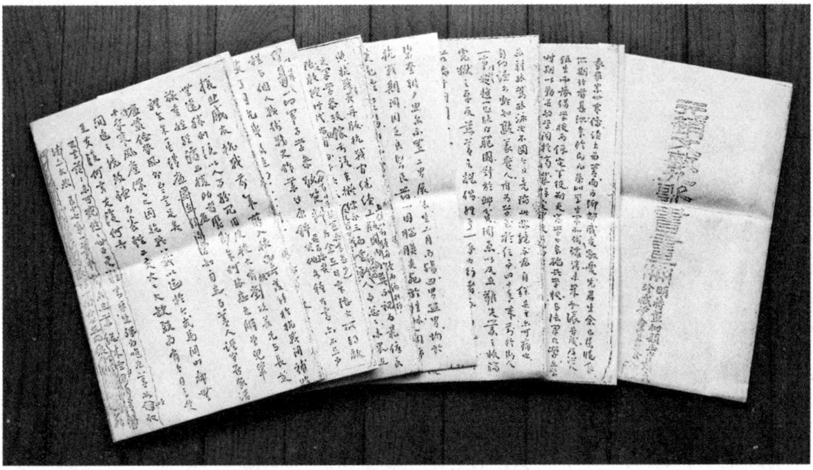

吴石狱中遗书，写在画册纸背托人带出，才得以传世

壮年气盛，家中事稍不当意便辞色俱厉，然余心地温厚，待碧奎亦克尽夫道，碧奎既能忍受余之愤怒无怨色，待余亦甚亲切。卅年夫妇极见和睦，此次累及碧奎，无辜亦陷羁缧绁，余诚有负渠矣。”紧接着，他又痛陈在长年战乱和动荡的生活中“因乏良医良药”和交通事故而连丧四男的伤心事，对尚在大陆读书和台北身边的两儿两女表示了无限的钟爱与思念之情，于“涔涔泪下”之中，对他们谆谆告诫和交代后事：

余素不事资产，生活亦俭朴，手边有钱均以购书与援助戚友。抗战前余薪入较丰，羡能于抗战期间补贴无遗。胜利后以人事纷冗用度较大，有赖刘改芸兄与长芝族重侄[1]经济上援助者靡

[1] “长芝族重侄”即吴长芝。1946年，吴石发展了从美国归来的吴长芝秘密加入“民联”，在上海开办大兴贸易公司作为联络点，掩护“民联”展开地下工作并提供活动经费（详见本章第二节）。吴石在遗书中以“余何能忘之”五字，坚定地表达了他对革命事业和战友至死不渝的忠诚。

少，余何能忘之。所望儿辈体会余一生清廉，应知自立，为善人，谨守吾家廉节俭家风则吾愿足矣。

仅此遗嘱中不忘他人之恩和“谨守吾家廉节俭家风”之句，已足见这位中华赤子的磊落襟怀和高风亮节了。在生命的最后旅程中，萦绕于他心头的依然是报效祖国的生平事业与军事科学，依然是生已不能相聚、只能期许寄望的亲友与后辈。

《自白书》的结尾，是吴石这位曾受业于何梅生先生之门、诗词造诣亦相当精深的爱国诗人所留下的一首“绝唱”，诗云：

五十七年一梦中，
声名志业总未空；
凭将一掬丹心在，
泉下差堪告我翁。

有生就有死。在生与死之间，不同的人做出了不同的抉择。

就义马场町

1950年6月10日，一个阴霾满天的日子。

入夏的台北应该很热了，但这天的气温并不高，朱枫身上穿的是一袭绿色碎花双绉旗袍，外罩深蓝色毛线上衣。她仔细地梳理了头发，她知道这是今生最后一次梳头了；眼眶中的泪水早已在深夜无人的梦境里悄悄流完，今天她要面对的是国民党当局“特别军事法庭”的最后宣判——四个多月的黑狱生活就要结束，她心里明白当宣判完毕，越过法庭围栏时，在栏杆那边等待她的将是什么。

下午4时，由蒋鼎文上将任审判长，韩德勤中将、刘咏尧中将等任审判官的“特庭”在“国防部”军法局开庭了。如此“高级别”的宣判，竟是在秘密状态下进行的，庭上的气氛萧肃，紧张而森严，如临大敌，杀气腾腾。贴墙站着一溜儿头戴钢盔、全副武装的国民党军警——不知为什么，这座“特庭”的光线特别幽暗，军警头戴的一只只深色钢盔几乎融化在漆黑的背景里，让人联想到旧小说中对地狱里阴森可怖的“阎罗殿”的描绘。只有钢盔上一个个凶神恶煞、寒光闪闪的国民党党徽，似乎在告诉人们：一场由人间鬼魅和法西斯豺狼联合执导的“迫害惨祸”正在这里降临。

应该感谢当年拍照的那位新闻摄影官，是他按动快门，栩栩如生地记下了“特庭”宣判后的一瞬间。整个宣判的时间很短，只是这出“蒋记”杀人剧中一个事先安排好了的“法定过场”：审判长匆匆问过四名“要犯”的姓名、年龄和籍贯后，就匆匆“宣示死刑判决，并称死刑已经最高当局核准，立即执行”——这是当年国民党喉舌《中央日报》在第二天新闻报道中的原话。实际情况是，蒋介石亲自“核准”的“总统”宁高字390084号杀人密令已于开庭前一日送达“军法局”，蒋鼎文扮演的不过是个“照本宣科”的角色罢了。

紧接着，一个名叫桑振业的书记官走近被告席，通知被判决的吴石、朱枫、陈宝仓和聂曦四人：如有遗言可当庭书写。这同样是一个仓促的安排，只有短短几分钟，摄影者就是在这个段落里，抓拍了身穿西服的吴石将军在军警包围和书记官指点下低首执笔的镜头。吴石写的是什么，国民党官方报纸第二天一字没有透露，倒是第三天（1950年6月12日）香港的《星岛日报》说了实话，该报的新闻标题是“轰动台湾间谍案四要角同被处死”，副题则为“吴石临刑前从容吟诗”——“临刑前从容吟诗”，这是何等的气概！七个字，耐人寻味地道出了“秘密宣判”和新闻管制下被掩盖了的真相。当然即便如此，

星島日報

香港政府特許刊登法律性質廣告之有效刊物

《星岛日报》（香港） 日期：1950.6.12

轟動台灣間諜案

四要角同被處死

吳石臨刑前從容吟詩

报道吴石、朱枫“轰动大案”的香港报纸

这家报纸在当时也不敢将吴石的诗句公开出来。

吴石，这位戎马一生、文武兼备的儒将，在判处他死刑的军事法庭上挥笔所写的，正是他题咏在《自白书》上的那首“凭将一掬丹心在，泉下差堪告我翁”的“绝唱”——身陷不见天日、漆黑无边的“阴曹地府”，诗人笔下如电、如虹、如血的诗句，可以说是让审判者和杀人者们也不得不讳莫如深、又恨不能“扑杀”的一道亮光了！

在吴石和书记官桑某之间，隔有一道木栏杆，栏杆的另一头站着朱枫。她两手紧握，肘部贴在木栏上，我们能够清晰地看到她微侧着的镇定的面容。她的目光像在注视正从容赋诗的吴石将军，又像在凝神遐思，此刻的她会想些什么呢？

她的脑海里，一定正涌动着情感的潮水，放飞出无数悠长的思绪：从当年“憩园”窗下那丛纤纤翠竹，到抗日烽火中云岭崖头的灼灼丹枫；从下周田村密布的铁丝网前的无言告别，到五岱洋大山里的甜蜜重逢；从衔枚出征、热血书写那“巾帼岂无翻海鲸”的骄人诗句，到她无限向往的已经飘满赤县神州的猎猎红旗——猎猎的红旗下，有她亲爱的“梅郎”、有她思念的战友和亲人、有她无时无刻不在牵挂着的女儿晓枫和儿子小明啊！她有多少心里话要对他们说，有多少经历过的故事和一心要偿还的夙愿要对他们讲呀……

然而，这一切都不可能了。当年的新闻报道说，我们的主人公是当庭写了遗言的，但这遗言也像她在“保密局黑狱”里所写的“一大本回忆录”那样，早已消失于无形。我们至今也不能看到朱枫最后的时刻写给亲人和孩子的文字，然而这帧摄于五十五年前的黑白照片，却无比真实地将她挺身在敌人的刀丛中、面对“死亡”判决的形与神，历尽劫波地保存了下来！连同她心中没有说出的千言万语，连同她蓝色毛衣的精致滚边和淡绿旗袍上的环状花纹，以及散落在她光洁前额上的一绺发丝……

在这个珍贵的镜头里，也摄下了另外两位受难者的身影。做过吴石副官的聂曦上校，因为“刘桂玲”出境证事件而被捕，这位受吴石派遣去香港送过情报的青年军官，亦曾为朱枫飞离台北出力相助，此刻他身穿军服、光着头，站在吴石身后。他那张轮廓分明、英气勃勃的脸庞，在多年后公开于海峡两岸的“20世纪50年代台湾白色恐怖时期”历史照片上给人的印象特别深刻。尤其是他从刑车上被军警押下的那帧半身照：宽宽的肩膀、揉皱的条纹衬衫，领口处清晰可见两道紧勒着的细麻绳，捆缚的双臂仍被行刑队员紧紧抓住，浓眉大眼的他双唇微张，好像要呐喊，又像在说些什么……影像是凝固的时空、是打开的岁月之窗，将这位三十三岁就牺牲的福建青年永远地留在了时间的记忆里。

聂曦上校被押下刑车

陈宝仓中将最后的形影

剪着平头的陈宝仓中将也挨着法庭上的栏杆，他离朱枫最近。由于转过脸去，照片中他的面容只露出很少一部分，就像前面有一节文字提到他的真实身份“似共非共”似的让人看不清楚。[1]“保密局”的

[1] 关于照片中四位烈士的位置，近年来陆续有学者和网友提出更正的要求，陈宝仓将军之子陈君亮、陈宝仓之三女陈禹方等后人特做如下描述：

“这是一张鲜为人知的照片，它记录了一段悲壮的历史。照片的拍摄时间是1950年6月10日，拍摄地点是国民党军事法庭。法庭栏前的隐蔽战线的英雄们（由左到右）分别是：国民党‘国防部’参谋次长吴石中将、中共华东局特派员朱枫、国民党‘国防部’高参陈宝仓中将（低头写遗嘱者）、国民党军某长官公署总务处交际科长聂曦。他们在法庭上写下遗嘱就拉赴刑场执行枪决，为了祖国统一献出了自己的生命。

“需要说明的是，目前很多媒体都把照片中低头写遗嘱者写为是吴石将军。实际上应为陈宝仓将军。当初是台湾记者也许不了解当时的情况，还是出于其他原因造成照片信息的错误，以致各媒体都是这样宣传的。作为陈宝仓将军的后代，我们有必要对照片信息的错误予以更正。

“从照片中可以清楚地看出低头写字的人身着西装。吴石将军穿的是便装。我们作为陈宝仓的子女可以清楚地辨认出父亲的模样。很多熟悉陈宝仓的（转下页）

档案资料里对他常用“狡狯”“镇定”一类的词语来形容，尽管扑朔迷离，云遮雾罩，从他那魁梧而正直的形影上，还是不难看出这是一条让毛人凤们也头疼的燕地好汉。[1]

作为50年代台湾岛内大规模镇压共产党人和革命群众的“开场重头戏”，这帧“轰动台湾间谍案四要角”的庭上留影，在时隔数十年后被台湾的文史工作者掸去岁月的尘土，重新披露出来，同样引起了社会的广泛关注。一位名叫蓝博州的研究者曾这样评说道：

> 由于它反映出军事法庭判决死刑后的一幕，各人表情殊异，令人沉思……这张照片的史料价值以及在呈现时代悲剧的力量方面，超过十本专书。

“宣判”总共十分钟，这个精心准备的“特别军事法庭”就草草收场，完成了杀人者所需要的一切“程序”。十分钟后，两辆站满了宪兵的行刑卡车，将五花大绑的四位“要犯”送往刑场。

当刑车从青岛东路的军法局开出，一路经过上海路、南海路几个街区时，阴霾笼罩了大半天的台北下起了连绵的6月雨——想必是天公也在为我们的主人公和她的难友们送行吧！雨越下越大，落在朱枫、吴石、聂曦和陈宝仓四人的身上，雨水淋湿了衣衫，水珠顺着脸

（接上页）亲戚、朋友都可以认定低头写字者为陈宝仓将军。2014年在台湾的朋友通过英雄刘光典之子刘玉平先生转交了一张陈宝仓将军临刑身穿西装的照片，进一步证明了低头写字者为陈宝仓将军。”

[1] 陈宝仓将军的真实身份于近年间才公开披露。2011年3月陈将军的女儿、年届八旬的陈禹方老人与本书作者联系，证实了以下信息：陈宝仓将军牺牲后，其骨灰由友人协助运回大陆，1952年中央人民政府向家属颁发由毛泽东主席签署的“革命牺牲工作人员家属光荣证书”，授予陈将军革命烈士称号。1953年举行公祭，国家副主席李济深主祭，骨灰安葬在八宝山革命烈士公墓。

走进历史——朱枫慷慨就义前一瞬

颊、鬓发流淌。凄清的雨，伤心的雨呀，你可是从天上赶过来的吗？从海的那边赶过来，从山的那边赶过来；从最遥远的地方赶过来、赶过来……带着无限的哀伤和深深的思念，来跟亲人和战友告别的吧？

6月的雨，落在台北的街头，打湿了多少门前的店招和亚热带的红花绿草，打湿了行人手中的雨伞和眼神中的惊惶……

一刻钟后，刑车抵达一个叫“马场町”的地方。这是一片河边的坡地，空旷而荒凉，早在日据时代，这里就是处决犯人的场所。当朱枫和其他三人被押下刑车的时候，随行的摄影者又一次按动了快门，留下了本书主人公就义前的最后形影：

蓝色毛线衣的襟边被抓住她胳膊的行刑队员的手掠到了身后，淋湿的旗袍紧贴着她修长的身体，颈脖上和肩头都缠绕着一道道勒紧的绳索，额前和耳边的发丝也已有些凌乱……她正奋身向前，迈动脚步，伴随了她大半生的“英秀之气”依然清晰可见地充溢在她开朗的眉宇间，伴随着她走进风雨、走进历史……

这是1950年6月10日16时30分——历史艰难又庄严地定格在了这个令人悲痛的时刻！

刽子手连开六枪，杀害了年仅四十四岁的朱枫。鲜血浸红了她身穿的淡绿色双绉旗袍、汩汩地淌流了一地，像茵茵绿草地上绽放出了朵朵红艳的花……来自秋瑾之乡的浙东女儿啊，中国共产党党员朱枫为祖国和人民、为毕生追求的光明和理想，流尽了她的最后一滴血。生如其名，死如其名：她不就是一株扑倒在风雨里，也要将周身热血化作烂漫春光的如火丹枫！

吴石将军是穿着西装倒下的，两粒子弹穿透他的胸膛，将他的心脏拱出。他迎面卧倒在血染的坡地上，“凭将一掬丹心在，泉下差堪告我翁”——这位出生在闽江边的山乡子弟、成长在那动荡不安年代里的中华英才，如此真实地兑现了自己的临终诺言。

……

6月的雨啊，悲哀的雨！仍在不停地下着、下着，迷蒙遮蔽住马场町四周的一切；经天纬地，泪水涟涟，打湿了台湾这座汪洋中的孤岛，也濡湿了海峡那边的“东方之珠”和莽莽苍苍的北国与江南。

第六章　共和国没有忘记

哀思绵绵

朱枫牺牲的消息，很快传到了香港。

大半年前在维多利亚港天星码头为她送行的合众公司的同事们惊呆了。许多人以为朱大姐早已“调回上海”同家人团聚了，谁知她竟担负起如此重要的秘密使命，不惜付出了自己生命的代价。熟悉、了解她的同志和朋友们莫不为之悲痛，也无不钦佩她过人的勇气、坚忍的毅力和献身的精神。上海时期就与朱枫同事，也是地下党员的梁万程，是知道大姐离港的真实去向的，一直为这位深入敌巢的情报战士的安全担心。噩耗传来的第二天，华东局香港贸易部门的党组织就在位于九龙、朱枫住过的职工住宅区内为她举行了追悼会。数十年后，人在北京的梁万程还在纪念朱枫的文章里回忆说：

> 香港党组织曾为朱枫烈士秘密举行追悼会，所谓秘密，因为当时国民党在香港还经常派遣特务分子在我各企业单位门前监视着我们。追悼会设有灵堂，有三十几位党员参加，大家万分悲痛，许多人抢着发言。几十年过去了，我现在记不得当时大家说

了些什么，但有一点是清楚的，许多人都表示要化悲痛为力量，决心做好本职工作，来迎接全国解放胜利的到来。

远在内地的亲友们，最早得到信息的是老领导徐雪寒。这位介绍朱枫入党并很早将她引上革命道路的新知负责人此时在上海工作，1950年六七月间，他突然接到华东局对台工委送来的一包资料，都是从香港报纸上剪辑的有关朱枫不幸被捕、就义的报道。一年前，朱枫还跟雪寒通过信，就赴台问题征求他的意见，朱枫出发后，雪寒和夫人、母亲也都曾为她平安归来默默祝祷过，因而此刻得此噩耗，悲伤与缅怀之情溢满徐家人的心头。雪寒立即通知了同在上海朱枫的爱人朱晓光。晓光于当年3月间才从吕逸民夫妇那里转收到朱枫1月14日发自台北的信："凤将于月内返里一行"——"月内"之期早过，却还不见爱妻身影！日思夜想的晓光已有不祥的预感，但最后的消息传来，还是让这位坚强的男子汉哀恸不已……

晓光是个细心人，他将雪寒大哥当年代表"组织方面"写给自己的一封信保存下来，我们才得以了解当时有关朱枫身后的一些情况。雪寒的信是这样写的：

晓光同志：

我今日去南昌，约十五天后回来，当再来看你。谌之就义，同志间无不惋惜，但她经过遥长的生命途中的曲折，现在在党的红旗下倒下去了，这也是她的光荣与敏慧。据闻她死得极英勇，是为我们楷式。望你节哀自持，更好地为革命努力。

她留港的箱子一只已带到，我回来后当去取来再送给你。

有关同志认为台湾未解放前公开纪念她是不相宜的。我也这样意见。组织方面愿意负责照顾她的孩子……有何具体意见，请

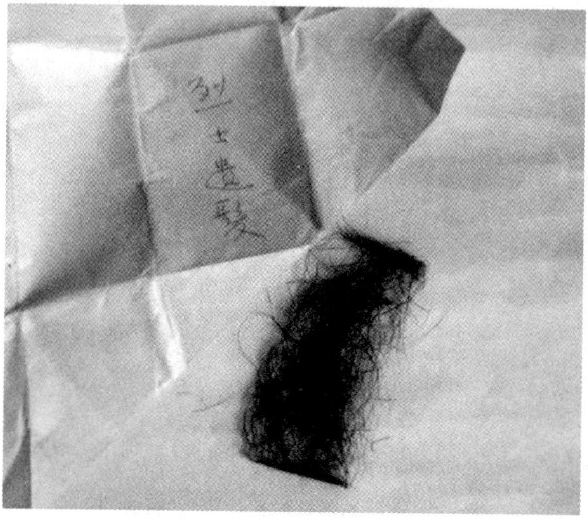

保存在朱晓光处的烈士遗发

提出来。

沙文威同志来信要她的照片，请你准备。

她的汉口阿姊处和南京女儿处想已通知。望你分劝各方要把悲痛转化为力量。

敬礼！

望告逸民兄

徐雪寒　廿一日

在那个一切服从“革命需要”的年代里，同志间的关系、组织和个人间的关系，就是这样简单、纯粹、直接。信中提到的沙文威，即朱枫入党的另一位介绍人史永，此时在上海华东局统战部工作，想必“要她的照片”是为朱枫办理有关烈士证明的手续吧，以刘晓为部长的华东局组织部出具证明，由陈毅、潘汉年签署的上海市人民政府“革命烈士光荣证书”于次年7月间颁发到朱枫家属的手里。

“汉口阿姊”朱启文在得到亲妹妹的死讯后，立刻和丈夫拖儿带

民政部于1983年颁发的革命烈士证明书

女从武汉坐江轮赶到南京和上海来，她知道在这个伤心欲绝的时刻最需要安慰的还是晓枫外甥女和晓光弟。船到南京时，解放初期在南京工作的史永（沙文威）曾到下关码头迎接这位朱家二姐，陈修良也来看望牺牲战友的亲人。抵达上海后，启文一家人和朱枫生前的挚友吕逸民、朱慰庭夫妇一起，按照镇海家乡的风俗，在龙华的一家寺庙里，为捐躯报国的亲人举行了简朴而隆重的“家祭”。

朱枫的女儿陈明珍，此时已是南京军区总医院的青年医师，九岁就被送进“台少团”参加抗日的她没有辜负母亲的希望，她在祭奠妈妈的一篇短文中，写下了女儿——一个共产党员和革命军人继承先烈遗愿的壮怀与决心：

> ……“妈妈死了！”我感到痛心，也感到光荣。痛心的是，我从此失去了母亲，一个这样坚贞不屈、奋不顾身的革命母亲！光荣的是，我母亲虽已是四十余（岁）的人了，她在党的培养下却有那么年轻的思想和革命的行动！

前一代的行动，给后一代人的努力指点出正确的方向，也做出很好的榜样。她叫我们要忠于党和党的事业，要热爱自己的生命，也只有更强烈地去憎恨敌人！

“妈妈的死”，在我的前进道路上是一条有力的鞭子，鞭策着我永远前进……

为了纪念母亲，陈明珍将自己的名字改为朱晓枫，从1950年起一直用到今天。

儿子朱明此时已从北京回到晓光身边，在上海读小学。作为烈士遗孤，除了家庭和亲人的关怀外，他更得到了政府的抚恤和有关方面的照顾。聪明而好学的小明于1957年夏天中学毕业后，以优异成绩考上了北京大学物理系。说来有意思的是，那一年，北京大学这座中国最高学府的新生录取榜上有两位朱枫烈士的后人：一个是她的爱子湘虎，另一个是她的外甥、来自“汉口阿姊”朱启文家的次男顾国瑞。长期在北京大学中文系任教的顾国瑞先生2003年春天接受本书作者采访时，深情地回忆说：“1957年高考的语文试卷是一篇作文，题目为《我的母亲》。我在写我母亲做街道治保主任尽心尽责、1954年防汛积极带头、操持家务、抚育子女时，特别提到四姨朱枫烈士，因为从小就听家里人讲她参加革命的故事，她外柔内刚，公而忘私，深明大义，在台湾英勇牺牲，是她毕生追求光明与理想的最后升华。我爱自己的母亲，也庆幸有朱枫姨母这样一位革命长辈，她们都是我学习的榜样和做人的楷模。”

缅怀和纪念朱枫烈士的，当然还有她的上级领导和许多战友。受限于徐雪寒信中提到的当时“公开纪念她是不相宜”的历史条件，从20世纪50年代初一直到70年代末，不但有关朱枫烈士的生平事迹没有得到任何公开的报道和宣传，就连不少知情者、当年与之交往、引导和关心过她的老同志、老首长自身的“安危”和“说话”的权利都成了问题。1955年震动中国政坛的“潘汉年反党集团”事件、1957年扩大到全国范围的如火如荼的反右斗争、“史无前例”和“横扫一切”的“文革”十年，连续不断的政治运动伤害了一大批无辜的好同志，甚至是共和国的功臣。潘汉年、沙文汉、陈修良、徐雪寒、刘人寿……这一个个曾经在朱枫成长和前进的道路上，像明灯一样闪烁过的革命者的名字，全都在接踵而来的“阶级斗争的急风暴雨”中熄灭了、消失了。在这些人妖颠倒、黑白混淆的非常年代里，当许多地下时期的无名英雄再次成了“地下党”期待着重新被“解放”时，朱枫这个出身剥削阶级家庭、社会关系复杂的地下情报员被人遗忘、冷落，甚至遭受流言蜚语和不实之词的污蔑、丑化和攻讦，就丝毫不足为怪了。

然而，不管外面刮什么风、下什么雨，在北京朝阳区东大桥斜街上的一座居民楼里，朱枫的彩色油画像始终高挂在一户人家雪白的墙壁上。每年6月烈士忌日的这一天，这家做父母的都要带领着全体儿女向他们的“烈士妈妈”行礼、献花，表示敬悼与追思。这对情深义重的男女主人，便是我们已经熟悉的朱晓光和他后来的妻子韩希恒。他俩结婚后所生的四个孩子，都为他们有这样一位牺牲在台湾的“烈士妈妈”而感到自豪。因为他们自小就从爸爸妈妈所讲述的故事里知道了这一切，也从爸爸收集、保存和精心编订的烈士书信、遗照和资料册上熟悉了这一切。即使在“文革”中，身为国际书店总经理的朱晓光被“造反派”打倒、揪斗，抄家者闯进朱家将烈士珍贵的遗物也查抄带走，还有鼻子有眼地造谣说：“有人在台北街头看见朱枫跟国民党军官手挽手地走路，她已成了国民党的特务。”……朱家的孩子们同样坚信：他们的“烈士妈妈”是为革命英勇牺牲的，泼在她和他们爸爸身上的污水总有一天定会被彻底洗刷干净……

悠悠岁月，岁月悠悠，积淀了天下最深、最浓的情义，编织和梳理着人间绵绵不绝的哀思。

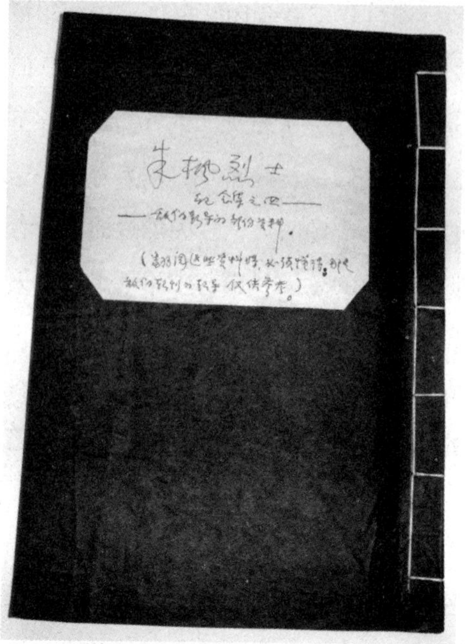

朱晓光搜集、整理的烈士书信资料集，让后人铭记朱枫事迹

共和国没有忘记

新生的人民共和国没有，也不会忘记为人民革命事业献身的忠诚儿女。

早在50年代初，“破获中共间谍案，处决吴石、朱谌之等四要犯”的国民党鼓噪宣传在海外甚嚣尘上的时候，就引起了政务院总理周恩来的高度重视。他亲自下令主管部门调查有关案情和牺牲人员的状况，并及时做出妥善处理。李克农同志在接到总理指示后，即跟华东局和上海市的同志们联系。那天晚上，他在自己的办公室里焦虑地徘徊，等待各方面消息的汇总，并发出有关指示，工作了一个通宵，彻夜没有闭眼。

这个事实表明：有关朱枫身后事宜的决策和处理，得到了高层领导的关怀；与此同时，在香港与朱枫赴台有关的人员和组织，也相应做出了保护性的安排——万景光于1950年下半年在出差广州的途中被通知调任北京，不要再回港；他的夫人冯修蕙女士是在第二年春天带着孩子们离开香港北上的。位于港岛跑马地摩利臣山道上的“上海局驻港办事处”（后改“华东局对台工委第二工作队”）也在完成了历史使命之后被撤销，全体工作人员返回了内地。

本书作者在好几个场合听说过，1976年周恩来总理逝世之前，他在病重期间最后接见的一位部门领导人便是当时负责对台工作的罗青长同志。总理语重心长地向他交代：不要忘记在台湾的老朋友，不要忘记为革命做出了贡献和牺牲的同志。粉碎“四人帮”以后，拨乱反正，百废待兴。中央主管部门为落实中央精神与相关政策，向当时已经获得改正的一批老同志了解情况，经过认真、细致的调查工作，于1983年4月做出了《关于朱枫同志的组织结论》，这份以“中国共产党中央委员会调查部”名义发出的《组织结论》，总结和概述了朱枫同志自1938年参加革命以后的主要工作表现、斗争经历以及她作为“我党的一名好党员、好同志”的优秀品质、模范作风，“结论”明确指出：

> 朱枫同志在敌人面前表现出一个革命者、共产党人为革命、为人民忠贞不屈的革命精神。1951年7月17日上海市人民政府给朱枫同志家属颁发了“革命烈士光荣证书”，这是朱枫同志为党为革命抛头颅洒热血的明证。在“文化大革命”十年动乱期间，凡对朱枫同志的一切诬蔑不实之词应该一律推倒，凡因由于对朱枫同志的诬蔑而遭到牵连的亲属，在政治上应恢复他们的名誉和享受应有的政治权利。

1990年6月29日，朱枫烈士牺牲四十周年纪念座谈会在首都隆重举行。出席座谈会的有朱枫烈士生前战友，烈士的家属、子女和有关部门的同志，共六十余人。座谈会由中顾委委员、原中央对台工作小组负责人罗青长主持并致辞。

罗青长首先代表邓颖超大姐，向朱枫烈士表示深切悼念，向烈士的家属、子女衷心地慰问。他说，邓大姐很关心这件事，很赞成开这个纪念会。他还代表有关部门的新老领导表示对烈士的深切悼念，向烈士的家属、子女衷心地慰问。罗青长说：

> 朱枫烈士在上海解放后、中华人民共和国已经成立后，接受党组织派遣到台湾，为解放台湾、统一祖国做了艰苦的工作，不幸被捕，英勇就义，她是千千万万为共和国的创立、为人民革命取得全国性胜利而献出生命的优秀共产党员中的一个，是统一大业的先驱。周总理生前说过，台湾问题的解决，“求其在我”，就是要把我们自己搞好。今天我们纪念朱枫烈士，就是要坚持以经济建设为中心，坚持四项基本原则，坚持改革开放，把经济建设搞好，把党风搞好，把国家搞好，实现祖国的统一。这是烈士生前的愿望，也是我们对烈士最好的纪念。

朱枫烈士生前战友徐雪寒、史永、张毕来、梁万程等相继在会上发言。他们说，召开这样的座谈会，大家聚在一起纪念、缅怀朱枫同志，是他们多年的心愿，今天终于实现了。徐雪寒、史永是朱枫的入党介绍人，他们回忆和介绍了朱枫同志入党的经过。出身富裕家庭的朱枫，20年代求学时期就同宁波最早的女共产党员陈修良是同窗好友，接受进步思想的影响，参加过学生运动，但当时尚未能摆脱封建环境的束缚，“八一三”抗战使她振奋起来，她走出旧式家庭，投身抗日洪流，从此踏上革命道路。如同旧中国许许多多知识分子一样，朱枫

1990年朱枫烈士牺牲四十周年纪念座谈会参会人员合影

同志也是从爱国主义走向社会主义、共产主义的。

这几位与朱枫共事多年的老同志，深情地回忆了朱枫烈士给他们留下的深刻、难忘的印象。徐雪寒说，朱大姐对人、对同志非常热忱，非常实在，只要你是爱国的、反蒋的、革命的，她都真心实意地对待，竭尽全力地爱护你、帮助你。在革命集体里，她能团结大家，从不背后搬弄是非，和她相处，不用防备，同志们都亲切地叫她“大姐”。在她身上，表现了共产党人的宽阔胸怀和宏大气魄。在谈到朱枫当年毅然接受赴台任务，表现出共产党人牺牲自己、服从组织的献身精神时，八旬高龄、半生坎坷，在新知战友中享有崇高声望的雪寒同志，体会很深地说：“今天我们仍在战斗中，需要恢复和发扬这种精神。这个座谈会，对我们后死者也是个督促，督促我们想想怎样度过余生，保持晚节。”

史永即沙文威，他是朱枫生前结识并交往颇深的宁波沙家人中的一个代表。他的讲话同样语重心长，充满战友情谊。他说：“我现在常常想起牺牲的同志，朱枫烈士就是其中之一。对朱大姐，我是佩服的，她给我的印象是，大方、勇敢、坚强，善于利用各种关系，能应付各种环境，最后在台湾慷慨牺牲。她参加革命后，为党工作一直勤勤恳恳，不管什么工作都尽心尽力去做，在上海有段时间，既做经济工作，又做情报工作，都做得很好。她经手地下党的经费，始终两袖清风，很难得。在改革开放的今天，纪念朱枫烈士，学习她的革命精神和高尚品质，是有重要意义的。”

朱枫烈士的家属，爱人朱晓光，子女朱晓枫、朱明，都在会上讲了话。朱枫烈士的外甥女顾倬云也在会上发了言。他们由衷地感激邓大姐的亲切关怀，感谢有关部门的新老领导和工作同志，感谢出席座谈会的全体老同志，感谢三联书店《联谊通讯》为朱枫烈士出纪念专刊。他们表示，这个纪念座谈会开得非常好，很受鼓舞，很受教育，一定要继承烈士的遗志，学习烈士的革命精神和崇高品德，在各自的工作岗位上为建设民主、富强的社会主义祖国贡献力量。

前面提到的朱枫外甥、北大教师顾国瑞也出席了这次座谈会。他是这次活动组织工作的积极参与者，也是座谈会上一个优秀和忠实的“记录员”。以上有关这次座谈会的情况介绍，全部摘自他亲手整理的《朱枫烈士牺牲四十周年纪念座谈会纪要》——同1957年他十八岁投考北大时所写的那篇得高分的作文中所提及的朱枫事迹相比，在烈士牺牲四十年后的此时此刻，倾听如此众多的回忆与感言，感受如此深厚的战友情与同志爱，这位朱家晚辈的笔下重现的既是先烈也是亲人的“我的姨母”的形象，应该更丰满、更立体，也更真实和更富有“内涵”与“神采”了吧！

历尽艰辛的人间岁月和共和国多难又多情的土地，以这样独特又是“必然”的方式来拥抱和纪念她的一位为人民、为革命英勇牺牲的忠魂。朱枫若是地下有知，也一定会感到无比欣慰的。

1991年7月1日，一本由沙孟海先生题签书名的《朱枫烈士纪念文集》在北京刊行。文集中汇编了徐雪寒、史永、陈修良、沈静芷、刘人寿、张毕来（张一之）、潘超、张朝同、吴康宁、许静、徐波、石立程、许振东、梁万程、林如云、殷檎、童紫、夏云、蔡漠、张启宗等近三十位朱枫生前好友、故旧的回忆和纪念文章，也收进了朱英、陈宜、朱希（朱曦光）、朱晓光、朱晓枫、朱明、陈月英、方永昌等烈士亲属、子女所写的缅怀文字。与朱枫情同手足的小学同窗、终身挚友朱慰庭、吕逸民夫妇此时已过世，慰庭年届八旬的胞妹、在老家镇海就认识朱枫的朱翰香老人以及吕家的五位儿女（集体联名）也分别写了文章。收进文集的还有，现名“宁波二中”的朱枫母校校史撰稿人杨福明所写的《革命的起点——纪念朱枫烈士》以及文集编写组编撰的《朱枫烈士年表》。

这本由中央主管部门审定的内容丰富的《朱枫烈士纪念文集》，还收集了烈士生前的部分遗照和书画、刺绣作品印件，让人们得以欣赏这位“憩园闺秀”、女师高才生和沙孟海先生书法弟子的出色才艺。凝望她生平各个时期留影中所流露出来的贤淑、高雅、干练，以及越到后来越给人印象深刻的那种“眉宇间的英秀之气”，谁都会为这位蕴积深厚、连杀害她的敌人都承认其“学能优良”的江南才女献身于人民事业、成就了时代前驱的壮举，产生无限的感慨……

收入此书的还有有关部门负责同志王仁的题词：“为朱枫烈士牺牲四十周年纪念：壮烈的牺牲，深切的怀念；杰出的女性，优秀的党员”。在江苏省统战部门工作的诗人孙建昌的一首《悼朱枫同志》诗，也表达了许多后来人的心声：

出生闺秀志却刚，
投身革命多奔忙。

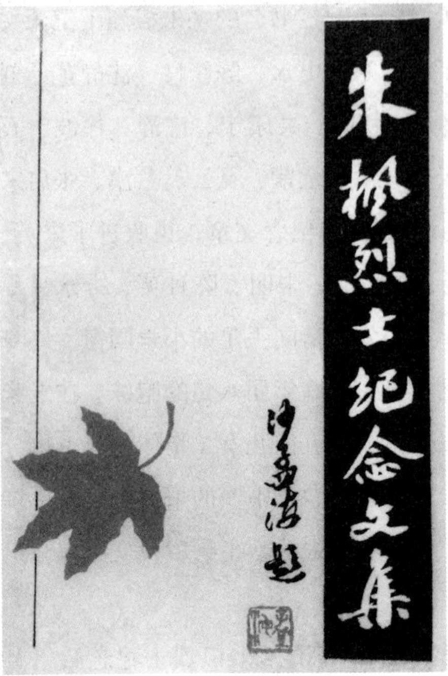

由沙孟海题签的《朱枫烈士纪念文集》封面

南宁捐款化飞鸿，
上饶探夫慢梳妆。
汗落浦江巧对敌，
血洒台岛敢逐浪。
镇海巾帼丰碑起，
常使来者泪千行。

在家乡镇海的梓荫山麓，为了永久性地纪念这位人民的好女儿，让朱枫的英名与业绩永存古城，1995年，有光荣革命传统的名校镇海中学在扩建该校场地时，经政府批准结合旧城改造，将原鼓楼东街上的朱家大院旧址并入了校园，特别保留了朱枫少女时代居住过的憩园一角，拨款三十余万元重修当年被陈修良戏称为“潇湘馆”的那座两

1995年3月，朱枫烈士纪念楼在烈士家乡镇海中学落成，楼内陈列烈士生平事迹、遗物，以及各界人士的题词和条幅

层小楼。如今，这座粉墙黛瓦、红漆雕栏的“朱枫烈士纪念楼”屹然矗立在镇海中学的校园东侧，它已建成为保存烈士遗物和史料、陈列烈士生平事迹、颂扬烈士革命精神，向广大青少年和人民群众进行爱国主义和革命传统教育的基地。

纪念楼前的楼名匾额由罗青长同志题写。楼上楼下的陈列室内，珍藏着朱枫烈士家属和生前友好提供的烈士照片、书信等珍贵资料，还有她生前使用的家具、皮箱、提包和衣物等等。耄耋之年的沙孟老向纪念馆捐赠了朱枫当年跟他习字时送业师作纪念的那幅精美的《前赤壁赋》小楷；朱晓枫将自己珍藏的母亲遗物——沙孟海先生当年为朱枫取名“谌之”、字“弥明”后，作为结婚贺礼送她的那方刻有“弥明欢喜”四字象牙小印——也捐赠了出来。陈修良和沙文汉的女儿沙尚之将当年江苏地下省委“战斗的指挥部”——景云新村沙宅中

2001年10月，朱晓枫（左三）同女婿李扬（左一）、女儿徐云初（右一）、老伴徐锡成参观纪念楼

朱枫纪念楼陈列柜中的那件毛衣

保存和使用了许多年的那套朱枫赠送的红木桌椅专程从上海送来，表达了沙家三代人（包括那位双目失明的“众家姆妈”陈馥）对朱枫义重如山的深情厚爱。所有陈列品中，最“物轻情重”的要数新知老战友汤季宏送来的那件早已穿旧的深色毛线衣了，那是1946年冬天朱枫将刚刚出狱的小汤护送上去香港的海轮，船上风大，小汤衣着单薄冻得打战，大姐去女厕脱下自己身上的毛衣，送给了战友……

一幢朱红色的小楼，一座生长着翠竹和丹枫的庭院，浓缩着一段平凡又伟大的人生经历，高耸起一块为梓荫山下的故里增光添彩的巍峨丰碑。纪念楼里还陈列着中央首长、各级领导和许多老友新朋为缅怀、学习朱枫烈士所作的诗词、书画条幅，其中原国务委员、国防部长张爱萍上将的亲笔题词，分外引人注目。老将军在书写了赞颂“朱枫烈士万古流芳”的上款之后，又以苍劲有力的大字行草，泼墨两行：

烈士血染新中华

枫叶红于二月花

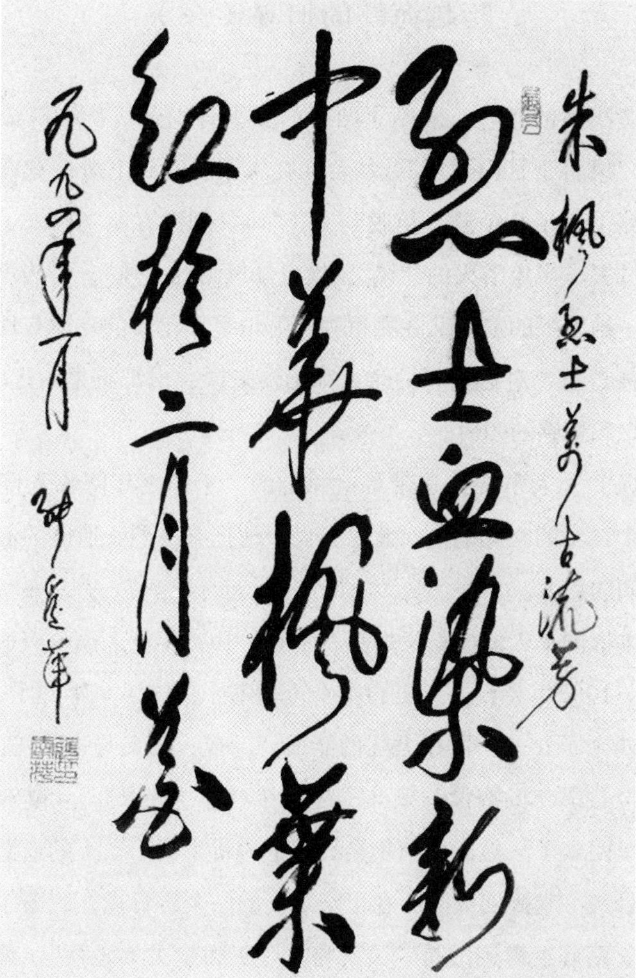

张爱萍上将为朱枫烈士题词

跨越海峡的追寻（一）

一湾浅浅的海峡，隔断了两岸的多少骨肉亲情！朱枫最后的一封家书“凤将于月内返里”，从台北托人辗转寄到上海，竟在不算迢遥的邮路上走了几个月，信收到了，“凤”却没有能飞回来……半个多世纪过去，当年浴火的“凤”、投身暴风雨的“凤”，仍然没有“返里”——她留下的遗骸又在哪里呢？哪怕是火化后的一捧灰烬、掩埋她的一抔黄土，对牺牲者的亲人和子女来说，也都将是永远的牵挂、寄托思念和情感的归所。

朱枫的爱人朱晓光是带着遗憾走的。千禧之年降临人间没有几天，八十三岁的晓光老人在北京去世，他把寻找烈士遗骸的心愿，留给了他们的后人。

与朱枫同一天慷慨就义的吴石将军，1975年被人民政府追认为革命烈士。1993年吴石夫人王碧奎女士病逝于美国，享年九十。此时，吴家的四个子女——留在大陆的韶成、兰成，随父母去台湾的健成、学成，经过多年的离散与颠沛，终于在对岸“解严”、大陆改革开放的年月里团聚了。他们把当年吴石部下为将军收尸入土的遗骸，连同母亲的骨灰一起捧回大陆，在世纪之交的一个吉日里，归葬于京郊福田公墓。墓碑上镌刻的是“吴石将军　王碧奎夫人之墓”，碑石背面铭记着吴石烈士的生平事迹和寄语儿女的遗嘱：“谨守清廉勤俭家风树立民族正气”——其中文字摘自将军在缧绁期间写下的《自白书》。将军写在画册纸背的珍贵手迹，经过了同样艰难的传递与悉心保护，终于“回家”了。

鉴于吴石烈士的归葬和两岸交流往来的开始，尤其是近年来有关“50年代政治受难事件”的历史反思与真相披露见诸不少公开发表的文字，朱枫后人寻找烈士遗骸的夙愿有了新的期盼，因此变得更加迫

归葬北京的吴石夫妇之墓

切和强烈了。

2000年12月，山东画报社出版的《老照片》丛书第16辑上署名秦风的文章《战争后的战争》在叙述“吴石、朱枫案”经过时，配发了朱枫临刑前受审的那张历史照片，引起了烈士子女的强烈关注。一年之后，《老照片》第22辑上刊登了朱枫女儿朱晓枫的回应文章《又见母亲》，文中说：“这是我五十年后第一次看到当时的情景（以往没有这样的资料），一时间感慨万分，千言万语也无法表达我的心情。”

就在此期间，本书作者与同在一城的朱晓枫女士和她的丈夫徐锡成先生结识。他们想在有生之年寻找和迎回烈士遗骸的心愿，也引起我的同情与共鸣。不久，我通过南京文友范泓先生与《老照片》主编冯克力联系，得知笔名为“秦风”的台湾作家、文史工作者徐宗懋先生将要来大陆与冯先生会晤——时值2003年春节之际，为了能抓住

朱晓枫、徐锡成夫妇在上海会晤台湾学者徐宗懋（左一）

这个难得的见面机会，我陪同朱晓枫夫妇于春节假期专程从南京去上海，拜会已结束了在大陆的活动准备自沪返台的徐宗懋先生。

徐宗懋先生是位热心人，他了解到年过七旬的朱晓枫女士一直在为寻找母亲遗骸做多方努力仍未有进展的情况后，很爽快地表示愿意帮忙。朱晓枫告诉徐先生：有消息说当年为母亲收尸的是住在台北的姐夫王朴（又名王昌诚）和姐姐陈志毅（阿菊），不久前，她通过在台湾的友人已打听到了他们的电话住址，但托人去造访时，才发现该处早已动迁变样；此外，1992年在台北六张犁发现的几百座政治犯坟冢的标牌上也没有朱谌之的名字，因此查找王朴一家人的下落成为唯一的线索。

徐宗懋先生也告诉朱晓枫：经过了时间的沉淀，由于社会形态的变迁和众多有识之士的努力，1950年至1954年国民党在台湾血腥镇压共产党人和异己力量的历史真相被“逐步还原”，受到舆论界广泛的关注，也唤起了人们强烈的反思。当年马场町的杀人刑场是“白色恐怖时期最重要的历史现场”，自然备受公众瞩目，但长期以来跟它相关的历史照片一张也没有找到，在调查研究者眼中成了史料方面的一大“缺憾”。

“一个偶然的机会，”徐宗懋先生说，“我在一处照片档案室的小角落里发现了一袋照片，打开一看大吃一惊，里面是一组组审判和枪决政治犯的照片，其中就有吴石、朱谌之等人庭审、绑赴刑场以及被处决后的镜头，许多场面都相当惨烈，让人不忍目睹。后来发表的只是其中的一部分，但也足以说明当年政治迫害的血腥与残暴，不少就义者临行前的神态和表情也被摄影机忠实记录下来，虽死犹生，令今天的观众感慨、动容，这恐怕也是当年的杀人者所想象不到的吧？”

谈及朱晓枫提到的“六张犁发现的几百座政治犯坟冢”一事，徐先生也感慨地说：

> 从1950年6月开始，一批批被捕不屈的地下党人和左派青年被押至马场町处决，亲属被吓得不敢出面领尸，无亲属者则一并处理，草草埋在台北近郊六张犁公墓的小角落里，仅立着一块块刻上名字的小墓碑。由于无人闻问，几十年间已是荒野蔓草，直到1993年在偶然的情况下才重见天日，由昔日幸存的同志和友人组成受难者协会，协助整理墓地，并定期举行祭祀活动。

在上海同朱晓枫夫妇告别时，徐宗懋先生还把他编撰的《1950年仲夏的马场町》纪念专刊（副题为《珍贵历史照片首度公开》）题签后，赠送给首次见面的朱枫后人。

受人之托忠人之事，古道热肠的徐宗懋先生回台后即着手联络新闻媒体并向有关方面查询王朴其人，虽然碰上了“非典”逞凶，也没有因此而耽搁。他拿着朱晓枫的委托书：“代寻姐夫王昌诚（王朴），1946年赴台，曾任台湾警务处电讯所主任。姐姐陈志毅又名陈婉如、陈远馨、陈莲芳，1920年10月5日生……”向台北市政府申请寻人。市府由警察局公共关系室受理这个案子，大约两周后，承办人员来电，说他们过滤了十六个“王朴”，只有一位年龄与省籍背景比较符合申请人的陈述。这么快就有了回应，喜出望外的徐宗懋拿着警方提供的路条，循着地址走进一处简陋的公寓，开门的是位穿汗衫、操北方口音的老先生，几句对话就让他明白这不是他要找的人……徐宗懋在后来的文章中感慨道：“这次寻人是一个小挫折，却也刺激我要继续下去。既然今天媒体具有强大的传播力量，我不妨改由媒体着手。”2003年5月间，他约台湾一家电视台的朋友同来南京，为朱晓枫寻母遗骸拍摄新闻专题片，回台后公开播放。他还在台湾的中国时报、香港的《凤凰周刊》等报刊上发表《返乡安息　朱晓枫寻母遗骸》《追寻母亲朱谌之的遗骸》等长篇报道，向社会公众寻求帮助，恳切地呼吁：

> 希望若有仁人志士知道王昌诚一家的下落或任何与此事相关的线索时，请予告之。

时间一天天过去，“王昌诚一家的下落”仍未查明。原任台省“警务处”电讯所主任的王朴和同在那里做事的妻子陈志毅，自朱枫被捕后也受到牵连，经查实“无罪”后又“恢复公职”，但在当时的政治情势下，这个突发事件对他俩的冲击和影响一定是非常大的，能做到敢于去刑场为亲人收尸已经很不容易了。斗转星移，物是人非，他俩后来的情况怎样？难道离开台湾了吗？外婆来台北看望的小外孙也早该长大成人了，他如今又在哪里呢？这些谜底一朝揭不开，有关

中國時報

A13

返鄉安息 朱曉楓尋母遺

台湾报刊上朱晓枫寻母遗骸的长篇报道

朱枫遗骸的信息就难以显山露水。

徐宗懋先生的奔走呼吁，的确引起了一批仁人志士的回应。当年曾同朱枫关在一起的狱友、白色恐怖时期坐了十年黑牢的冯守娥女士站出来说话了。她在接受台湾TVBS独家专访时对记者说："过去的历史不要再追究，政府应该出面，协助这些大陆家属寻找遗骸。"现年七十四岁的冯守娥老人在台湾媒体上回忆五十多年前与朱枫同监的日子：

"我们称呼她为朱妈妈，我第一天当然不知道她的事情，在那里过了差不多一个月吧，才听说她是曾经吞了金自杀没有成功，也听她自己说起在大陆还有年幼的孩子。过去这么多年，恐怕她的孩子对母亲的容貌都印象淡薄，记不起来了吧？"

因此，冯守娥老人特地嘱咐采访她的记者，重印朱枫法庭受审和解押刑场的那两张照片，交给难友在大陆的孩子，让他们得以"重睹

曾与朱枫同监的狱友冯守娥

半世纪前母亲临终前的一刹那”。

这位当年“二二八”起义遭国民党残酷镇压的政治受难者，还针对台湾当局的漠然态度批评道：“你杀一个人总要有个交代嘛！到底那个时候，是怎么样处理的，应该交代明白，总不能说我给她丢到海里去，或者什么也没有做，这样讲怎么能说得过去呢？”

坚强又耿直的老人还轻轻唱起当年流行在台湾左派人士中的一首歌谣，来表达她对朱枫这位牺牲半个多世纪至今仍不能归葬故里的难友的悼念之情：

安息吧！死难的同志，
未别再为祖国担忧；
你流的血照亮着路，
我们会继续向前走！

淡淡的歌声是那样悠远、沉着而有力，仿佛它不是一个人的歌声，而是从草尖上掠过的清风、山野间涌动的林涛——它曾伴随着飞溅的热血播种进泥土，伴随着最后的呼喊升腾在云天；这歌声是千千万万后继者的决心和意志，要穿越和踏平那道至今还横亘在两岸之间、撕裂着我们民族情感的现实鸿沟……

跨越海峡的追寻（二）

2003年12月的一天，台北的天空晴朗，汇入淡水河的新店溪高高的堤岸上花红草绿，高速公路从这里伸延。在一个交道口的门洞前，李扬看到了“马场町纪念公园”的字样，才知道目的地到了，穿过门洞向前走去。

李扬是朱晓枫在北京工作的大女婿，他参加一个专业代表团赴台访问，访问结束前抽出半天时间来“还”一个比他的年龄更“长”的夙愿：到五十三年前外婆朱枫烈士牺牲的地方走一走、看一看，给九泉之下的亲人送去无尽的思念和深深的缅怀。

“马场町”作为地名似乎已经从台北市的地图上消失，李扬一路问了许多人都不知道有这个地方。而此刻，展现在他面前的，是一片与不远处繁华的高楼群形成鲜明对照的平坦、宽阔与空旷：四周如茵的绿草坪围拢着偌大一块平展展的水泥广场，灰白色的广场中央，引人注目地隆起了一座金字塔形的绿色土丘。准确地说，它的形状更像一只巨型头盔或一顶大斗笠——是人工堆上去的，还是原来就在那里的？离土丘不远有块黑色大理石碑，如同一本打开的书，斜放在水泥地面，碑上铭镌如下的文字：

马场町河滨公园纪念丘碑文

二十世纪五十年代为追求社会正义及政治改革之热血志士，

在戒严时期被逮捕，并在这马场町土丘一带枪决死亡。

现为追思死者并纪念这历史事迹，特为保存马场町土丘，追悼千万个在台湾牺牲的英魂，并供后来者凭吊及瞻仰。

二〇〇〇年八月二十六日

李扬用手中的相机，拍下了碑文、土丘、广场、堤岸。他想尽量真实地、详尽地记录这里的一切，将它带回隔海的大陆，带给魂牵梦绕的亲人们。

偌大的公园，空荡荡的，几乎没有什么游客，只有一名中年男子推着一辆儿童车走过，看到他留心观览的样子，中年男子问道：

“是来凭吊死难者的吗？”

李扬点点头。

“经常有人来。好像你是从大陆来的？”

“是的。”李扬客气地请中年男子给自己在土丘前留影。

照完相，中年男子和李扬攀谈了几句。当他得知李扬有一个前辈就是在这里被枪杀时，也感慨地说道：当年国民党政府在这里杀了太多的人，有大陆来的，更多的是台湾本地人，“白色恐怖”给人们留下了很多苦难的记忆。说着，中年男子手推儿童车离去。显然，这是个敏感的话题，不可能再继续下去。

李扬围绕着那个不算高大的绿色土丘转了一圈，土丘四周用小石墩系着铁链子保护起来。他默默地走在护栏外，默默地注视着这满坡曾经映照过牺牲者最后的身影、浸透了无数殷红热血的黄土，脚下仿佛感到囚车行过的颤动，耳边仿佛听到凄厉的枪声。如今它像是一座肃穆的坟茔，也像是一尊抽象的雕塑，贮满了青青的草色和不息的生机，静静守望在亚热带灼人的阳光下……

出生在50年代，也到了“知天命”之龄的李扬，从小在南京长大，和朱晓枫的女儿结婚后，才知道岳母家中这页光荣又悲壮的历史。1990年他在首都参加了纪念朱枫烈士牺牲四十周年座谈会，老同志们的发言更加深了他对外婆毕生追求光明和理想的认识与崇敬；他也曾陪同妻子和岳母回镇海老家，在朱枫烈士纪念楼里回首峥嵘岁月、重温不能忘却的过去……作为朱枫家族的一员、烈士的后辈，他是带着全家人的嘱托来到祖国宝岛的，一踏上这块既熟悉又陌生的土地，就急切地打听“马场町”这个难忘又揪心的地名。此刻，站在当年腥风血雨中亲人仆倒的土丘前，胸中交织多少飞扬的思绪与炽烈的情感！

是的，伤痛与悲愤仍然会涌上他的心头，不过，那早已像松柏的常青、雨花石的晶莹一样，凝聚成了后来人继承先烈遗愿的壮志与豪情。青年时代参军、转业后从事经济工作的李扬，眼下自己的女儿、朱枫的重孙辈都上大学了，他要把今天祖国大陆的建设新貌和全家人的幸福生活，向先人的英灵报告：

“外婆，您没有见过面的孙女婿，代表妈妈、爸爸和全家人来看您了。五十三年了，您的儿女、您的亲人、您的战友没有忘记您，祖国和人民没有忘记您！您和千千万万先烈用生命和鲜血浇灌出的‘新中华’已经傲然挺立在世界的东方，我们不再是任人欺凌、任人宰割的‘东亚病夫’了！您工作和战斗过的香江也升起了五星红旗，回到祖国的怀抱；您当年在烽烟遍地的流亡路上一心向往的人间‘桃花源’，正在十三亿人民为全面建设‘小康社会’的不懈奋斗中变成生动的现实；就连您最后因羁留沈家门而恨不能插翅飞过的舟山海面上，一座天下最长的跨海大桥正在兴建，它将穿越杭州湾，把家乡宁波同大上海更紧密地联结在一起……外婆呀外婆，听到这样的喜讯，您一定会格外高兴吧！”

偌大的纪念公园里，买不到一束鲜花；即使有卖花，又有哪一种花卉能够代表和传达如此广阔、厚重又深邃的人间情怀呢？李扬在默想中念叨着，在凝望中沉思着，眼前的绿色土丘仿佛隐现和幻化出烈士就义时身穿的那袭淡绿色双绉旗袍——他曾听岳母说过，这是外婆在上海家中最喜欢穿的“家常服”，如今这无冬之岛上遍地的青青草色，也该是她的忠魂在迎迓远道赶来的亲人吧？

诚然，关心两岸时事的李扬也清楚地知道：尽管在今日台湾，谈论“50年代政治受难”不再是公开的禁忌，过去的杀人刑场也被改建成供人凭吊的“纪念公园”，但台湾当局在有关“戒严时期”政治案件遗留问题的受理上、在对待过去国民党“不当审判”所做的“反省”中，仍然把“确认的中共地下党人”排除在外，这恐怕也是眼下“马场町”冷落、空寂的一个“内因”吧。此外，今天的台湾更有一股“独”流泛滥，在当局者的操持下别有用心地将反蒋抗暴的“二二八”起义，歪曲成“台湾人反对大陆人的斗争”，利用社会公众对受难者的同情、对历史悲剧的反思来为他们“去中国化”的分裂活动张目；淡水河边的这股“黑浪”甚至有愈演愈烈之势，也引起了岛内公正舆论的反对和有识之士的焦虑……站在“马场町”这块纪念与遗忘同在、崇高圣洁中又掺杂着亵渎与谬误的土地上，作为将生命奉献给祖国统一大业的时代先驱朱枫烈士的后人，李扬也同样深切地感到：历史的使命任重而道远，前辈们为之抛头颅、洒热血的民族独立和国家主权，绝不能被一小撮民族败类的黑手玷污，阴谋断送！

要把这一切都告诉亲爱的外婆吗？也许此刻李扬的心中，正响起朱枫当年狱友冯守娥所唱的那首流传在台湾爱国志士中的挽歌：“安息吧！死难的同志，别再为祖国担忧；你流的血照亮着路，我们会继续向前走！”深情的歌声也会告诉亲人：半个世纪前罪恶的枪声扼杀不了大地上的生机，当下翻云覆雨的黑手也休想改变淡水河汇入大海的流向——宝岛和大陆同根生，心连心，谁也不能将她从祖国的母体

台北马场町纪念公园之全景

上分割开去!

李扬看了看手表，时针已快指向下午4点，阳光依然充足，身上有些热，他脱下外衣拿在手里，准备返回。就在转身离开绿色土丘的那一瞬间，有一种类似“心灵感应”的东西猛地攫住了他：他感觉到了那青青的草色和蓝蓝的天空，都在闪烁着、投射出亲人的目光！那坚毅的、含笑的目光，那敏慧的、热忱的目光，在恋恋不舍地向他注视，在为他送行……

“外婆，我还会再来的，同爸爸、妈妈一起来，带着爱人和孩子来。总有一天，您回家团圆的心愿一定会实现！”

温暖的阳光多像她慈爱的目光啊，李扬在心底里热切地回应着。那目光和阳光一起，和惠而又舒展地亲抚着广场与绿地，亲抚在他这个晚辈的肩头上，也亲抚着不远处走动的那个行人的背影和他手推的那辆儿童车。

第七章　回家

一波三折

整整两年过去，没有等到任何有关王昌诚夫妇的确切消息，茫然中有几分沮丧的徐宗懋，突然想到应该找另一位朋友帮忙。他叫林正修，曾做过台北市民政局长，此人熟识户政管理，而且曾经参与举办50年代白色恐怖受难者的纪念活动，完全理解徐宗懋帮助当年受难者家属寻找先人遗骸的缘由。在他的过问下，事情果然有了进展。2005年春节过后不久，徐宗懋就接到林正修电话：王昌诚已经过世，陈莲芳（阿菊）还活着，他找到了！

找到"阿菊"就能揭开"朱谌之遗骸下落"的谜底吗？徐宗懋在兴奋中充满期待又不无担心。他请林正修陪他一起去拜访年事已高的陈莲芳。因老人白天都待在一个健康疗养院，晚上才回家，徐、林相约在疗养院门口碰头，在医护小姐引导下走进一间复健房，八十五岁的陈莲芳坐在健身椅上。擅长做群众工作的林正修上前嘘寒问暖，老太太红润的脸上现出笑容，起身跟来访者到另外一个空房间去谈话。

"我受您妹妹朱晓枫的委托来看您！"徐宗懋开门见山。

"妹妹？"老太太冲口而出，"我没有妹妹！"

“她是您同父异母的妹妹呀！”

老人一时转不过弯来，脸色变得凝重。徐宗懋随即提到她的继母朱谌之。老人厉色相对：“朱谌之是共匪，跟我没关系，我们一家都是国民党。”

徐宗懋赶紧从包里找出朱晓枫的委托书，老太太看着委托书上自己的名字，若有所思，神色趋缓，她记起朱晓枫这个小妹妹：“我跟她不太熟，不过，她那时候好像不是用这个名字。”说到这里，徐宗懋才问起最重要的事情：

“朱谌之被枪决后，是您先生收的尸？”

“没有，我先生为了这事还被关起来查了几个月，尸体是政府处理的。”

“您知道埋在哪里吗？或火化后放在哪里？”

“不知道，这件事我们都不知道。”

又落空了。徐宗懋克制着失望的情绪，岔开话题：“如果您妹妹来台湾，可以来看您吗？”老人犹豫了，随后说她的女儿在公家做事，怕会影响到女儿的前程。谈话很难继续下去，徐宗懋自己也需要调整一下思路。他没有气馁，告别老人后就跟林正修商量：问题又回到了政府部门，当时的行刑单位、验尸法医等该会留下记录。林正修说：“林郁芳是我的亲戚，我帮你介绍，他的助理可以跟‘国防部’查阅资料。”林郁芳是亲民党籍立委、“立法院国防委员会委员”，知名度很高，这条路子也许能走得通。

正是早春天气，当天中午，远在南京的朱晓枫和我就先后接到徐宗懋打来的电话，朱晓枫听说找到了台北的姐姐当然高兴，阿菊的“排斥反应”她能够理解，她对徐宗懋说：“我那时还小，与阿菊相处时间不长，北京的陈兰芬是她亲姐姐，今年八十八岁了，很想她，很希望能见她一面。”我在电话中也对徐宗懋说：虽然朱枫遗骸的下落未查明，找到活着的人也很重要，甚至更有意义。徐宗懋深以为然，陈家骨肉分离了半个多世纪，现在知道彼此都还活着，能不喜极而泣？下午3时，他又带着一批资料赶回疗养院，陈莲芳和老人们在教室里唱歌，他耐心地等着，老太太出来了，显得亲切了许多。徐宗懋拿出朱晓枫提供的她童年时在东北的全家福照片，“你怎么有这个……”老人凝视照片，久久不能言语，后来开口说起东北的家事，谈到她的亲人。徐宗懋说她的两个哥哥已经过世，可是姐姐还在，身体不好，希望死前能见她一面。她露出笑容，但对于双方重新联系却仍拿不定主意，“主要还是怕影响到我女儿，让我再考虑一下”。至此，老太太已不当他是外人了，用惆怅的口吻谈起往事：“唉，那些名字都是我在保密局的化名……”

听到此言，徐宗懋一下子被激醒，自己怎么忽略了如此重要的情节！林正修也告诉过他，通过户政档案找不到王昌诚和陈莲芳，因为他们根本是躲着不让人找到。两岸探亲通商快二十年了，王昌诚夫妇不仅没有回大陆，还刻意躲避亲人寻访，避开他们经验法则中任何可能的危险。这是一个产生在那个“杀伐时代”的残酷故事：共产党特工寄居和潜伏在国民党特工家中执行重大任务，而两人是母女关系，其间所产生的复杂情感和生死恐惧，经过多年的世事变迁，仍如一堵高墙，横亘在风烛残年的老人心中。

有关当局对徐宗懋经由林郁芳委员提出的档案查阅申请做出回应，派专人携原始文件前来说明。五十多年前的卷宗早已发黄，白纸上的黑字和各式签章也褪色许多，从1950年9月陈莲芳写给“军法局长”的信，到“军法局”回发陈莲芳的公函，查阅结果是：陈莲芳申请领回朱谌之的遗骸，当局也已同意，但没有发现陈莲芳签署认领遗骸和遗物的收据，而吴石案中枪决的所有人士的遗体和遗物，都由家属签下领据，唯独没有朱谌之的。

2005年4月，在徐宗懋先生帮助下找到了阿菊（陈莲芳）老人，此为徐先生同老人在台北合影

至此，徐宗懋了解到大概的真相：1950年6月10日朱谌之受难后即由台北市卫生局火葬管理处派人送去火化，然后埋在台北某处，三个月后陈莲芳写了一封信向“军法局”陈情，希望领回继母的遗物，以便有朝一日连同遗骸归葬大陆故里，“军法局”也同意了，并具函通知她来领，但她却改变了主意。为什么？是什么事或什么人阻止了她？让徐宗懋诧异的是她信中所流露出的对继母的自然感情，与她初次碰面时冲口而出的“朱谌之是共匪”截然不同，到底后来又发生了什么？她自己被严重牵连，还是政治信仰最终战胜了亲情？徐宗懋在后来所写的文章中如此总结道：

我已经没有能力再追下去……我可以确定的是，朱谌之已永远安息在宝岛的土地上了。台北市卫生局火葬管理处这个单位早已没了，相关文件也不知去向了。越到后来，我发觉自己真正追寻的并非朱谌之的遗骸，而是试图回答许多中国人心中都有的疑问——海峡的风、海峡的雨让它更显沉重，但这个问题绝不只是关于这道海峡，而是所有愿意付出自己生命让下一代活得更好的中国人都曾问过自己的。本来这件事情，我的工作已画上句点，但是冯亦同建议我完成最后一个动作，即把整个过程平实无误地记下来，作为对中国人和社会的交代。

十多年前流行音乐制作人童安格有一首传遍大街小巷的歌《其实你不懂我的心》，作为落笔后的心情，我倒觉得应该是“其实我们懂得彼此的心”。

徐宗懋的这篇长文就题为《其实我们懂得彼此的心》，完成于2005年9月，首发于当年10月出版的《老照片》和香港《亚洲周刊》、《凤凰周刊》并经过有数百万份发行量的《参考消息》以及《作家文摘》《新华文摘》等多家报刊转载，在大陆和海外华文世界广为传播。如果说，三年前徐宗懋在上海从朱晓枫手中所接过的只是一件小范围内的“私事”，那么，此时因它而动用的“公器”之多、信息覆盖面之大、影响之深远，恐怕创造了两岸交流以来的纪录——蕴含其中的“奥秘”，也许正是徐文那个富有意蕴的标题所揭示的世事和人心。

柳暗花明

2007年年初，拙著《镇海的女儿——朱枫传》由上海远东出版社出版，国内有多家报刊和网站做了报道，《扬子晚报》连载了书中的重要章节，上海电视台纪实频道《往事》栏目请我去做了一个题为《红色女特工》专题。朱枫的故事引起更多的相识和不相识朋友的关注。由此所产生的社会反响中，给我印象最深，也最为我所牵挂的是五十多年前赴台从事秘密工作遇难和失踪者家属打来的电话。其中有位上海的潘蓁先生同我年纪相仿，他告诉我他的父亲在中华人民共和国成立前赴台，以教师身份做地下工作的掩护，至今下落不明。多年来，他一直苦苦求索着与父亲有关的两岸信息，他看到我写书和徐宗懋协助“寻找烈士遗骸”的报道很受鼓舞，给他孤单的寻找增添了力量。通过我的介绍，他也同朱晓枫建立了联系。

匆匆又是两年。2009年冬天，我接到潘先生的电话，说他上月去台北参加“台湾地区政治受难人互助会”举办的“台北马场町政治受难人2009秋祭”，在那里仔细调查“戒严时期政治受难者”墓冢和骨灰的下落，看到了有关部门的文件，其中有一份政治受难者墓区整建工程纳骨塔骨罐迁移名册，名册上编号为77、照片编号为233的无主骨灰罐署名“朱湛文”。他认为“湛文”有可能是“谌之”二字之误，并在随即发来的电子邮件中做了进一步说明：当时台湾保安司令部把被枪决的政治犯遗体都交给极乐集团极乐殡仪馆钱宗范处置，现在由钱的后人钱德荣接手。他还了解到墓冢或骨灰留存可能有三处：六张犁公墓、辛亥第二殡仪馆和新店空军墓地。前述“迁移名册”即是几年前辛亥第二殡仪馆为所留存的六百一十二个“戒严时期政治受难者”无主领取的骨灰罐所造，朱枫烈士位居其中是有可能的。热心的潘先生还在信中提道：“如果徐宗懋先生肯帮助朱晓枫重启查找，我可再详细告诉他行动联络图，他的身份有方便之处。如他能找到，那他的‘媒体大作’也算有了个完美的句号。”

我立刻将这个重要信息告诉朱晓枫，经她同意，我也向远在台北的徐宗懋转发了上海潘先生的电邮并捎去了朱晓枫的问候。徐宗懋接

政治受难者墓区整建工程纳骨塔骨罐迁移名册之一页（潘蓁提供）

到后很快和我通了电话，语气既兴奋又审慎。他告诉我，潘先生提供的资料很有价值，因为查询工作涉及的单位多，手续也比较繁杂，他拟请专业方面的朋友协助。他要我和朱晓枫放心，但愿过了这个冬天就会有好消息。

踏破铁鞋无觅处，“得来”仍需费工夫。徐宗懋托请的友人是他的大学同窗、台湾“中研院”近代史研究所朱浤源教授。这位坐惯了书斋的学者，也像徐宗懋一样既古道热肠又办事周详。他自去冬接受委托后，今年元旦刚过就以“白色恐怖时期政治案件研究”的名义向台北市“民政局”殡葬管理处提出呈请，得以结识承办人、该处秘书室的刘文华先生。查询相关资料，确有一个疑似朱谌之的名字“朱湛文”登记在第二殡仪馆提供的政治受难者名册上，原编号233，后改为77。根据资料，此骨灰罐原本安置在六张犁灵骨塔，后来该灵骨塔改建，原本灵骨塔的骨罐移到一个暂时安放地点。这些骨罐中的一部分已有死者家属认领，新灵骨塔改建完成时也移过去了，其余仍安放在临时存放处，由于临时性质，建筑相当简陋，里面有近五百多个骨罐，均由“国防部”转交，无家属认领，估计都是当年中共派台情报人员或者地下党人的遗骨，因为大陆籍，家属不在台湾。

弄清了来龙去脉，已是旧历年底腊月十八（2010年2月1日），一大早，朱教授就在刘文华先生骑摩托车引导下，首次开车去位于台北市南郊的安康市场东北侧道路无主灵骨堂寻觅。此处地点偏僻，又在山上，朱、刘二先生行至示范公墓政治受难者墓区临时纳骨塔前，焚香祈祷后，再入内搜寻，但未寻获。显然他们没有找到正确的区位，因为知情者渺渺。以后经电话询洽，朱教授再次前往殡葬管理处，了解到刘先生的前任、现在总务科的雷元荣先生最熟悉此间情况，他在殡葬处工作已二十余年，也同意出面帮忙。

3月4日（“惊蛰”前二天），早晨8时，朱教授亲自开车载雷先生与一位姓王的友人再次上山寻找。说来巧合得“惊人”的是，此时天摇地晃——当天8点18分，一场6.4级大地震发生在高雄至屏东一线，强烈的震感波及海峡对岸的华东诸省，位于台北市东南郊的这块山地所受到的“震惊”可想而知。结果是，寻访者们在富德公墓第11墓区的纳骨室内，逐一翻找，至最角落处，看到了红漆写着“77”、外套白色编织袋的“无主骨灰罐”。

朱教授立即以手机与徐宗懋通话，约好下周二一同上山。3月9日，朱、徐二人，连同雷先生和前次的王姓朋友同车前往。虽然这天台北下雨，路滑而且寒冷，他们的心情却轻松了不少。徐宗懋用带去的相机拍下照片，站在那逼仄的空间里，目睹编织袋中的“77号”灵骨罐（未经准许不能打开袋子），凭借多年来所积累的经验，直觉告诉他：“这就是你要寻找的目标！”当天下午，他长途电话通报这个

写有“朱谌之”的233号灵骨罐（徐宗懋提供）

同样令我激动的消息时就用了“心证”二字，说：“根据我的心证，上海潘先生的推断是正确的。当然，最后确认还要走许多程序，因为事隔六十年，承办单位从‘国防部’到台北市政府至少转换了四个，相关档案需一一查找。殡葬管理处已将此案交由雷先生经办，朱教授也拟请研究机构出面协助。家属方面的咨询和认领手续如何办理，请同他们联络。”[1]

随后，他又发来电子邮件，附上一组照片和朱、雷二位的联系方式。也许是受到乐观情绪的推动，徐信中还说：“今年6月10日，刚好是朱女士赴刑场六十周年，我建议朱晓枫女士在这之前来台湾……”

[1] 后来打开袋子，才发现骨罐上并非朱谌之的名字。经朱浤源与雷元荣仔细研究，判断原承办人看错行，新编名册上，朱谌之骨罐仍是233号。5月31日，两人再次上山进灵骨塔寻找，终于找到233号，打开袋子，赫然看见里面骨罐上写着“朱谌之”三个红字。

破冰之旅

我向朱晓枫夫妇转告上述情况，老人家的欣喜自不待言。从两岸开放探亲、交流以来，他俩年年盼望着去宝岛探访，头发等白了，身体也不如以前了，几次赴台的计划都因为种种缘由而搁置。在北京工作的大女婿李扬曾有机会于2003年年底赴台，到过朱枫烈士牺牲的地点，也到过六张犁公墓，甚至还见到了那位主事的钱先生，但终因“阴差阳错”和行程仓促而同“目标”失之交臂。

如今，外孙女婿“团圆的心愿”离“实现”的日子不远了。年事已高的朱晓枫委托大女婿做全权代表，李扬很快同台北的雷先生、朱教授取得联系，2010年4月朱教授出差来北京，还同他见面讨论了相关事宜。在朱、雷两位热心人的帮助下，事情有了进展，但遇到的困难和麻烦也接踵而至，据当事人说这最后几步的“难度”不亚于多年来的“寻找”。因为两岸之间处理此类“历史遗留问题”尚无先例，无论是家属身份和死者关系的认定，还是“骨罐”的领取和出入境，都有相当复杂的手续要办。多亏两岸来往的最高层级“两会”（海基会和海协会）直接过问了此事，有关方面对李扬说：“两会”为此“特殊个案”出具公文沟通情况、向家属提供咨询服务，属于特事特办，可以称得上是一次“破冰之旅”。

6月中旬，雷先生回信说：“经核查，该骨灰罐已打开内盖，为朱谌之确定没错，目前安置待领。”然而若按台湾方面的要求，由大陆家属申请赴台认领，没有一年半载是办不下来的。同样是在“两会”主管意见的指导下，由两岸的民事机构出面，通过北京中国殡葬协会和台湾中国生命集团对口联络和具体操作，解决问题才有了眉目。让朱枫家属感动的是，无论他们在哪个层级、哪个单位办理事务、出具证件，包括民政部、江苏省和南京市司法、公证等有关处局，他们都遇到了热心相助的“自己人”，没有任何酬劳，无须请客送礼，从北京到南京，从此岸到彼岸，一件件关系到生者与逝者、连接着过去和未来，却又是超越了“时空”和“人为”隔阂的善行和义举，在悄悄地进行着、交接着……

时间一天天过去，6月10日的“忌日”（烈士牺牲六十周年）过去了，11月22日的“生辰”（朱枫诞生一百零五周年）也过去了。迟迟不见有关烈士遗骨的最后消息，以至我们这些知情者都为之担心，上海的潘先生曾多次来信询问，徐宗懋也从台北打来电话。直到11月底，李扬才告诉我，一切手续全部办妥，朱枫烈士的骨灰罐将由专人护送于12月9日飞抵北京。

2010年12月9日，正当“大雪”节令过后，北京天空晴朗。中午12时40分，从台北起飞的长荣航空公司BR716航班，正点降落在首都机场三号航站楼前的停机坪上，由台湾中国生命集团董事长刘添财先生亲自护送的朱枫烈士骨灰罐同机到达。守候在机场贵宾厅的烈士外孙女徐云初和她的丈夫李扬作为家属代表，从刘董事长手中接过那份凝聚着太多世事沧桑和骨肉亲情的“生死物证”。短暂的交谈过后，他俩又在相关部门人员的陪同下，将烈士遗骨送往八宝山殡仪馆暂存。

当天下午，朱晓枫老人接到大女儿从北京打来的电话，李扬也随后与我通话，报告了在机场贵宾厅举行的交接仪式。他特别提到那只保存着先人骨殖的坛罐系原件，外裹黄色丝锦，锦面上绣着绛紫和天青色的菊花，交接仪式简朴而庄重，在场的有家属代表，台湾来的刘、徐、蔡诸位先生，还有北京相关部门的代表。台湾朋友将记录着有关灵罐保存、迁移、领取和转交的书面材料，装订成厚厚一册赠送烈士家属。刘添财董事长当众复述了其中的一件“小事”令所有在场者动容：就在大陆家属最后一份公证文件以特快专递寄到台北时，邮

朱枫烈士家属从刘添财董事长手中接过灵骨罐（李扬提供）

递公司的快件摩托车竟在大马路上将此重要函件“丢失”了；幸亏路边店家有人看到，捡起落在地面的邮包，按照上面的电话和地址，及时送到了目的地。当做好事者得知自己是为一位多少年前献身在宝岛的大陆女性“归葬故里”而出力时，不禁感叹道：“这位老奶奶真了不起，她的在天之灵还在保佑着呢！”……

李扬委托我在“第一时间”向台北的徐宗懋、朱教授，上海的潘先生和伍先生报告“朱谌之女士灵骨罐已于今日安抵北京”并转达他们全家人的衷心感谢。发完电子邮件后，我的记忆里又跳出几个月前的通邮中被朱教授称为发现朱谌之骨灰罐“功劳者一号”的雷元荣先生、此前的经办人刘文华先生，以及多年来我所参与的“寻找朱枫”的过程中所有我接触到曾经给予过帮助和关切的许多知情者和热心人的名字……

我在荧屏前注视着李扬寄来的他和夫人徐云初手捧烈士骨灰罐拍摄于首都机场贵宾厅的照片，朱枫外孙女酷似先祖的眉宇间所流露出来的凝重表情，让我的心中充满了感动。我想起朱枫的领路人、2001年岁末我在北京寻访过的老共产党员、新知书店创办人之一、已故的文化界前辈徐雪寒先生，他说过1938年在武汉初识“朱枫大姐”时给他的第一印象是“眉宇间有英秀之气”，是一位有能力又忠诚可靠的知识女性。1950年六七月间第一个代表组织向朱枫家属通报烈士牺牲、传达慰问和吊唁的也是徐雪寒先生。如果他老人家泉下有知，也一定会为昔日战友的“灵骨”归来感到欣慰的吧。

当天晚上，我和朱晓枫夫妇通了电话，话筒中传出两位老人清亮的声音。虽然他们没有身在北京，我们也多时未见面，但我能够想象得出耄耋之年的老人此刻也正沉浸在“母亲回家，音容宛在”的憧憬与缅怀中。他们六十年的魂绕梦萦、大半个世纪的等待和期盼，已经浓缩成今日北京机场上那个令人难忘的历史瞬间——我相信这个瞬间包含着深情与挚爱、牺牲与奉献、信仰与追求、理解与包容，一定会牵动海峡两岸许许多多的人心，烙印进我们民族共同的记忆。

英灵含笑七月天

朱枫烈士遗留在宝岛的骨殖被追寻与发现并由专人护送飞越海峡，安抵首都暂厝八宝山烈士公墓的消息，经过海内外众多媒体的报道，成为2010年岁末辞旧迎新之际最为热门的焦点新闻。接踵而来的2011年，适逢辛亥革命一百周年、中国共产党成立九十周年，历史与现实的交接，犹如一阵强劲的东风，让朱枫烈士的生平事迹、她为理想奋斗和献身的精神，在改革开放的中国大地上广泛传扬。烈士家乡、宁波市镇海区的党政领导和人民群众，长期以来都十分重视和牵挂着朱枫烈士的身后事，经征询烈士亲属的意见并与有关方面会商之后，跃动在东海之滨的这方家乡热土，积极行动起来，为迎接阔别桑梓大半个世纪的“镇海的女儿”归葬故里，做好了各项准备工作。

2011年7月12日下午，一架由国家安全部派员与烈士亲属共同护送烈士骨灰的商务包机，降落宁波栎社国际机场，中共宁波市委、省市国安部门和镇海区委领导和烈士亲属代表前往迎候，将用鲜红党旗包裹的烈士骨灰盒护送到设于镇海区烈士陵园的灵堂内，接受家乡亲人和社会各界的祭奠。7月14日，由国家安全部政治部、中共浙江省委宣传部和中共宁波市委主办的朱枫烈士骨灰安放仪式，在山环水抱、风光秀美的镇海区烈士陵园隆重举行。作为《镇海的女儿——朱枫传》的作者，我应邀参加了朱枫烈士的归葬典礼。14日清晨，我同来自北京、南京、上海、杭州等地的众多嘉宾从下榻的镇海区九龙湖畔的九龙山庄出发，登车前往烈士陵园。他们中间，有烈士女儿朱晓枫和女婿徐锡成夫妇、烈士儿子朱明、烈士外甥女顾倬云、烈士外甥顾国瑞等烈士亲属，有朱枫烈士早年同窗和革命战友、原中共南京地下党市委书记陈修良的女儿沙尚之；还有为了协助寻找烈士在台遗骸而有缘结识的上海友人潘蓁、高红夫妇，我们曾多次通电话和电子邮件，见面还是第一次。介绍他们同我联系的中间人是《南京大屠杀》一书的作者徐志耕，这位原籍宁波的军旅作家也在家乡现场，为他主编的《宁波帮》杂志而忙碌着——宁波这片崛起在浙东的中华热土，从古到今诞生和走出了多少杰出人才和英雄儿女！

镇海区烈士陵园依山而建，松柏耸翠，幽静肃穆。布置一新的大门两侧，醒目地展示着朱枫烈士巨幅遗像和生平事迹。晨7时许，在庄严的乐曲声中和守灵卫士护送下，烈士家属捧托着披挂黑纱的烈士遗像和党旗包裹着的骨灰盒步出灵堂，参加仪典的各界人士紧随其后，沿着铺满红地毯的台阶向山头行进。我自20世纪末就接触与朱枫有关的历史资料，继而投入采访与写作，多年来一直追踪着烈士行迹并协助家属寻找在台遗骨，此刻，我胸佩白花、手持白菊，走在送行的队伍里，自然更多了一份景仰与缅怀、欣慰与感动。我深知，脚下的这段二百四十二级台阶的登山路，是这位不该被遗忘的知识女性的传奇人生的最后一程，也是她那曲“秘密使命的慷慨悲歌”在天地间的悠长回落；更是那段牵动了两岸无数人心的“跨越海峡的生死追寻”的圆满结局。作为记录者和见证人，我毫不犹豫地挤进一群年轻力壮又“长枪短炮”的专业记者中间，举起手中的普通相机摄下朱枫烈士骨灰安放仪式的全过程。

葬礼结束后，活动主办方又在原镇海区城西公园（现改名为“枫园”）举行烈士铜像揭幕仪式，在朱枫故居举行“国家安全教育基地”命名暨揭牌仪式。出席系列活动的国家安全部领导，在讲话中高度评价了朱枫烈士在党的隐蔽战线上为中华民族的独立自由和中国人民的解放事业做出的重要贡献，号召广大国家安全干警学习朱枫烈士的优秀品质，继承先烈遗志，在新的历史时期更加有效地履行国家安全机关根本任务，为巩固党的执政地位、维护国家安全、服务经济社会发展做出新的更大的贡献。浙江省委有关部门领导在讲话中回顾了朱枫烈士光辉壮烈的一生，号召浙江全省人民学习朱枫烈士的崇高品质和奉献精神，继往开来，奋力进取，按照中央的要求与部署，全面推进小康社会建设，把烈士的家乡建设得更加美好，以纪念和告慰烈士的英灵。

这是一个阳光灿烂的夏日，无论是在高高的烈士陵上汉白玉浮雕映照青松翠柏的朱枫墓前，还是城西闹市区的那片芳草地上，丹枫簇拥、红绸覆盖着一尊青铜雕像，红色标语轻拂着蓝天白云的“枫园”会场，抑或在当年被陈修良戏称为“潇湘馆”翠竹青葱依旧、枫叶却分外火红的“朱枫纪念楼”前……我凝望着每一个定格着烈士生平和

她在丛中笑——朱枫墓前的汉白玉浮雕

朱晓枫在儿女搀扶下手捧母亲遗像走在送灵队伍前（冯岩提供）

感人形象的历史画面，也倾听着前来参加纪念活动的各级领导、烈士亲属和各界人士的话语，禁不住心潮澎湃、思绪翩飞。尤其是当十名少先队员代表镇海全区少年儿童在朱枫烈士骨灰安放仪式上满怀激情地献词，朗诵《永不褪色的红枫》——今天的家乡人献给烈士英灵的一曲深情颂歌，祖国的未来、社会主义革命和建设事业的接班人的庄严誓词，深深地感染着现场的每一个人：

为什么，为什么我们的脚步这样轻轻？
为什么，为什么我们的心情如此沉重？
为什么，为什么苍天垂泪默默无言？
为什么，为什么松涛呜咽哀哀动情？
因为今天，是一个特殊的日子，
因为今天，是一个难忘的日子，
因为今天，我们要在这里，
迎接一个平凡而又伟大的英灵，魂归故里；
因为今天，我们要在这里，
镌刻一个虎穴忠魂红色特工浩气长存的名字——朱枫！

奶奶说：您是美丽的“朱四小姐”，穿着斜襟的碎花旗袍，
在憩园的小楼上眺望远方。
用一手娟秀的小楷，
执着地写下“真实的爱”与“伟大的情感”。

爷爷说：您是救国浪潮中的领头雁，
城隍庙的戏台上，您铿锵地唱响《保卫卢沟桥》，
鼓舞多少热血青年举起愤怒的拳头，

高喊“自由！——解放！”

外婆说：您是白色恐怖下的“枫先生”，
毫不犹豫地变卖祖母留下的钻戒，
支援进步书刊的发行。
遥远的桂林，潮湿的小屋，摇曳的烛光，
您为多少求知的心灵送去真理的明灯！

外公说：您是台湾的江姐，
一次次将重要的情报，交到特别交通员的手中，
却在功成身退的前夕，被叛徒出卖而被捕。
当敌人用冷冰冰的枪口对着您，
您放声大笑：“我的死算得了什么？”
这笑声，在无助的孤岛上并不微弱、单薄，
这笑声，穿过六十余年的电闪雷鸣，
始终响亮地在空中回荡！

不能让时光带走您巾帼英雄的云水襟怀、松柏品格，
不能让您走过的那条曲折艰辛、追求进步与光明的人生之路，
永远地沉没在“忘川”之中！
您的名字就是一丛火红的枫叶，
霜愈重而色愈浓！
您用生命的四十五个春秋，
换来红旗漫卷凯歌嘹亮的赤县天！
六十年间幸福自由之花的绽放，

是您山一样坚挺的脊梁，
是您宁死不屈的气节，
是您和无数先烈用鲜血汇聚的巨大溶流，
喷发出一个灿烂的新中国！

我们知道，
您永远不会忘记曾经的故园，
就像故园永远不会忘记曾经的您！
今天，在这里，
朱枫奶奶，
我们接您回家。
朱枫奶奶，
我们接您回家。
我们要，
把您的名字镌刻在石碑上，
把您的英灵安放在云朵上，
让您的英魂安息在温暖的故土之中，
让您的故事作为时代的缩影在世间永远传颂，传颂！
…………

红领巾们清脆的童声，伴随着夏日的晨风在万里晴空飘荡。我相信，已经同故乡的锦绣山川、葱茏草木融为一体的烈士英灵，一定会听到这晨风中的呼唤，一定会感受到满天阳光下亲情的灼热、大地的温暖……我默默地在我的采访本上写下一首七言小诗，这是我从心底发出的对这位牺牲在20世纪中叶的英雄前辈的深深感念；也是我、一个曾经的共和国初年的“红领巾”、与传主素昧平生却有幸结缘的文学工作者，为自己从新世纪以来“寻找朱枫”的十年历程，画上一个令人欣慰的句号。

辞曰：红毡铺上青山顶，英灵含笑七月天。彩云迎得女儿归，镇海千秋记枫园。

（2001年岁末—2011年岁末，完稿于金陵鸡鸣岗下）

再版后记　我写《朱枫传》始末

2001年岁末，中国作家协会第六次全国代表大会在北京落幕的第二天，我没有同江苏代表团一起飞回南京，而是在首都为准备写作本书开始了采访工作。我第一个采访的便是朱枫当年的入党介绍人，也是著名的革命文化出版机构——新知书店创始人之一的徐雪寒前辈，年届九旬、德高望重的徐老从病床上起来接待我，令晚生非常感动。

此后近两年的时间里，我又陆续去了镇海、舟山、宁波、上海等地并且第二次进京，访问了不少与朱枫有过往来的老同志或知情者，其中有：在京的陈宜、徐波、曹健飞、潘超、万景光夫人冯修蕙、朱枫的外甥女顾倬云、外甥顾国瑞；上海的刘人寿夫妇、沙文汉和陈修良的女儿沙尚之；南京的蔡漠等。我还访问了朱枫故乡宁波市镇海区中共党史办、母校竹洲女师（宁波二中）、“朱枫烈士纪念楼”所在的镇海中学，以及烈士最后被捕地——定海沈家门镇政府等单位，接待我的有关领导和工作同志都热情地介绍情况、提供难得的史料。给我写作帮助最多的是朱枫烈士的亲属和子女：病卧多年的陈宜老人向我讲述革命家史；朱晓光子女朱禾、朱月为我复印有关“烈士妈妈”的书信、照片等珍贵资料并与我通信联络；朱枫外甥顾国瑞从写作思路和烈士精神传承方面给我启示；在南京的朱晓枫、徐锡成夫妇以及我较早结识的朱明，在几年的采访与写作过程中成了“志同道合”的友人；朱枫烈士的外孙女婿李扬也向我通报了他赴台寻访的经历并对本书有关部分提出修改意见。吴石烈士的公子韶成先生向我提供了烈士遗书的复印件，时在中共福建省委党史办任职的郑立同志也在史料和写作方面同我不间断地沟通信息。2005年秋和2011年夏，我两次应烈士家乡宁波镇海区党政部门邀请，参加朱枫烈士诞辰一百周年纪念和烈士归葬故里仪典，由此结识了张如新、卢科霞、谢芬德等多位镇海朋友，也给我的写作提供了帮助。

不能忘记的还有：《老照片》主编冯克力先生，南京文友范泓、王一心、王德安、傅宁军、王慧骐、董宁文、薛冰诸兄，他们在联络采访、写作资讯或介绍出版方面施以援手、积极相助；新四军老战士、著名学者陈辽先生是朱晓枫早年战友，他在得知我的写作计划以及在传记出版过程中，自始至终给予了热情的鼓励。因写《朱枫传》而有幸结识的台湾友人、文史专家徐宗懋先生，不仅为我这个写作者提供了极其珍贵的图文资讯，还协助烈士家属为寻找先人遗骸做了许多卓有成效的工作，宗懋先生无私相助的古道热肠和认真细致的办事风格尤其令人感佩。

还应该交代的是，有关朱枫烈士传记的创作选题，2001年底被江苏省作家协会列入我省首批签约作家的创作项目，给我的写作以最切实的指导和帮助，也是我坚持数年克服困难完成书稿的一个精神纽带。2006年秋，上海远东出版社接受书稿，并于2007年1月推出《镇海的女儿——朱枫传》，责任编辑伍启润先生和有关领导为此书问世付出的辛劳，令我铭记在心。此书出版后所产生的反响，对后来相关人士协助烈士家属寻找朱枫遗留在宝岛的骨殖起到了促进作用。2009年春，朱枫烈士灵骨罐在台北被发现并于年底送抵北京，以及2011年7月14日在烈士家乡举办隆重葬礼，更让朱枫烈士的名字在海内外广泛传扬，出版一部更为完备的记录烈士生前身后事的传记，也成了多方迫切的需求。

因此，当三联书店向我提出将六年前的朱枫传记书稿修订、增补，扩展成一部新著时，我欣然同意了。对我来说，传主朱谌之（朱枫）的生平，首先是一位新知女性的红色传奇、一个三联人的故事；其次才是她所承担并为之献身的那曲“秘密使命的慷慨悲歌”。身为传记作者，我没有想到的是我因为写作而参与了一场“跨越海峡的生死追寻”，继半个多世纪的蹉跎与等待之后，竟然会在看似无望的曲折与繁难中不断有所突破并取得了令所有知情者都为之感动与欣慰的结果——我只能用“天若有情天亦老，人间正道是沧桑”来形容自己的感受以及我从中领悟到的人生启迪与时代内涵。

借此新书再版机会，我仍想向今天的读者做如下说明：这部朱枫烈士的文学传记是一本关于理想、关于追求、关于人生意义的真实而非虚构的书。本书为了保持历史的真实性，常常以史料的直接引用来代替描写和想象。如果它同样能够给阅读者带来感动和激励的话，那只能说明生活本身比文学更丰富、更生动，传主的人格光彩无须笔者用多余的文字去演绎。身为传记作者，我还想吐露一句“私心话”。我是把朱枫看作我母亲那一辈进步知识女性中的杰出代表，来为她和“她们”立传的。家母张世瑜也曾是20世纪20年代一名师范生，她和朱枫一样生于1905年，也在抗日战争中参加革命；不同的是我母亲活了96岁，只是个一辈子从事幼教工作的普通一兵。正因为如此，本书初稿完成于2005年秋朱枫烈士诞生一百周年之际，我曾想以此书纪念这位巾帼英雄的百年诞辰，同时也将它作为“一瓣心香”献给大地上所有为了我们的今天和明天而劬劳一生、鞠躬尽瘁的平凡又伟大的母亲们。而今天，当朱枫烈士的英灵已经安息在家乡的土地上，这部记录她生平事迹和后人“寻踪”的传记，如果能让广大读者对上一代人所付出的忠诚与坚韧多一些认识和了解，在我们为争取中华民族更加光明和美好愿景的共同奋斗中增添一点脚力、一份信念、一股热忱的话，就是我身为人子和公民的最大荣幸了。

2021年3月26日，一个晴朗的早晨，我在烈士故里那座修葺一新的红色纪念楼内完成了一个萦绕在我心头多年的夙愿：我将本书最初的稿本《她的名字叫朱枫》赠送给了这家面向广大青少年和社会公众弘扬爱国主义和革命光荣传统的教育基地。我在捐赠仪式上写下了一首题为《朱枫传初版书稿捐赠仪式感赋》的小诗：

十载追寻魂归路，憩园花开又十年。
故里千秋记青史，心随丹枫照海天。

最后，我想在这里将我心底最诚挚的感谢，敬呈给在中国人民争取光明与理想的解放之路上辛劳奉献、奋斗不息，包括本书传主和她的战友们在内的新知人、三联人。

2021年农历端午节后，神舟12号飞船上天之日
冯亦同记于玄武湖畔之金陵百杖斋

附　录

一、朱枫烈士年表[1]

1905年11月22日（光绪三十一年十月廿六）出生

生于浙江省镇海县城（今宁波市镇海区）一个富商之家。父朱庆沄（1870—1941）字云水，晚年自号憩园；母陈氏。

原名启英，学名贻荫，小名桂凤。后经沙孟海师改名谌之，字弥明；朱枫系参加革命后所用化名。

九岁前在家由母亲辅导读书习字。众多姐妹中，与唯一同父同母的二姐启文最亲。

1914年，九岁

入镇海县立高等女子小学，七年制。与同窗朱慰庭结交，两人的终身友谊从此开始。

[1] 本年表系本书作者根据《朱枫烈士纪念文集》中的《朱枫烈士年表》修订、整理和扩充而成，原年表作者署名为《文集》编写组。2021年6月《朱枫传》再版时，再次修订。感谢宁波友人戴骅提供有关传主的新资料。

1921年，十六岁

入宁波竹洲女师（宁属县立女子师范学堂），五年制。该校历史悠久，富有革命传统，早期共产党人恽代英、罗亦农、张秋人、宣中华等都曾到此活动。

与同窗陈逸仙（陈修良，宁波地区最早的女共产党员）结为好友，品学兼优，被选为班长。

1925年，二十岁

因孙中山逝世和“五卅”惨案所引起的宁波学界风潮中，在陈修良的影响和带动下，积极参加校内外的反帝爱国斗争。陈修良等学生领袖被校方“开除”后，对好友十分同情。

1926年，二十一岁

女师毕业，去上海任家庭教师。与陈修良在沪重逢，得以结识沙孟海先生，遂拜师研习书艺，因笔法精进受到孟海师称赞。

1927年，二十二岁

远嫁奉天兵工厂炮子厂大技师、镇海籍人士陈绥卿为继室。陈前妻亡故后留有二子（方元、方胜）二女（兰芬即陈宜、阿菊即陈志毅）。

婚后生活安定，先后生女奉珍（聋哑，早夭）、沈珍（晓枫，亦名朱倬、陈明珍）。

1931年，二十六岁

“九一八”事变后随夫返乡，翌年，陈绥卿因染时疫霍乱误诊离世。

度过了几年旧式家庭的主妇生活，抚孤奉亲，贤惠勤勉，寂寞中寄情于书画、女红。

1937年，三十二岁

“七七”和“八一三”的抗战烽火燃遍了大江南北，地处东南前沿的镇海城乡救亡运动高涨。在家族中年轻人的带动下，毅然走出原先的生活圈子，投身时代洪流，自发组织抗日宣传队、医疗救护队，并出资开办镇海工艺传习所，救济难民，支援前线。

同年底，与爱人朱晓光携眷离开家乡，投奔晓光二哥曦光（朱希，亦名朱执诚）工作单位（新知书店）已迁往抗战中心的武汉。

1938年，三十三岁

年初在武汉，由曦光介绍，同晓光一起加入新知书店，结识徐雪寒、华应申等负责人，并以变卖家产所得向中共领导的这家革命出版发行机构慷慨捐助五百元大洋。

入夏，武汉形势吃紧，偕朱晓光率家人撤往湖南常德地区。秋，在常德乡间生一男，取名朱明，小名湘虎。婴儿满月后，继续在湘西流亡，摆书摊、卖衣物补贴家用；接曦光（时任新知金华分店经理）来信，谓金华时局稳定，遂返回浙西，冬抵金华。

1939年，三十四岁

金华已成东南抗日重镇，朱枫夫妇重回新知书店工作。5月，晓光被派往皖南新四军驻地开办随军书店。

入夏，在金华会同镇海救亡时期结识的友人、中共特派员华云游（亦名白沙，华岗之弟）等，协助台湾爱国志士李友邦筹建抗日武装——台湾义勇队和台湾少年团，捐资八百元，解决义勇队的经济困难，并给少年团的孩子们购买蚊帐等物资。

为实现奔赴抗日第一线的夙愿，朱枫将刚满周岁的湘虎托付大姑朱英抚养、将九岁的女儿沈珍送进“台少团”，自己于同年秋随晓光进入皖南，在云岭新四军军部协助下，参加中村书店工作，热忱服务并接受革命教育。

1940年，三十五岁

秋，“皖南事变”前奉命疏散回金华。随后，接受新知总店的紧急任务，同朱曦光去日伪统治下的上海采购印刷物资。因资金不足，变卖外祖母珍贵遗物（三克拉钻戒），无偿支援大后方的革命出版事业，并亲自押运走海路，绕道香港等地，再溯东江转运至桂林。

1941年，三十六岁

年初“皖南事变”震惊中外，随部队突围的朱晓光被国民党军俘虏关进上饶集中营。朱枫在桂林得到消息后，经党组织安排，化名“周爱梅”于夏秋间三次乔装探监慰问，设法营救亲人。同时，为对付国民党反共的倒行逆施，她在桂林新知总店办事处负责邮购工作，千方百计满足读者需求，播撒革命文化火种。

1942年，三十七岁

4月初，朱晓光和难友蔡漠越狱成功，逃至浙南云和家中并隐蔽进深山。朱枫闻讯后，从广西赶去接应，夫妻团聚。秋，携家人掩护晓光向西南转移，穿越国民党宪警林立的交通线。在龙岩“台少团”驻地见到女儿朱倬，因晓光生病而滞留数月。

1943年，三十八岁

初春，同晓光继续上路，平安抵达桂林，不久又绕道贵阳去重庆。

在重庆新知书店创办的副业机构“珠江食品店”主管财务和内勤，该店不仅为新知书店“创收输血”，还成为中南局和“八办”对外开展文化、宣传和统战工作的重要联络点，朱枫的机敏、干练和热诚待人，给同志们留下深刻印象。

1944年，三十九岁

年初，和晓光离重庆东下，半年后经武汉到上海，参加新知书店驻沪办事处筹备中的“同丰商行”工作。10月，“同丰”遭敌人破坏，多数同志被捕、关押进日军沪西宪兵队牢房。朱枫经受住了严酷刑审的考验，被组织营救出狱后，又冒险转移资金、账册，接济难友，全力处理善后工作。

1945年，四十岁

春，经史永、徐雪寒介绍，张唯一批准，在上海秘密加入中国共产党。同时，调离书店系统，到华中局在上海的贸易部门和情报部门工作。

曾先后在地下党开办的建华贸易公司（后改组联丰花纱布公司）、鼎元钱庄，以公方代表身份主管财务，并受刘人寿委托兼管地下党情报部门的经费，全心全意为革命事业“理财”，利用合法身份和上层社会关系搜集情报、掩护革命同志。

在上海地下党“指挥部”——景华新村22号的小楼内，同阔别多年的“众家姆妈”（陈修良母亲）重逢，并为这个清贫的革命家庭置办家具。

1946年，四十一岁

暮春，陈修良从中共南京地下党市委书记任上回沪开会，与朱枫见面。

初夏，朱枫将从台湾归来的女儿朱倬送往苏北解放区。

1947年，四十二岁

6月间，朱枫介绍汤季宏、石英到镇海通过其堂侄朱燕洲（报关行老板）的关系，建立上海地下党的秘密运输站，购置海船，雇请海员，任务是购买、贮存紧缺物资，从蒋管区运往苏北、山东解放区，开辟海上运输线。7月间，朱枫亲来家乡探望、联络亲友，并在憩园留影纪念。[1]

1948年，四十三岁

秋，奉命调香港合众贸易股份有限公司任职（此为华东局下属机构）。为迎接新中国成立，在港继续从事财经和秘密交通工作。

1949年，四十四岁

年中，接受华东局对台工作委员会的派遣任务，积极准备秘密赴台。

9月初，将身边的两个男孩（儿子朱明、侄子朱晖）托付徐雪寒夫人朱光熙、张唯一夫妇带回内地，送往已解放的北平朱曦光处。

10月，中华人民共和国成立。朱枫在9月24日致爱人朱晓光函中，表达了对即将举行开国大典的红色首都的向往："多么有趣的地方啊！我也遥想着，只是不能去……"并在随后的信中表示："这时候，个人的事情暂勿放在心上，更重要的应先去做。"

10月25日，她在寄赠晓光的照片背面题词抒怀："她已深深体验着：'真实的爱'与'伟大的感情'，从此，将永远快乐而健康！给梅留念。"

---

[1] 引自《1947年夏，朱枫曾协助华中工委在镇海建立了一个秘密运输站》（作者王泰栋，原载宁波市新四军历史研究会《情况与交流》2012年编印，责编天晟）。

11月25日离港，两天后抵达基隆。

朱枫在台北住继女阿菊家，跟“台工委”书记蔡孝乾、“国防部”参谋次长吴石中将分别取得联系，传达华东局指示，密取并转移重要情报，工作进展顺利。

1950年，四十五岁

1月14日，朱枫从台北发出致上海吕逸民、朱慰庭夫妇函，告之“凤将于月内返里”。此时岛内阴霾密布，国民党当局加紧推行其保甲连坐、“扑杀红色”的法西斯统治。

半月后，蔡孝乾被捕叛变，“保密局”得到朱枫住处电话号码，旋即展开侦查、追捕。朱枫在吴石帮助下已飞离台北，躲进舟山沈家门存济医院。

2月18日，朱枫被捕。关押定海期间，乘看守不备，吞金自尽，被发现后急送回台北抢救，关进“保密局”监狱。

2月27日，吴石夫人被传讯，次日吴石被捕。同案被囚的还有陈宝仓、聂曦等人。

身陷囹圄的朱枫“在敌人面前表现出一个革命者、共产党人为革命、为人民忠贞不屈的革命精神”（引自1983年中共中央有关部门为烈士做出的《组织结论》）。

6月10日，英勇就义于台北马场町刑场。

二、本书写作主要参考书（篇）目

《朱枫烈士纪念文集》，朱枫烈士纪念文集编写组，1991年

《枫叶飘落在台湾——朱枫烈士传略》，朱晓光、朱明、朱玫作，浙江省镇海中学德育教材，1996年

《陈修良文集》，姜沛南、沙尚之编，上海社会科学院出版社，1999年10月第一版

《沙文汉与陈修良》，泰栋、亚平著，宁波出版社，1999年12月第一版

《沙孟海和他的CP兄弟》，黄仁柯著，作家出版社，1996年11月第一版

《新知书店的战斗历程》，《新知书店的战斗历程》编辑委员会编著，生活·读书·新知三联书店，1994年5月第一版

《竹洲春秋——宁波二中建校八十五周年纪念册》，包成志主编，1997年

《镇海县志》，《镇海县志》编纂委员会编，中国大百科全书出版社上海分社，1994年11月第一版

《中共镇海地方史简编》，中共宁波市镇海区委党史研究室编，1992年

《八十自述》，朱希作，纪念品，范用校对，2000年12月印

《略论台湾义勇队的抗日活动》，楼子芳著，载《抗日战争研究》1993年第四期，近代史研究杂志社1993年出版

《台湾少年团述论》，陈小冲著，出处同上

《吴石接受中共地下党指挥的故事》，吴仲禧著，载《广东文史资料》总第73辑，1993年出版

《吴石》，赖兆斌、吴杲著，载《福建革命烈士传（十二）》，福建人民出版社，2000年7月第一版

《吴石将军血洒台北街头》，张长根著，载《上海滩》2005年第1期

《生活·读书·新知——留真集影》，范用等编，生活·读书·新知三联书店，1998年10月第一版

《其实我们懂得彼此的心》，秦风著，载《老照片》2005年10月号

《中共高级特工朱谌之骨灰从台湾运回大陆传奇》，秦风著，载《亚洲周刊》2011年第2期

《海天忠魂——追寻英烈骨灰罐》，潘蓁著，载《宁波帮》2011年10月号

《永不褪色的枫叶——纪念朱枫文集》，中共宁波市镇海区委员会编，2011年7月

本书图片来源

除以上书刊所附部分图片，为朱枫、朱晓光亲属提供外，另有一部分系本书作者采访摄影；台湾文史工作室徐宗懋先生亦为本书提供了珍贵的历史照片。特此说明并向以上单位和个人谨致谢忱。